개정2판

재무회계론

장연수 · 이평원 공저

형설출판사
www.hyungseul.co.kr

머리말

최근 신자유주의의 이념을 바탕으로 하는 효율성 중심의 시장주의가 대두되었다. 동시에 행정에 사기업 방식의 경영을 중시하는 신관리주의가 시장주의와 결합하여 효율성과 경영이라는 2개의 목표를 추구하는 신공공관리론이 강조되면서 재무와 회계의 중요성이 크게 부각되고 있다.

재무란 '재정에 관한 사무'를 의미하는 것으로 '국가나 지방정부의 목표 달성을 위해 예산을 조달하고 관리하는 협동적 노력'을 의미하는데 흔히 **정부 예산론**(Public Budgeting)으로 지칭한다.

그리고 회계(Accounting)는 정부가 국민을 통해 거둬들이는 조세수입과 지출에 의해 발생되는 모든 경제적 거래와 사건을 기록, 분류, 평가를 통해 이용자에게 보고하는 기술을 의미한다.

재무회계는 일상생활에서 사용하는 익숙한 개념이 아니기 때문에 이해에 어려움이 많다. 따라서 개념을 논리적 순서를 통해 설명해 가면서 정부 기관들이 어떤 과정으로 재무회계업무를 진행해가고 매듭을 짓는지 소개하고 예산 이론과 함께 회계기술을 설명하였다.

제1장~제4장은 국가재무에 관련된 기초개념으로 예산의 개념은 무엇이며 예산의 종류와 이를 분류하는 과목구조가 어떠한지 설명하였다. 이 부분을 이해하게 되면 국가 예산이 무엇이며 어떠한 구조로 되어 있는지 세밀하게 알게 될 것이다.

제5장~제6장은 우리나라와 선진국(미국과 영국)의 예산담당기관을 소개하고 예산 관련 기관들이 예산편성과 심의 과정에서 지켜야 할 원칙을 설명하였다.

제7장~제8장은 현재 우리나라에서 역점적으로 추진하고 있는 Top down 제도와 예산 이론 및 분석방법을 소개하였다.

제9장~제12장은 우리나라 예산편성과 심의, 집행 및 결산 과정을 아주 구체적으로 설명하였다.

제13장~제14장은 정부예산에 대한 회계제도를 현재 여러 선진국들이 많은 관심을 보이고 있는 발생주의의 복식부기 회계를 다루었다.

제15장은 예산에 가장 많은 관심을 가지고 개혁을 추진했던 미국의 경우 각 개혁제도가 시작된 배경과 이론이 가지는 구조 및 장·단점을 알아보았다. 품목별 예산제도, 성과주의 예산제도, 계획예산제도, 관리중심의 예산제도, 영기준예산제도에 이어 최근 미국이나 영국, 뉴질랜드에서 진행되고 있는 예산개혁의 관점들을 설명하였다.

제16장~제17장은 지방화 시대에 맞춰 지방재정에도 많은 관심을 갖게 하여야겠다는 생각에서 지방재정의 문제와 이론을 다루었다. 특히 예산편성권을 가지고 있는 지방자치단체의 장의 권한과 의결기관인 지방의회의 권한을 알아본 후 이들의 예산심의 과정에 이어 공공선택론적 대표이론을 설명하였다.

마지막으로 제18장은 특별회계와 많은 관련을 가지고 있는 공기업에 대하여 설명하였다. 보다 이해하기 쉽게 설명하려는 저자의 시도는 있었지만 부족하거나 빠진 내용도 많이 있으리라 본다. 이번 초판을 계기로 앞으로는 정부예산과 관련된 자료를 더 많이 수집하고, 학생들이 보다 더 잘 이해하는 논리적 설명이 무엇인지 본 저자도 더 공부하여 심도 있는 교재가 되도록 할 계획에 있다.

아무튼 이 책을 사용하면서 부족한 내용을 많이 발견하여 지적해 주면 더 없는 기쁨으로 알겠다. 그리고 이 책이 출판되도록 도와주신 형설출판사 사장님께 고마움을 전한다.

2011년 8월

저자 씀

차례

제8장 예산과 사업분석

제9장 예산의 편성

제10장 예산의 심의

제11장 예산의 집행

제12장 예산결산과 회계검사

제13장 정부회계

제18장 공기업

제1장

재무행정과 예산회계

제1절 재무와 예산의 개념
제2절 예산과 정부

제1장
재무행정과 예산회계

제1절 재무와 예산의 개념

1. 재무와 예산

우리는 일상생활 속에서 재무회계라는 말을 많이 듣는다. 재무회계는 재무와 회계의 두 개념이 합하여 된 말로서 재무란 사전적 의미로 '재정에 관한 사무'[1]를 의미하여 재무행정으로 지칭되며 또 재무행정은 **정부 예산론**(Public Budgeting)으로 이해되어 예산과정, 예산제도, 예산개혁들을 범위로 삼고 있다. 좀 더 구체적으로 살펴보면 재무행정이란 '국가의 목표 달성을 위해 예산을 조달하고 그의 관리에 관한 협동적 노력이며 정치적 산물'로 정부의 '**조세 및 세외수입**과 **지출**에 관한 측면과 정부의 지출을 통한 **경제의 안정**과 **소득의 재분배**, **자원의 배분** 기능'을 수행하는 보다 폭넓은 의미로 사용된다고 할 수 있다.[2] 그리고 예산은 재무보다는 좀 더 좁은 의미로서 사용되며 국가나 지방자치단체가 1년 동안 해야 할 일을 숫자로 정해 놓은 문서라고 할 수 있다. 따라서 재정이란 의미는 예산보다 폭넓은 포괄적 의미로 사용되며 한 나라의 경제

---

1) 한국교육문화사, 「원색세계대백과사전」 (서울 : 한국교육문화사, 1994), p. 25.

2) Paul H. Appleby, *Policy and Administration* (Alabama: University of Alabama Press, 1949), pp. 33～38. ; R.A. Musgrave & P.B. Musgrave., *Public Finance in Theory and Practice*, 4th ed. (New York: McGraw Hill Book Company, 1984), pp. 3～26.

정책과 밀접하게 관련되어 있다. 따라서 재무행정은 예산의 편성과 의결 및 집행과 결산은 물론 그에 관련된 정책적인 측면을 다루는 학문이라고 할 수 있다.

예산(Budget)이란 일정기간(1년) 동안 정부 경제를 운영하기 위한 계획안으로 정부 경제의 목적, 개별 수입, 제 지출 계획의 한계와 규모가 숫자로 표현되고, 미래의 수입과 지출에 대한 예견이고 평가라고 정의한다면 이 정의에 포함된 4요소는 다음과 같다.3)

첫째, 1회계연도에 있어서의 수입, 지출을 의미한다.

둘째, 국가의 수입과 지출을 의미한다.4)

셋째, 예정적 계산을 나타내는 견적표이다.

넷째, 법률에 준하는 형식을 가지고 의회의 승인을 거쳐서 성립된다.

1) 예산의 일반적 의미

위에서 살펴본 예산에 대한 개념적 정의 이외에 일반적 의미를 Burkheid는 다음과 같이 말하고 있다.

첫째, 예산이란 재원을 인간 목표 안으로 끌어들이는 것으로 가격표가 붙어 있는 일련의 **목표**들로서 특징지을 수 있다.

둘째, **효과성 확보**를 위한 도구로서 가장 적은 비용으로 바라는 정책의 목표를 이루는 것으로 볼 수 있다. 즉, 예산은 계획된 지출을 통한 어떤 목표의 성취로 볼 수 있다.

셋째, 예산은 입법기관에 제출될 것을 대비하여 준비된 **기초 문서**로 볼 수 있다. 이는 법적 제도로서의 예산 측면과 조직적인 면, 절차에 관한 면으로 구분하여 살펴 볼 수 있다. 법적 제도로서의 예산은 재정적 관리 책임과 함께 행정부와 입법부에 부여된 법적 표현 문서인데 이러한 일은 정부의 권한이며 지위이다. 조직적인 면에서 예산은 스텝과 계선 간의 행정부와 입법부의 리더십을

---

3) Jesse Burkhead, *Government Budgeting* (New York: John Wiley & Sons, Inc., 1956).

4) R.A. Musgrave & P.B. Musgrave, *op. cit.*, pp. 3～26. 그 외에도 Schick는 관리기능, 통제기능, 계획기능을 들고 있다. ; Allen Schick, *Budgeting Innovation in the Scale* (Washington, D.C.: Brookings Institution, 1971), pp. 4～6.

제공할 수 있는 사람과 사람 간의 상호 역할과 함께 계층적으로 만들어진 결정의 표현이다. 마지막으로 예산에 관한 절차에 관한 일로서 시간의 경과에 따라 결정되고, 연차적 증가와 감소에 관한 규모면에서 강조를 의미한다.

2. 예산의 특징

R.D. Lee & R.W. Johnson은 정부 예산의 특징을 사기업이나 가계의 예산과 비교하여 6가지를 지적하고 있다.[5)]

첫째, 정부 예산은 사회의 모든 자원을 활용할 수 있기 때문에 자원의 양이 크고 사회 자원의 활용 수만큼 다양하다. 그러나 가계나 기업 예산은 한정적으로 운영되며 소득 증대 기회가 한정적이다.

둘째, 정부의 예산은 이윤을 목적으로 운영되지 않는 데 반해 사기업은 이윤추구를 목적으로 활동한다. 정부도 기업적 성격을 띠는 공기업을 운영하기는 하나 국민경제에 큰 영향을 미칠 수 있어 사기업에 맡기기에 곤란한 경우에 공기업을 운영한다.

셋째, 정부 예산은 자원배분의 기능을 하게 되는데 경우에 따라서는 이익이 기대되지 않는 사업에 대해서도 예산을 배정하게 된다. 이러한 사업을 민간부분의 사기업에 맡길 경우 사업추진이 되지 않을 것이 분명하기 때문에 정부가 직접 운영하게 된다.

넷째, 정부에서 산출하는 공공서비스의 저 효율성을 들 수 있다. 정부가 산출하는 공공서비스는 사회전체에 영향을 미치며 국민 누구나 그 서비스를 향유할 수 있다. 그러나 사기업의 경우에는 급부와 반대급부 없이 서비스를 제공하지 않는다. 즉, 사기업으로부터 받는 급부에 해당하는 만큼의 재화나 용역을 지불하여야 된다.

다섯째, 정부는 국민이 지불한 조세에 대한 수익을 평가하기가 곤란하나 사기업의 경우 개인의 투자액에 비례하는 수익을 평가하기 쉽다.

여섯째, 정부의 예산 결정은 정치적 과정을 통해 타협과 협상이 요구되나 사

5) R.D. Lee & R.W. Johnson, *op. cit.*, pp. 1～5.

기업의 경우에는 철저한 경제적 분석을 통해 집권적으로 결정이 된다. 만약 어떤 진행 중인 사업이 수익성이 없는 것으로 판정될 경우 정부의 결정은 지역사회의 여론과 국민의 의사를 반영한 논의의 대상이 되지만 사기업의 경우에는 수익성이 없으면 바로 중단된다.

3. 재무회계의 기능적 관점

회계(Accounting)는 정부가 국민을 통해 거둬들이는 조세의 수입과 지출에 의해 발생되는 모든 경제적 거래와 사건을 기록, 분류, 평가를 통해 이용자에게 보고하는 기술을 의미한다.[6)]

좀 더 구체적으로 말해 국가나 지방정부의 재무회계는 모든 수입(조세 및 세외수입 등 일체의 수입)된 내용을 기록하고 분류하여 예산총괄주의 원칙에 의거 하나로 모여진 예산총액을 각 중앙관서별로 배분하면 각 중앙관서에서는 일정한 관리기술에 의해 이를 기록, 분류, 정리, 평가한 다음 장(章), 관(款), 항(項), 세항(細項), 목(目)의 예산과목으로 분류하고 이를 다시 16개의 **기능(분야)**, 즉 **일반공공행정비**, **공공질서 및 안전비**, **통일외교비**, **국방비**, **과학기술비**, **교육비**, **문화 및 관광비**, **통신비**, **국토 및 지역개발비**, **환경보호비**, **사회복지비**, **보건비**, **농림해양수산비**, **산업중소기업비**, **수송 및 교통비**, **예비비**로 구분하여 회계 정리하는데 예산과목의 총액과 기능별 총액의 합이 일치되어야 한다. 또 이 16개의 기능별 예산의 총액은 품목별 분류에 의해 회계처리된 유형별 내역과 51개의 중앙관서별로 작성된 조직별 예산회계 규모와도 일치되어야 하기 때문에 기업회계보다 더 복잡하다.

현재 우리나라의 재무회계 방식은 현금주의의 단식부기 방식에 발생주의의 복식부기 방식을 겸하여 사용하고 있는데, 1990년대에 들어 세계 여러 선진국들은 완전한 복식부기 방식의 도입을 통해 예산사용의 책임성과 효과성 확보를 통해 성과를 높이고자 노력하고 있다.

---

6) 윤성식·권수영, 「정부회계」 (서울 : 법문사, 2000).

제 3절 예산과 기업

1) 기업의 책임

사행정조직--국가 보호 : 소비자(국민)을 통해 이윤

-소비자 보호 --공정가격 유지/ -종업원에 공정한 보수/ -사회제도로서 역할과 책임

2. 기업의 예산관리 과제 -위의 책임 때문에 예산관리 철저

1) 예산관리의 기능

① 자본조달 방법의 계획과 집행, 확인 기능

○ 현금수지예산작성

○ 기업주로부터의 자금조달이나 주주로부터 조달

○ 은행이나 금융기관에서 단기-장기 자본 차입에 관한 사항

○ 사채발행 자금 조달 계획에 관한 사항

○ 재산구입자금을 조달받는 대신 그 대체방법으로의 재산 대차문제

② 기업자금 원천(현금 및 시장성 유가증권)의 관리활동기능

○ 현금의 수입과 지출업무/ ○ 신용업무 허용한도 설정

○ 은행예금업무 / ○ 유휴 자금 활동 / ○ 시장성유가증권 관리

③ 신용판매정책의 전개와 운영기능 -- 신용거래 대상결정, 운영

④ 실사자산이나 고정자산에 관한 투자 및 결정--기록 보존

⑤ 손익과 금융비용의 기본적 부담 정책수립에 참여- 가능한 낮게 유지

⑥ 기업은 이익배당 지급, 기업 재투자될 순이익의 비율결정에 참여

2) 재무예산 관리의 발전 과정

Taylor 이전에는 경제학의 한 분야/ Taylor 후에는 경영학

1929년 경제공황-- 파산방지

1950년대 이후 -- 대량생산체제가 확립/

1960-70년대 -- 경영학에 금융기관과의 금융거래 통한 확장

2장 제 1절 회계연도

회계연도 - 수입·지출의 상황 명확, 효과적으로 통제·관리하기 위한 기간

예산을 쓰기 시작하는 1월 1일부터 예산 사용을 끝내는 12월 31일까지

2. 외국의 회계연도 --나라마다 다양 예)사우디 : 10.15-

3. 회계연도 독립의 원칙

첫째, 각 회계연도의 지출은 그 연도의 세입으로 충당

둘째, 각 회계연도에 예산은 다음 연도에 사용할 수 없다.

회계연도 예외-- 이월(명시이월과 사고이월)과 계속비, 과년도 수입, 결산잉여금

회계연도가 되면 미리 예산계획을 세우게 된다. 그 과정을 보면 다음과 같다

201624119 전예진

교과목	교과목명	경영진예결산관리	교과목코드	SA50516
담당교수	교수명	장연수	연락처	010 - 391 - 8403
평가방법	출석 20%, NCS와 중간고사 40(35)%, NCS와 기말고사 40(35)% * 태도 10%는 의견절충			
교재	주교재	경영진예결산관리 장연수*이평원		

강의계획		
주별	강의(실습) 주제 및 내용	과제 준비물
1	☆ 강의교재 소개 및 계획☆ 재무행정의 연구대상 -- 정부와 기업 ☆ 정부와 예산- 중앙정부와 지방정부의 예산, 기업예산 ◦ 회계연도의 개시와 종료, 예산의 근원- 수입, 조세 등	
2	☆ 회계연도 독립의 원칙과 적용☆ 세입과 세출예산 : 세입의 항목, 세출의 항목 --구분 기준에 따는 항목☆ 일반회계예산 : 조직의 보편적 사용 - 조직의 존립에 필요☆ 특별회계예산 : 조직에서 특별한 목적을 위해 사용되는 예산	
3	☆ 예산의 성립시기와 불성립시기에 따른 종류 -・본예산. 수정예산, 추가경정예산 ・ - 준예산, 잠정예산, 가예산, - 신임예산	
4	☆ 예산관리와 개혁 - 경영진의 품목예산 편성의 특징과 내용 - 품목별 예산관리 방법에 대한 NCS 적용 - 경영진의 성과예산 편성의 특징과 내용	
5	☆ 예산관리와 개혁 - 경영진의 품목예산 편성의 특징과 내용 - 품목별 예산관리 방법에 대한 NCS 적용 - 경영진의 계획예산 편성의 특징과 내용 - 예산절감을 위한 benefit-cost 분석(사업의 비용편익분석)방법	
6	☆ 예산관리와 개혁 - 경영진의 영기준예산 편성의 특징과 내용☆ 기업과 정부회계 - 복식부기와 단식부기 - * NCS 관련 양식에 별도기재	
7	☆ 기업과 정부회계 - 복식부기와 단식부기 - NCS 관련 양식에 연계하여 별도기재	
8 중간고사	중.간.고.사	
9	☆ 기업과 정부회계 - 복식부기와 단식부기-* NCS 관련 양식에 연계하여 별도기재	
10	☆ 계정과목의 회계처리 - 복식부기와 분개 과정 - 재무제표 - 손익계산서 작성 - * NCS 관련 양식에 연계하여 별도기재	
11	☆ 계정과목의 회계처리 - 복식부기 - 재무제표 - 대차대조표작성, 부가가치세 실무 - * NCS 관련 양식에 연계하여 별도기재	
12	☆ 계정과목의 회계처리 - 복식부기와 단식부기 - 재무제표 - 손익계산서 작성, 대차대조표작성 - * NCS 관련 양식에 연계하여 별도기재	
13	☆ 예산의 과목구조 : 예산총칙, 세입세출예산, 계속비, 명시이월비, 국고채무부담 행위, 예비비와 세입세출예산☆ 예산의 원칙 - 입법부 중심원칙 - 행정부 중심원칙	
14	☆ 정부예산의 편성과 집행 및 결산 - 예산의 편성과 과정 - 예산의 심의와 과정 - 예산의 집행과 과정 - 예산 결과 과정	
15 보강주	보강주 * NCS 학습 보충	
16 기말고사	기말고사	

제2절 예산과 정부

예산은 국가나 지방정부가 1년 동안 해야 할 일을 숫자로 정한 문서로 볼 때, 중앙정부에서 운용하는 예산과 지방정부에서 운용하는 예산으로 구분할 수 있다.

1. 중앙정부의 예산

중앙정부의 예산은 **국가**의 **조직체**를 중심으로 이루어지는 **예산**으로 국민의 조세수입을 근간으로 지출이 이루어지는 예산을 말한다.

중앙정부의 수입은 조세수입과 조세외수입을 통해 정부가 1년 동안 벌어들인 돈으로서 전액 지출예산으로 사용된다. 지출예산은 세입 전액을 지출하는데 조직별로는 대통령실, 국회소관, 대법원소관, 국가정보원, 민주평화통일 자문회의, 감사원, 헌법재판소, 중앙선거관리위원회, 총리실, 기획재정부를 포함한 15부 2처 18청 등 2011년 현재 47개의 기관별로 예산이 배분된다. 이를 조직별 분류 예산이라고 한다.

또한 조직별 분류 예산은 위에서 설명하였듯이 지출의 기능에 따라 16개의 **기능(분야)**별 분야로 구분하고, 쓰임의 성격이 비슷한 정도에 따라 8개의 성질별(품목별) 분류로 구분된다.

중앙정부의 예산기관은 **기획재정부**인데 기획재정부는 국가의 조세정책, 제도의 기획과 입안 및 총괄조정하는 일과 예산편성 및 결산에 관한 일을 담당한다. 그리고 기획재정부의 예산실은 지출예산을 조직별로 배분 편성하는 일을 담당한다.

2. 지방정부의 예산

지방정부의 예산은 **광역자치단체**와 **기초자치단체**를 중심으로 이루어지는 **예산**으로 자치단체의 조세수입을 근간으로 지출이 이루어지는 예산을 말한다. 현재 우리나라는 16개의 광역자치단체가 있고 230개의 기초자치단체가 있다. 230개의 기초자치단체는 시 자치단체가 75개, 군 자치단체가 86개, 자치구가 69개로 구성되어 있다. 따라서 예산의 편성은 광역과 기초를 포함한 246개의 자치단체에서 각 해당 자치단체별로 예산을 마련한다.

지방정부의 수입은 지방의 조세수입과 조세외수입을 통해 1년 동안 벌어들인 돈으로서 전액 지출예산에 사용된다. 그리고 중앙정부로부터 받는 지방재정조정금(교부세, 분권교부세, 부동산교부세, 국고보조금 등)이 있다.

지방자치단체의 지출예산은 세입 전액을 지출하는데 **기능별 세출예산**은 일반공공행정비, 공공질서 및 안전비, 과학기술비, 문화 및 관광비, 국토 및 지역개발비, 환경보호비, 사회복지비, 보건비, 농림해양수산비, 산업중소기업비, 수송 및 교통비, 예비비, 기타 13개의 영역으로 구분된다.

지방정부의 예산 편성을 담당하는 기관은 광역자치단체의 경우 기획관리실의 **예산담당관실**에서 예산담당 서기관이 총괄적으로 담당하고, 기초자치단체의 경우에는 기획실의 예산과장이나 예산계장이 담당한다. 그리고 지출을 담당하는 기관은 광역자치단체의 경우 자치행정국의 **세정과**에서, 기초자치단체는 세정과에서 담당한다.[7)]

---

7) 광역자치단체의 경우 예산의 편성업무는 경기도는 기획관리실의 예산담당관실에서 맡고 있고, 충청남도의 경우 기획정보실의 예산투자담당관실에서 맡고 있다. 즉, 광역자치단체의 경우 기획실에서 담당하고 있음을 알 수 있다. 지출은 경기도의 경우 자치행정국의 세정과에서 담당하고 있으며, 충청남도의 경우 자치문화국의 세정과에서 담당하고 있다. 즉, 광역자치단체의 경우 예산의 지출은 자치국에서 담당하고 있다.

제2장

예산회계의 종류

제2장
예산회계의 종류

제1절 회계연도

회계연도란 국가나 지방정부가 수입·지출의 상황을 명확히 하고 예산을 효과적으로 통제·관리하기 위해 설정된 일정기간을 말한다. 즉, 국가나 지방자치단체가 예산을 쓰기 시작하여 예산 사용을 끝내는 일정한 유효기간으로서 대부분 1년을 1회계연도라 한다.

1. 우리나라의 회계연도

우리나라의 경우 1회계연도는 예산을 쓰기 시작하는 1월 1일부터 예산 사용을 끝내는 12월 31일까지를 말한다.[1] 그러나 나라마다 회계연도의 시기와 끝나는 시기가 다르다. 우리나라는 해방이 되어 정부가 수립된 1949년부터 1954년까지 4월 1일부터 3월 31일까지를 회계연도로 산정하였던 때가 있었다. 그리고 1954년 4월 1일부터 1955년 6월 30일까지는 15개월, 1955년 7월 1일부터 1956년 12월 31일까지는 18개월을 회계연도로 하였던 때도 있었다. 그러나 1957년부터 현재까지는 1월 1일에서 12월 31일까지를 1회계연도로 사용하고 있다.

---

1) 국가재정법 제2조.

회계연도의 설정은 일정한 기준이 없이 국가마다 그 나라의 세입세출 형편이나 상황에 따라 다르다.

2. 외국의 회계연도

회계연도의 기간은 세계의 모든 나라가 똑같이 1년씩인데 그 시작과 끝은 서로 다르다. 세계 각국의 회계연도를 보면 <표 2－1>과 같다.

표 2－1 주요 국가의 회계연도

<table>
<tr><th colspan="2">회계연도</th><th>주요 국가 이름</th></tr>
<tr><td colspan="2">1월～12월</td><td>과테말라, 그리스, 네덜란드, 노르웨이, 독일, 루마니아, 말레이시아, 멕시코, 베네수엘라, 벨기에, 볼리비아, 북한, 불가리아, 브라질, 소련, 스위스, 스페인, 아이슬란드, 알제리, 오스트리아, 요르단, 유고슬라비아, 이탈리아, 체코슬로바키아, 칠레, 코스타리카, 콜롬비아, 튀니지, 파나마, 파라과이, 페루, 포르투갈, 폴란드, 핀란드, 한국, 헝가리</td></tr>
<tr><td colspan="2">4월～3월</td><td>남아프리카, 남예멘, 뉴질랜드, 덴마크, 싱가포르, 영국, 이라크, 이스라엘, 인도, 인도네시아, 일본, 캐나다, 쿠웨이트</td></tr>
<tr><td colspan="2">7월～6월</td><td>가나, 대만, 스웨덴, 예멘, 오스트레일리아, 이집트, 케냐, 탄자니아, 파키스탄, 필리핀</td></tr>
<tr><td colspan="2">10월～9월</td><td>미국, 미얀마, 스리랑카, 타이</td></tr>
<tr><td rowspan="6">기타</td><td>3월 21일～3월 20일</td><td>아프가니스탄, 이란</td></tr>
<tr><td>7월 8일～7월 7일</td><td>에티오피아</td></tr>
<tr><td>10월 15일～10월 14일</td><td>사우디아라비아</td></tr>
<tr><td>3월～2월</td><td>터키</td></tr>
<tr><td>5월～4월</td><td>룩셈부르크</td></tr>
<tr><td>11월～10월</td><td>아르헨티나</td></tr>
</table>

자료 : The Stateman's Year 1978.

3. 회계연도 독립의 원칙

회계연도란 국가나 지방정부가 수입·지출의 상황을 명확히 하고 예산을 효과적으로 통제·관리하기 위해 설정된 일정기간이기 때문에 각 연도는 타 연도와 당연히 구분되어야 한다. 즉, 각 회계연도에 쓰이는 경비는 그 연도에 세입으로 충당하되 남김없이 모두 사용하므로 다음 연도로 이월하여 사용할 수 없다(회계연도 독립원칙 또는 예산 단년주의 원칙). 이는 각 연도별 재정의 균형을 유지하여 건전재정을 유지하기 위한 것(수지균형의 원칙)이나 재정의 융통적 운영을 위하여 회계연도 독립의 원칙에 대한 예외를 인정한다. 회계연도 독립의 원칙을 구분하면 다음과 같다.

첫째, 각 회계연도의 지출은 그 연도의 세입으로 충당하여야 한다.[2)]

둘째, 각 회계연도에 지출예산으로 책정된 예산은 다음 연도에 사용할 수 없다.

회계연도 독립의 원칙에 대한 예외로는 예산의 이월(명시이월과 사고이월)과 계속비, 과년도 수입,[3)] 과년도 지출, 결산잉여금의 이입 등이 인정되고 있다.

제2절 세입예산과 세출예산

세입예산이란 중앙정부가 국민으로부터 조세를 통해 1년 동안 벌어들인 수입이나 지방자치단체가 지방주민으로부터 지방세를 통해 받아들인 수입을 의미하는 것으로 중앙정부나 지방정부의 재원동원방법을 표시해 준다. 수입에는 조세를 통한 수입과 조세외수입으로 구분된다.

세출예산은 수입된 예산을 가지고 중앙정부나 지방정부의 기능 수행을 위해 사용하는 예산으로 기본적 기능 수행을 위해 사용되는 일반회계 예산과 특정한

---

2) 국가재정법 제3조.

3) 과년도 수입이란 징수하기로 결정된 수입금이 당해 연도 예산의 출납폐쇄기한인 2월 말까지 수납되지 않고, 3월 이후에 수납되었을 때 그 납부된 때의 연도의 수입으로 하고 이를 과년도 수입으로 정리하는 수입금을 말한다.

목적을 위해 사용되는 특별회계 예산이 있다.

세입과 세출예산을 구체적으로 설명하면 다음과 같다.

1. 세입예산

1) 중앙정부의 세입예산

중앙정부의 세입예산은 **조세**를 통한 **수입**과 **조세외**의 **수입**(세외수입)으로 구분된다. 먼저 기획재정부에 집계된 공식자료를 통해 2010년~2011년까지의 연차별 세입예산을 보면 <표 2-2>와 같고, 우리나라의 세입예산의 종류를 구체적으로 살펴보면 <표 2-3>과 같다.

<표 2-2>의 연차별 세입예산에서 보는 바와 같이 2011년도 우리나라의 국

표 2-2 연차별 세입예산 총괄표 (단위 : 억원)

구 분	2010 예산			2011 예산		
	금액	비율 (%)	증감율 (%)	금액	비율 (%)	증감율 (%)
1. 국세	1,709,386.8	83.3	8.2	1,807,656	86.1	5.7
(가) 내국세	1,406,278.5	68.5	5.2	1,513,632	72.1	7.6
(나) 교통세	139,701.1	6.8	38.4	123,668	5.9	△11.5
(다) 관세	106,662.9	5.2	16.3	113,657	5.4	6.6
(라) 교육세	46,450.1	2.3	23.7	46,018	2.2	△0.9
(마) 종합부동산세	10,289.3	0.5	△14.8	10,981	0.5	3.8
(바) 기타세	4.8	–	244.7	–	–	순감
2. 기타 세외수입	81,392.1	4.0	△3.3	81,446.7	3.9	△4.1
3. 전년도 이월금	28,456.5	1.4	△22.0	–	–	–
4. 기금예수금	233,000	11.4	△33.3	210,000	10	△28.3
합 계	2,052,235.4	100	0.1	2,099,102.7	100	4.3

주 : ① 각 연도별 일반회계 기준임

표 2-3 우리나라의 세입예산(국세)

세수 구분			세수의 종류		
세입예산	조세수입	내국세수입	소득세	신고소득	종합소득세
					양도소득세
					근로소득세
				원천소득	이자소득세
					배당소득세
					근로소득세
					자유직업소득세
					퇴직소득세
					기타 소득세
			법인세		
			종합부동산세		
			상속세 - 상속분, 증여분		
			부당이득세		
			부가가치세 - 국내분, 수입분		
			개별소비세		
			증권거래세		
			주세, 전화세, 인지세, 과년도 수입		
		목적세수입	교육세		
			교통세		
			농어촌특별세		
		관세			
	조세외수입 (세외수입)	경상적 세외수입	사용료		
			수수료		
			재산임대수입		
			사업장수입		
			이자수입		
			징수교부금수입 - 시·도세 징수교부금, 사용료 징수 교부금, 기타 징수교부금		
		임시적 세외수입	재산매각수입		
			이월금		
			기부금		
			지방채		
			전입금		
			융자금수입		
			잡수입		
			과년도 수입		
	사업수입	임업시험장, 종축장, 잠종잠, 원종장, 보건연구소 등 수입			

세수입은 180.7조원, 세외수입은 8조(전년도 이월금 등은 합산하지 않음)로 총 세입규모는 약 209.9조원에 이르는데 2011년 현재 세입예산의 세목은 다음과 같다.

우리나라의 세입원은 조세수입으로 내국세수입과 목적세수입, 관세수입이 있다. 먼저 내국세수입으로는 신고소득과 원천소득으로 이루어지는 소득세, 법인세, 종합부동산세, 상속세(상속분, 증여분), 부당이득세, 부가가치세(국내분, 수입분), 개별소비세, 주세, 전화세, 증권거래세, 인지세, 과년도 수입 등이 있다.

그리고 특별한 목적을 위해 사용할 목적으로 거둬들이는 목적세로서 교육세와 교통세, 농어촌특별세, 방위세가 있다. 그러나 방위세는 2000년 이후 목적세에서 제외되었다.

또한 수입과 수출화물이 국경을 통과할 때 부과되는 관세가 있는데 현재 우리나라에서는 국내산업의 보호를 효과적으로 수행하기 위하여 원재료·반제품에는 낮은 관세율을 적용하고, 가공도가 많음에 따라 높은 관세율을 적용하는 경사식 관세를 원칙으로 하고 있다.

조세외수입으로는 경상적 세외수입과 임시적 세외수입이 있다.

경상적 세외수입에는 사용료, 수수료, 재산임대수입, 사업장수입, 이자수입, 징수교부금수입 등이 있다.

임시적 세외수입에는 재산매각수입, 이월금, 기부금, 지방채, 전입금, 융자금수입, 잡수입, 과년도 수입 등이 있다.

국가의 세입예산으로 조세수입과 조세외수입 이외에도 사업수입이 있는데 국가가 임업시험장이나 가축의 종축장, 잠종잠, 원종장, 보건연구소 등을 운영하면서 수입되는 사업수입이 있다.

2) 지방정부의 세입예산

지방정부의 세입예산을 크게 구분하면 자체수입과 의존수입, 공채수입으로 구분할 수 있다. 자체수입은 지방주민들로부터 받아들이는 지방세를 통한 수입과 지방세 외의 수입(세외수입)으로 구분된다. 지방세의 수입은 도와 시·군 및 시, 구청별로 그 세목이 다른데 이를 과세 주체에 따라 구체적으로 살펴보면 <표 2-4>와 같다.

표 2-4 우리나라의 과세 주체별 지방세

<table>
<tr><th colspan="3" rowspan="2">세수 구분</th><th rowspan="2">세수의 종류</th><th colspan="4">비 고</th></tr>
<tr><th>광역</th><th>도</th><th>구세</th><th>기초</th></tr>
<tr><td rowspan="11">지
방
세</td><td rowspan="6">도세
수입</td><td rowspan="4">보통세</td><td>취득세</td><td>○</td><td>○</td><td></td><td></td></tr>
<tr><td>등록면허세</td><td></td><td>○</td><td>○</td><td></td></tr>
<tr><td>지방소비세(부가세 5%)</td><td>○</td><td>○</td><td>○</td><td></td></tr>
<tr><td>레저세</td><td>○</td><td>○</td><td></td><td></td></tr>
<tr><td rowspan="2">목적세</td><td>지역자원시설세</td><td>○</td><td>○</td><td></td><td></td></tr>
<tr><td>지방교육세</td><td>○</td><td>○</td><td></td><td></td></tr>
<tr><td rowspan="5">시·군세
수입</td><td rowspan="5">보통세
수입</td><td>주민세(균등주민, 재산사업소세)</td><td>○</td><td></td><td>○</td><td>○</td></tr>
<tr><td>재산세(종토세 포)</td><td></td><td></td><td>○</td><td>○</td></tr>
<tr><td>자동차세(주행세 포)</td><td>○</td><td></td><td></td><td>○</td></tr>
<tr><td>담배소비세</td><td>○</td><td></td><td></td><td>○</td></tr>
<tr><td>소득세(소득할주민, 종업사업소세 10%)</td><td>○</td><td></td><td></td><td>○</td></tr>
</table>

<표 2-4>에서 취득세의 경우를 보자. 취득세는 광역시나 도에서 받아들이는 세이며 시나 군에서는 취득세를 받아들일 수 없다. 그러나 등록면허세는 시에서는 받을 수 없고 구청에서 받아들이는 세수이다.

지방세를 과세 대상에 따라 재산세, 소비세, 소득세로 구분할 수 있는데 <표 2-5>와 같다.

재산과세는 토지나 건물 및 선박, 차량 등을 구입하였을 때 부과하는 세수를 말하며 등록세는 취득한 물건에 대한 소유자로서의 보호를 받기 위해 등록하는 사람에게 부과하는 세금이다. 그리고 재산이나 자동차 및 토지를 보유한 사람에게 부과하는 재산세와 자동차세 및 종합토지세가 있다.

소비과세는 재화를 소비하는 사람에게 부과하는 세금으로 레저세는 경주나 마권을 즐기는 사람에게 부과하는 조세이고, 담배소비세는 담배를 피우는 사람에게 부과하는 조세이다. 그리고 2010년부터 부가세의 일부가 지방소비세로 신설되었다. 소득과세는 소득의 정도에 따라 부과하는 소득할 주민세가 있었는데 2010년부터 소득세로 바뀌었다.

표 2-5 우리나라의 과세 대상별 지방세

<table>
<tr><th colspan="3">세수 구분</th><th>세수의 종류</th><th>구체적 세수 대상</th></tr>
<tr><td rowspan="12">지
방
세
입</td><td rowspan="11">조세수입</td><td rowspan="5">재산과세</td><td>취득세</td><td>토지, 건축물, 선박, 차량, 광업권, 어업권 등 취득</td></tr>
<tr><td>등록면허세</td><td>소유권, 저당권, 지상권, 전세권 등</td></tr>
<tr><td>재산세</td><td>건축물, 선박, 항공기 등
토지의 소유</td></tr>
<tr><td>자동차세</td><td></td></tr>
<tr><td>지역자원시설세</td><td>도로의 개설과 유지, 상하수도, 공원, 소방, 오물처리, 수리시설, 각 지역자원 등</td></tr>
<tr><td rowspan="3">소비과세</td><td>레저세</td><td>경주사업자와 마사회경주</td></tr>
<tr><td>담배소비세</td><td></td></tr>
<tr><td>소비세(부가세분)</td><td></td></tr>
<tr><td rowspan="2">소득과세</td><td>소득세, 주민세</td><td></td></tr>
<tr><td>농업소득세</td><td></td></tr>
<tr><td colspan="2">과년도 수입</td><td></td></tr>
<tr><td>세외수입</td><td colspan="3">재산임대, 사용료, 수수료, 징수교부세, 상하수도세, 재산매각대, 이월금, 기부금, 전입금, 융자, 부담금 등</td></tr>
</table>

2. 세출예산

1) 중앙정부의 세출예산

세출예산은 지출기관에 따라 중앙정부와 지방정부로 구분한다.

중앙정부의 **세출예산**은 **일반회계**와 **특별회계**가 있다. 일반회계는 국가가 국가의 기본 기능수행을 위해 사용하는 예산을 말하는데 그 표현 방법이 다양하다. 우리나라 중앙예산기관에서는 세출예산을 조직별 세출예산과 기능별 세출예산, 성질별 세출예산으로 나타내고 있다.

조직별 세출예산은 소관별 세출예산으로 불리기도 하는데 대통령실, 국회소관, 대법원소관, 국가정보원, 감사원, 헌법재판소, 중앙선거관리위원회, 총리실 및 기획재정부를 포함한 15부 2처, 부 밑에 있는 15청(18청 중 검찰청, 특허청, 조달

청은 포함하지 않음), 국가인권위원회를 비롯하여 총 47개 기관으로 배분한다.

기능별 세출예산은 지출되는 예산이 하는 역할기능에 따라 표시한 것으로 우리나라에서는 **일반공공행정비, 공공질서 및 안전비, 통일외교비, 국방비, 과학기술비, 교육비, 문화 및 관광비, 통신비, 국토 및 지역개발비, 환경보호비, 사회복지비, 보건비, 농림해양수산비, 산업중소기업비, 수송 및 교통비, 예비비** 등 16개 분야로 구분된다.

성질별 세출예산은 세출의 대상 및 성질이 같거나 비슷한 예산끼리 분류하는 방식으로 인건비, 물건비, 이전지출, 자본지출경비, 융자금 및 출자금, 보전적 지출, 정부내부거래, 예비비 및 기타 등 8개로 구분된다.

특별회계 세출예산은 특정한 사업을 운영할 때, 특정한 자금을 보유하여 운용할 때, 특정 세입으로 특정한 세출에 충당하는 예산을 말한다.

2011년 현재 우리나라의 특별회계는 <표 2－6>과 같이 13개의 기타 특별회계와 5개의 기업 특별회계가 있다.

표 2－6 특별회계 세출항목

특별회계 구분	
기타 특별회계	기업 특별회계
(1) 농어촌구조개선	(1) 양곡관리
(2) 교통시설	(2) 책임운영기관
(3) 등기	(3) 조달
(4) 교도작업	(4) 우편국 예금
(5) 에너지 및 자원사업	(5) 우편사업
(6) 환경개선	
(7) 우체국 보험	
(8) 국가균형발전	
(9) 주한미군기지 이전	
(10) 행정중심복합도시 건설	
(11) 국방·군사시설 이전	
(12) 혁신도시 건설	
(13) 아시아문화중심도시 조성	

자료 : 2011년 나라살림

2) 지방정부의 세출예산

지방정부의 세출예산은 중앙정부의 지출과 마찬가지로 기능별, 성질별로 나타낸다. 조직별 분류는 현재 우리나라의 지방자치단체에서는 분류되지 않으며 기능별, 성질별 분류만 제시하고 있다.

기능별 세출예산은 중앙정부와 동일 분류를 하는데 일반공공행정비, 공공질서 및 안전비, 과학기술비, 문화 및 관광비, 국토 및 지역개발비, 환경보호비, 사회복지비, 보건비, 농림해양수산비, 산업중소기업비, 수송 및 교통비, 예비비, 기타 13개의 영역으로 분류하고 있다.[4)]

특별회계의 성질별 세출예산은 인건비와 경상적 경비를 포함하는 경상예산 특별회계와 보조사업과 자체사업을 포함한 사업예산 특별회계, 지방채상환과 채무부담행위상환을 포함하는 채무상환 특별회계 그리고 예비비가 있다.

제3절 일반회계 예산과 특별회계 예산 및 기금

국가재정법 제4조 제1항을 보면 정부의 예산은 일반회계와 특별회계로 구분한다고 되어 있다. 국가 예산은 국민들이 예산에 대한 이해를 쉽게 하고, 수입과 지출의 상태가 통일적으로 명확히 파악되어야 한다. 따라서 예산은 하나의 회계(단일주의 원칙)로 운영되어야 한다.

그러나 산업사회 이후 사회가 빠르게 변화하고, 과학기술발전과 공해문제와 사회문제, 복지문제 등이 대두되면서 하나의 회계로 처리하기 곤란해졌으며 특정 목적을 위한 세입과 세출을 별도로 관리할 필요가 생기게 되어 특별회계를 운용하고 있다.

이렇게 특별회계를 운용하는 것은 예산 단일주의 원칙에 위배된다. 일반회계와 특별회계를 구체적으로 살펴보면 다음과 같다.

---

4) 이 자료는 경기도의 2009년도 예산개요를 보고 작성하였다.

1. 일반회계 예산

일반회계(general accouunting budget)는 국가의 고유사무 수행을 위해 예산으로 처리하는 회계로서 각 국가의 일반적인 국가활동에 관한 세입·세출을 포괄하는 회계이다. 즉, 대통령실, 국회소관, 대법원소관 및 국방부를 포함한 부, 처, 청 및 기타 헌법기관 등 각 기관별·조직별로 국가의 고유기능 수행을 위해 필요한 예산이다.

일반적으로 국가예산을 말할 때에는 **일반회계 예산**을 지칭한다.

우리나라의 일반회계 세입규모를 2010년~2011년까지 살펴보면 <표 2-7>과 같다.

표 2-7 일반회계 세입예산규모 (단위 : 십억원)

구 분	2010년도 예산	2011년도 예산	증 △감	
			금액	증감율(%)
1. 내국세	136,932	151,363	14,430	10.5
○ 소득세	37,234	40,037	2,803	7.5
○ 법인세	36,867	41,300	4,433	12
○ 부가가치세	46,949	52,937	5,988	12.8
○ 개별소비세	4,779	5,012	233	4.9
○ 증권거래세	3,691	3,920	229	6.2
○ 상속증여세	2,701	3,092	391	14.5
○ 인지세	596	532	△64	10.7
○ 기타 세수	4,113	4,530	417	10.1
2. 교통세	11,695	12,367	672	5.7
3. 교육세	4,542	4,602	60	1.3
4. 관세	9,277	11,366	2,089	22.5
5. 종합부동산세	1,046	1,068	22	2.1
총 국세	163,490	180,763	17,401	10.5

자료 : 기획재정부 2011년 나라살림

우리나라의 일반회계의 국세 세입규모를 보면 2010년에는 163조원의 수입이 있었는데 2011년에는 180조원이 수입되었다.

그리고 2011년 우리나라의 일반회계 세출규모를 각 분야에 대한 기능별로 살펴보면 <표 2－8>과 같다.

일반회계의 세출예산은 2011년도의 경우 209.9조원인데 기획재정부 예산실에서 편성되고, 국회의 심의를 거쳐 확정된다.

표 2－8 일반회계 세출예산규모 (단위 : 십억원)

구 분	세출(Expenditures)				
	2010년도 예산		2011년도 예산		비고
	금액	구성비(%)	금액	구성비(%)	증감(%)
일반공공행정	44,346	22	46,670	22.2	5.2
공공질서 및 안전	11,995	6.0	12,864	6.1	7.2
통일·외교	2,046	1.0	2,324	1.1	13.6
국방	29,738	14.8	31,580	15.0	6.2
교육	37,863	18.5	40,844	19.5	7.9
문화 및 관광	1,728	0.9	1,806	0.9	4.5
환경보호	2,731	1.4	2,950	1.4	8.0
사회복지	22,492	11.2	23,692	11.3	5.3
보건	5,522	2.7	5,661	2.7	2.5
농림해양수산	6,506	3.2	5,124	2.4	△21.3
산업·중소기업	4,274	2.1	4,441	2.1	3.9
수송 및 교통	15,008	7.5	14,617	7.0	△2.6
통신	562	0.3	386	0.2	△31.3
국토 및 지역개발	10,705	5.3	10,516	5.0	△1.8
과학기술	3,667	1.8	4,055	1.9	10.6
예비비	2,100	1.0	2,400	1.1	14.3
합계	201,283	100	209,930	100	4.3

자료 : 기획재정부 2011년 나라살림

2. 특별회계 예산

국가재정법 제4조 제3항을 보면 **특별회계**는 국가에서 특정한 사업을 운영할 때, 특정한 자금을 보유하여 운용할 때, 기타 특정한 세입으로 특정한 세출에 충당함으로써 일반회계와 구분하여 계리할 필요가 있을 때에 법률로 설치한다고 되어 있다.

특별회계는 특정한 세입으로 특정한 세출을 충당하기 위해 정한 회계인데, 일반회계의 세입·세출과 구분하여 계리한다. 특별회계는 예산단일주의 원칙을 벗어나 특별목적으로 운영되며 세출예산은 국회 심의를 통해 확정된다. 특별회계의 예산 형식과 내용은 특례가 인정되지 않는 한 일반회계 예산에 준하게 되어 있는데 국가재정법 제4조에 의거 2011년 현재 우리나라에서 운용되는 특별회계는 <표 2-9>와 같다.

기타 특별회계란 특정 세입으로 특정 세출에 충당하여 운영하는 특별회계를 말하며 기업 특별회계란 국가기업으로 운영하는 공기업으로 여기에 근무하는 직원은 공무원에 속한다. 우리나라의 특별회계는 2006년도 21개, 2007~2008년에는 18개이었다. 그러나 2009년도에 군인연금 특별회계 등 일부가 폐지되고 다시 선정된 특별회계가 있어 2011년 현재 총 18개의 특별회계가 운용되며 종류별로 구분하면 다음과 같다.

가. 국가에서 **특정 목적의 사업**을 운영하는 특별회계
  양곡, 책임운영기관, 조달 등 기업 특별회계

나. **특정 자금을 보유**하여 운영하는 특별회계
  재정융자 특별회계가 있었으나 2009년부터 폐지됨.

다. **특정 세입**으로 **특정 세출**에 충당하여 운영하는 특별회계
  농어촌구조개선 특별회계를 비롯한 기타 특별회계

특별회계를 운용하는 **장점**으로는 다음과 같다.

첫째, 특정 분야의 특정 사업에 대한 세입과 세출을 따로 계리하므로 사업예산관리가 편리하다.

표 2－9 2011년도 회계별 예산규모 (단위 : 십억원)

회 계	2010 예산	2011 예산
1. 일반회계	201,283	209,930
2. 특별회계	25,109	41,119
가. 기타 특별회계	18,985	32,752
(1) 농어촌구조개선	5,502	8,727
(2) 교통시설	1,703	1,449
(3) 등기	230	240
(4) 교도작업	42	43
(5) 에너지 및 자원사업	3,893	4,085
(6) 환경개선	1,360	4,271
(7) 우체국 보험	615	652
(8) 주한미군기지 이전	997	387
(9) 행정중심복합도시 건설	4	786
(10) 국방·군사시설 이전	260	822
(11) 혁신도시 건설	914	1,366
(12) 아시아문화중심도시 조성	49	72
(13) 국가균형발전(광역지역발전)	3,416	9,852
나. 기업 특별회계	6,124	8,367
(1) 양곡관리	777	1,389
(2) 책임운영기관	617	716
(3) 조달	225	382
(4) 우편사업	2,631	3,672
(5) 우체국 예금	1,874	2,207
총 계	226,392	251,049

자료 : 기획재정부 2011년 나라살림

둘째, 정부가 운영하는 사업의 수지를 명확히 할 수 있다
셋째, 행정부처에 자유재량의 융통적 범위를 넓혀주므로 효율성을 높일 수 있다.
넷째, 행정의 능률성을 높여 경영의 합리화가 가능하다.

특별회계를 운용함으로써 오는 **단점**으로는 다음과 같다.
첫째, 단일회계로 운영되지 않기 때문에 특정 정부사업의 재정수지가 분명히

파악되지 않는다.

둘째, 예산제도가 복잡해져 세입·세출 규모를 파악하기 어렵다.

셋째, 재정운용 주체의 자율성이 증대되어 입법부의 통제가 어려워지므로 예산단일성원칙에 위배된다.

넷째, 재정운용에 일관성이 적어진다.

다섯째, 예산규모의 팽창을 초래한다. 실제로 정부 각 부처에서 일반회계보다는 특별회계의 예산증액을 요청하는 경우가 많다.

1) 일반회계와 특별회계의 관계

특별회계는 일반회계와 관계를 갖는 경우와 갖지 않는 경우가 있다. 특별회계가 일반회계와 관계를 갖는 경우로는 일반회계로부터 **전입금**을 받는 경우와 특별회계에 흑자가 생겼을 때 **잉여금**을 일반회계에 전입[5]시키는 경우이다. 이런 경우 잉여금은 특별회계에서 계산이 되고, 일반회계로 넘어와 다시 중복 계산이 될 수 있다. 따라서 결산서류를 작성할 때에는 조심하여야 한다.

3. 기금

정부의 일반회계나 특별회계의 예산은 기획재정부의 예산편성을 거쳐 국회의 심의를 통해 확정되므로 일관성과 안정성이 부족하다. 그러나 기금은 일반회계나 특별회계 예산처럼 철저한 통제나 관리의 제약으로부터 벗어나 급변하는 사회에 좀 더 안정적이며 탄력적이고 신속하게 운용하고자 1960년부터 도입·설치

---

5) 국가재정법 제90조에서 세계잉여금은 「지방교부세법」 제5조 제2항의 규정에 따른 교부세의 정산 및 「지방교육재정교부금법」 제9조 제3항의 규정에 따라 교부금의 정산에 사용하고 나머지 금액의 30/100 이상을 「공적자금상환기금법」에 따른 공적자금상환기금에 우선적으로 출연할 수 있다(기업예산회계법 제29조). 신해룡, 「예산결산심사」 (서울 : 세명서관, 1997). 여기에서 저자는 양곡관리, 철도사업 특별회계, 농어촌구조개선, 도로 등 교통시설과 군인연금 특별회계가 부족자금의 상당부분을 일반회계로부터의 전출금에 의존하고 있어 재정압박 요인이되고 있다고 주장한다.

된 자금이다.[6]

1960년 이후 설치된 기금은 2001년까지 국회의 승인 없이 기금운용계획을 수립하여 국회에 제출하고 소관 상임위원회에 보고하였고, 국무회의의 심의를 거쳐 대통령의 승인을 얻은 후 사용하여 왔으나 2002년 정기국회 때부터는 국회의 심의를 받도록 하였다.

국가재정법 제5조를 보면 기금은 국가가 특정한 목적을 위하여 특정한 자금을 신축적으로 운용할 필요가 있을 때에 한하여 법률로 설치하도록 되어 있다. 기금은 개별법에 의하여 관리주체가 자율적으로 편성·운용한다.

기금의 설치목적과 재원에 대하여 간략히 요약하면 다음과 같다.

첫째, 국가가 특정한 목적을 위하여 특정한 자금을 운용할 수 있다.

둘째, 기금의 재원은 정부가 직접 기금을 조성하여 운용할 수 있다.

셋째, 민간이 기금에 출연하여 출연금으로 재원을 조성하여 운용할 수 있다.

1) 기금의 특징

특정한 목적을 위하여 특정한 자금을 운용하는 기금은 다음과 같은 특징이 있다.

첫째, 기금은 2002년까지 국회의 심의와 의결을 거치지 않았기 때문에 예산의 사전의결의 원칙에 위배된다.

둘째, 예산은 일반회계 하나인 예산단일주의로 운용이 되어야 하는데 기금은 이를 벗어나 운용되므로 예산단일주의 원칙에도 위배된다.

셋째, 일반예산은 목적구속금지의 원칙[7]을 따르나 기금은 특정한 수입으로 특정한 지출에 충당하도록 목적연계 원칙을 따른다.

넷째, 회계연도 내에 조성된 자금은 일반회계나 특별회계 예산처럼 회계연도 내에 모두 사용하는 것이 아니라 계속 적립해 나간다.

---

6) 일부 교재에서는 기금이 최초로 설치된 해를 1961년으로 보고 있으나 이미 1960년에 군인연금이 시작되었으므로 1960년을 기금의 시작으로 보는 것이 타당하다. 재무부, 「예산개요」 (1960).

7) 일반회계 예산은 특정 수입을 특정한 지출에 결부시킬 수 없도록 규정되어 있는데 이를 목적구속금지(non-affection) 원칙이라 한다. 특별회계 예산은 기금과 마찬가지로 목적연계 원칙을 따른다.

다섯째, 국회의 예산심의 대상이 되지 않고 예산 외로 운영된다. 그러나 2002년부터 국회의 심의를 받도록 되어 있다.

여섯째, 특정분야의 사업을 부처가 운영하고자 할 때 지속적이고 안정적인 자금 지원이 필요할 경우 운용하므로 탄력성이 확보된다.

일곱째, 기금은 이해관계단체의 출연금이나 국민부담금으로 조성되고 운영되기 때문에 공공성 및 효율적 합목적성을 갖는다.

기금의 특징을 일반회계나 특별회계와 비교하면 <표 2-10>과 같다.[8)]

표 2-10 기금과 예산의 비교

비교 항목	일반회계	특별회계	기 금
설치사유	• 모든 국가재정활동	• 특정 사업운영 • 특정 자금보유운영 • 특정 세입으로 충당	• 특정 목적을 위해 특정 자금을 운용할 필요가 있을 경우
재원조달 및 운용형태	• 공권력에 의한 조세수입과 무상적 급부의 제공이 원칙	• 일반회계와 기금의 운용형태 혼재	• 출연금, 부담금 등 다양한 수입원을 토대로 융자사업 등 유상적 급부를 제공하는 경우가 많음
운용계획 확정·집행	• 정부가 예산안 편성권을 가지며 국회가 심의 확정함 • 집행과정에서 합법성에 입각한 통제	• 정부가 예산안 편성권을 가지며 국회가 심의 확정함 • 집행과정에서 합법성에 입각한 통제	• 기금관리 주체가 계획을 수립 -국무회의 심의 및 대통령 승인으로 확정후 국회보고 • 집행과정의 자율성과 탄력성 보장
수입과 지출의 연계	• 특정한 수입과 지출의 연계 배제	• 특정한 수입과 지출의 연계	• 특정한 수입과 지출의 연계

8) 이종익, 「재무행정론」(서울 : 박영사, 1998), p. 365.

2) 기금의 종류

기금은 사업의 공공성이나 기금 운용의 성격 및 관리 주체, 설립목적에 따라 서로 다르게 분류할 수 있다.

① 공공성에 의한 분류

기금은 운용재원을 이해관계단체의 출연금이나 국민부담금으로 조성되고 그 사용에 있어 공공성의 정도가 어떤가에 따라 공공기금과 기타 기금으로 분류할 수 있다.

가. 공공기금

기금관리기본법 제3조 제1항～제2항의 규정에 의하면 첫째, 공공기금은 중앙관서의장이 직접 관리하는 기금, 둘째, 중앙관서의 장이 직접 관리하지 않을지라도 법률에 의해 재원이 조성되거나 정부가 출연하고 사업내용상 공공성이 큰 경우 공공기금이라고 한다.

공공기금은 통합재정수지의 구성요소가 되기 때문에 매년마다 국회에 보고하여야 한다.

나. 기타 기금

기타 기금이란 공공기금을 제외한 중앙관서의 장이 간접으로 관리하는 기금을 말한다.

② 관리 주체에 의한 분류

기금의 관리 주체가 누구인가에 따라 분류하는데 중앙관서의 장이 관리할 경우 직접관리기금이라고 하고, 중앙관서의 장이 관리하지 않고 관리공단(예, 공무원연금관리공단)에서 하는 경우를 간접관리기금이라 한다.

③ 운용성격 및 목적에 따른 분류

2011년 8월 현재 조성된 기금을 운용성격 및 목적에 따라 분류하면 사업성격을 띠는 사업성 기금(41개), 사회보장적 성격을 띠는 사회보험성 기금(9개), 어떤 목적의 자금 역할을 위한 계정성 기금(4개), 금융역할을 하는 금융성 기금(11개)으로 총 65개 기금에서 369.3조원이 운용되고 있으며 구체적 운용규모는 <표 2 - 11>과 같다.

표 2 - 11 2011년 현재 기금의 종류와 운용규모 (단위 : 백억원)

소속	분류	기금종류	2011 규모	소속	분류	기금종류	2011 규모
정무위	1	보훈기금	65	환경노동위	1	낙동강수계관리	20
정무위	1	순국선열애국지사	5	환경노동위	1	영산강 섬진강 수계관리	7
기획재정위	1	대외경제협력	74	환경노동위	1	한강수계관리	43
외교통상위	1	국제교류	7	환경노동위	1	근로자복지진흥	43
외교통상위	1	남북협력	138	환경노동위	1	임금채권보장	60
국방위원회	1	군인복지	77	환경노동위	1	장애인 고용 및 직업재활	34
교과기술위	1	과학기술진흥	14	국토해양위	1	국민주택	3,556
교과기술위	1	사학진흥	41	여성위	1	여성발전	13
교과기술위	1	원자력연구개발	20	정무위	2	공적자금상환	247
문광방통위	1	관광진흥개발	64	중무위	2	구조조정	557
문광방통위	1	국민체육진흥	84	국방위원회	2	군인연금	256
문광방통위	1	문화예술진흥	26	행정안전위	2	공무원연금	1,417
문광방통위	1	신문발전	5	교과기술위	2	사립학교교직원 연금	920
문광방통위	1	영화발전	31	보건복지위	2	국민연금	7,676
문광방통위	1	지역신문발전	3	환경노동위	2	고용보험	735

문광방통위	1	방송발전	54	환경노동위	2	산재보상보험 및 예방	978
문광방통위	1	문화재보호	12	기획재정위	2	석면피해구제	1
농수식품위	1	농산물가격안정	259	기획재정위	3	공공자금관리	11,115
농수식품위	1	농작물재해재보험	16	기획재정위	3	복권	334
농수식품위	1	농지관리	110	농수식품위	3	외국환평형	3,657
농수식품위	1	수산발전	64	정무위	3	양곡증권정리	62
농수식품위	1	쌀소득보전변동 직접지불	88	정무위	4	기술신용보증	251
농수식품위	1	자유무역협정 이행지원	41	정무위	4	농림수산업자 신용보증	244
농수식품위	1	축산발전	64	정무위	4	농어가목돈 마련저축	15
법제사법위	1	범죄피해자구제	6	정무위	4	부실채권정리	289
지식경제위	1	전력산업기반	204	정무위	4	신용보증	462
지식경제위	1	정보통신진흥	121	정무위	4	예금보험기금 채권상환	807
지식경제위	1	특정물질사용 합리화	1	정무위	4	주택금융신용 보증	147
지식경제위	1	중소기업진흥 및 산업기반	725	기획재정위	4	산업기반신용 보증	22
보건복지위	1	국민건강증진	196	교과기술위	4	학자금대출신용 보증	–
보건복지위	1	응급의료	20	지식경제위	4	수출보험	289
보건복지위	1	청소년육성	11	지식경제위	4	방사성폐기물 관리	66
환경노동위	1	금강수계관리	9	총 65개 기금			36,931

자료 : 2011년 나라살림(① : 사업성, ② : 사회보험성, ③ : 계정성, ④ : 금융성 기금)

3) 기금의 장·단점

기금을 운용하는 **장점**으로는 다음과 같다.

첫째, 급변하는 사회에 적응력과 재량적 융통 범위를 넓혀준다.

둘째, 정부가 운영하는 특정 목적사업을 효율적으로 수행할 수 있다.

셋째, 기금재원의 조성에 일관성과 안정성을 확보해 준다.

넷째, 행정의 능률성을 높여 경영의 합리화가 가능하다.

다섯째, 일반회계의 재원조달의 제약을 보완해 주는 역할을 할 수 있기 때문에 재정활동의 범위를 확대해 준다.

우리나라의 기금 운용에 있어 고려하여야 할 점을 보면 다음과 같다.

첫째, 국회의 심의를 받고 있으나 중앙관서나 장의 책임하에 관리되기 때문에 운용의 효율성이 떨어질 염려가 있다.

둘째, 예산제도가 복잡해져 예산사용의 전체적 내용을 파악하기 어렵다.

셋째, 예산규모의 팽창을 초래한다.

넷째, 재원확보가 쉽고 사용에 대한 통제가 약해 각 부처마다 기금의 수를 늘리고 있다.

1996년 7월 16일자 매일경제신문의 사설을 보면 김영삼 정부 출범이후 새로 생긴 기금이 15개나 되며 설치를 하려하는 기금도 5개나 된다면서 걸핏하면 기금을 신설하는 것을 지적하고 있다. 2005년의 경우에도 기금이 57개 이었는데 2006년에 4개가 증가한 61개, 2008년에는 60개, 2011년에는 65개로 증가되고 있다.

다섯째, 유사한 기금의 수가 너무 많다.

4) 기금의 과제

기금은 국가의 특정 목적사업을 위해, 재정의 안정적 확보와 융통성을 위해 설치한다고 되어 있다. 하지만 큰 통제를 받지 아니하고 중앙관서의 장이 쉽게 사용할 수 있는 편의성 때문에 중앙관서마다 다투어 설치하고 있는 실정이다. 또한 기금을 살펴보면 유사한 기금이 많이 있다.

그리고 연구개발이나 공무원 후생 및 특정 정책 사업을 위한 국가의 사업 운영상 필요하다고 하나 사업의 목표나 성격상 특별회계와 큰 차이가 나지 않는다. 따라서 다음과 같은 해결과제가 필요하다.

첫째, 유사한 기금을 과감하게 통폐합하여야 한다.

<표 2-11>에서 보는 바와 같이 농산물가격안정기금이나 쌀소득보전기금, 양곡증권정리기금 등은 사업의 성질은 약간 다르나 통합하여 서로 유기적 관련 속에서 구분하여 처리하면 될 것이다. 그리고 군인연금기금과 군인복지기금이나 농어가목돈마련저축기금, 농림수산업자신용보증기금 등도 유사한 면이 있으므로 통폐합이 고려되어야 한다.

또 하나는 최근 들어 기금의 수가 크게 증가하였다는 점이다. 1998년에 우리나라 기금의 수는 35개이었는데 2011년에 65개로 무려 185.7%나 증가하였다.

둘째, 2002년부터 시작한 국회의 기금에 대한 심의를 일반회계나 특별회계의 예산처럼 강화하면서 그 효율성을 철저히 살펴보아야 한다.

셋째, 기금의 재원은 이해관계가 있는 특정 개인이나 단체의 출연금을 통해 이루어지기도 하지만 대부분 국민이 낸 세금을 통해 마련이 되므로 세입과 세출 내역을 당연히 국민과 출연기관에 공개해야 한다.

넷째, 기금 간의 통폐합은 물론 특별회계와의 유사한 성격을 파악하여 통폐합되어야 한다.

다섯째, 기금운용의 전문성이 미흡하고 이로 인하여 결산회계처리 등이 철저하지 못하다.

제4절 예산 성립 시기에 따른 종류

예산의 분류는 그 기준에 따라 다르다. 앞에서 살펴본 일반회계 예산과 특별회계 예산은 회계를 중심으로 한 분류이다. 그러나 예산의 성립내용을 중심으로 그 성립시기가 어떠한가에 따라 본예산과 수정예산, 추가경정예산이 있고, 회계연도의 시작시까지 예산의결이 되지 않았을 경우를 중심으로 준예산,

가예산, 잠정예산으로 분류할 수 있다.

또한 예산의 형식을 중심으로 예산총칙, 세입·세출예산, 계속비, 명시이월비, 국고채무부담행위로 구분할 수 있다. 예산형식을 중심으로 한 분류는 제3장 예산의 과목구조와 내용에서 자세히 설명한다.

1. 본예산

본예산은 정부가 편성한 예산을 국회에서 심의를 통해 확정 의결된 매 회계연도의 예산을 말한다. 본예산은 최초로 성립된 예산이라는 의미에서 당초예산(original estimate or preliminary budget)이라고도 한다.

본예산은 경제적 및 정치적 변화로 인하여 성립한 후에 변경이 요구되는 경우가 있다.

2. 수정예산

수정예산(rektifikations budget)은 정부가 예산안을 국회에 제출한 이후 예산이 의결되기 전까지 정치적 여건이나 경제적 여건 변화에 의해 예산안의 일부 내용을 변경하여 수정 제출한 예산을 말한다.[9)]

정부가 수정예산을 제출할 때에는 국무회의의 심의를 거쳐 대통령의 승인을 얻어 국회에 제출할 수 있는데 예산금액의 총 합계는 증가시키지 못하며 예산금액의 감소나 예산목적의 변경, 예산총칙의 변경 등의 수정을 할 때도 있다.

수정예산을 제출하여 국회에서 의결 확정된 후에는 본예산이 된다.

---

9) 국가재정법 제35조에는 정부는 예산안을 국회에 제출한 후 부득이한 사유로 인하여 그 내용의 일부를 수정하고자 할 때에는 국무회의의 심의를 거쳐 대통령의 승인을 얻어 수정예산안을 국회에 제출할 수 있다고 되어 있다.

3. 추가경정예산

추가경정예산(deficiency budget)은 국가재정법 제89조에 의하면 정부는 예산 성립 후에 생긴 사유로 인하여 이미 성립된 예산에 변경을 가할 필요가 있을 때에는 추가경정예산안을 편성하여 국회에 제출할 수 있다고 되어 있다.

여기에서 예산 성립 후 생긴 사유란 전쟁이나 대규모 자연재해가 발생한 경우와 경기침체·대량실업 등 대내·외 여건에 중대한 변화가 발생하였거나 발생할 우려가 있는 경우 및 법령에 따라 국가가 지급하여야 하는 지출이 발생하거나 증가하는 경우를 말한다.

예컨대 2010년 3월에 서해 백령도에서 발생한 천안함 사건이나 2007년 11월 서해 기름유출 사건이나 12월 전남지역에 폭설처럼 사건을 수습하는 데에 예산이 많이 필요할 때 추가경정예산안을 편성하여 사용하도록 제한 규정을 두었다.

추가경정예산안은 예산단일주의 원칙과 예산통일성의 원칙에 위배된다.

1) 추가경정예산안의 요건

추가경정예산안의 편성은 다음과 같은 조건이 있을 때 가능하다.

첫째, 예산 성립 후에 발생한 사유가 있어야 한다. 경우에 따라서는 중앙부서에서 예산편성과정 중에 예견할 수 있는 비용이나 예산심의과정에서 삭감된 예산은 추가경정예산에 포함시킬 수 없다.

둘째, 경기침체·대량실업 등 대내·외 여건에 중대한 변화가 발생하여 이미 성립된 예산에 변경을 가할 필요가 있을 때 편성한다. 따라서 예비비의 사용이나 예산의 전용 및 이용 등의 방법으로 해결할 수 있을 때에는 추가경정예산안을 편성하지 않는다.

우리나라에서 2001년부터 2009년까지 편성된 추가경정예산안에 대한 규모를 간단히 살펴보면 <표 2－12>와 같다.

표 2-12 연차별 추가경정예산안의 내용과 규모 (단위 : 억원)

연도 (국회의결일)	추경규모	사업내용	재원
'01년 1차 (9월 3일)	50,555	• 교부금 정산(35,523) • 지역건강보험재정국고지원(7,354) • 의료보호진료비체불액지원(4,500) • 재해대책 예비비(2,778) • 청소년실업대책추진(400)	– 한은잉여금 10,000 – '00년 세계잉여금 40,555
'01년 2차 (11월 5일)	△1,903	• SOC 확충(3,000) • 수출보험기금 확충(1,000) • 쌀값안정지원(2,800) • 테러방지지원 등(1,607) • 특별회계 세입·세출조정(△1,903)	– 이자불용액 △8,407
'04년 1차 (7월 15일)	45,000	• 서민생활안정지원(22,000) • 중소기업지원(14,000) • 경쟁력강화(3,000) • 지방교부금(6,000)	– 일반회계·기금 23,000 – 국채발행 19,000
'05년 1차 (11월 15일)	6,146	• 국방부 병영시설 개선 • 산자부 탄가 안정화 • 보건복지 등	– 일반회계 – 국채발행 41,000
'06년 1차 (8월 29일)	20,421	• 태풍 위니아 피해(각 부처별)	– 일반회계 – 국채발행 13,000
'09년 1차 (4월 29일)	284,000	• 세입결손보전 • 비정규직지원 • 돼지인플루엔자 방역	세입결손 11.2조 1185억 994억

자료 : 기획재정부 2011년 인터넷자료(mpbst.hwp)

제5절 예산 불성립시의 종류

예산의 사용은 국회의 심의를 거쳐 의결로 확정되었을 때 가능하다. 그러나 국회에서 새 회계연도가 시작되기까지 예산이 의결이 되지 않을 경우가 있다. 이러한 경우 국가에 따라 준예산, 잠정예산, 가예산 제도를 택하고 있다.

1. 준예산

준예산은 국회에서 부득이한 사유로 회계연도 개시 전까지 예산안이 의결되지 못한 때, 헌법 제54조 제3항의 규정에 의하여 일정범위 내에서 전년도 예산에 준하여 집행할 수 있는 권한을 정부에 부여한 제도이다. 그리고 이렇게 집행된 예산은 당해 연도의 예산이 성립되면 그 성립된 예산에 흡수되어 집행된 것으로 본다.

첫째, 헌법이나 법률에 의하여 설치된 기관 또는 시설의 유지와 운영에 관한 경비는 전년도 예산에 준하여 지출할 수 있다.

둘째, 법률상 지출의무의 이행이 있는 곳에 예산을 집행할 수 있다.

셋째, 이미 국회에서 계속비 사업으로 승인되어 진행 중인 사업예산에 지출할 수 있다.

준예산은 국회의 동의가 필요 없고 행정부 내부절차로 확정한 후 사용하는데 기간은 명시되지 않고 본예산이 성립할 때까지 사용할 수 있다. 우리나라는 1960년 6월 15일 제5차 헌법 개정에서 준예산을 도입하였으나 준예산을 집행한 적은 없다.

2. 잠정예산

잠정예산은 의회에서 부득이한 사유로 회계연도 개시 전까지 예산안이 의결되지 못한 때 2~5개월분의 예산을 편성하여 의회의 의결을 거쳐 집행하도록 한 제도이다. 현재 영국이나 미국 그리고 일본, 캐나다에서 실시하고 있다. 영국에서는 대개 4개월 정도로 편성하고, 미국에서는 기간 명시 없이 세출예산이 의결되는 날까지, 그리고 일본은 2~3개월 정도 편성하여 운영한다.

그러나 잠정예산은 정부의 지출을 최소로 하여야 하기 때문에 신규사업예산을 잠정예산으로 편성하여 지출할 수 없다.

3. 가예산

가예산은 의회에서 부득이한 사유로 회계연도 개시 전까지 예산안이 의결되지 못할 상황일 경우 먼저 1개월 이내의 예산을 의결해 주고, 그동안(1개월)에 예산을 의결하는 제도이다. 그리고 본예산이 의결되면 자연히 이에 흡수된다. 우리나라는 1949년부터 1953년까지 5회, 그리고 1955년에 가예산을 편성운영했던 때가 있다.

4. 신임예산

신임예산은 예산 불성립시에 편성하는 예산이 아니라 전시나 국가의 안전 보장상 예산의 지출내용을 밝히거나 예측하기 힘들 때에 의회가 예산의 총액만 결정하여 주고 집행은 행정부가 알아서 집행하도록 하는 예산제도이다. 행정부를 신임하여 행정부가 알아서 집행하도록 하기 때문에 신임예산이라 부른다.

제3장

예산회계 과목구조와 내용

제3장 예산회계 과목구조와 내용

제1절 예산회계의 과목구조

국가의 예산은 방대하고 복잡하므로 일정한 기준에 의해 구분하여 보다 명확하게 체계화할 필요성이 있다. 따라서 국가재정법 제21조에 법으로 그 규정을 마련하고 있다. 규정내용을 보면 세입·세출예산은 중앙관서의 **조직별**로 구분하되 세입예산은 그 내용을 **성질별**로 관·항으로 구분하고, 세출예산은 그 내용을 **기능별·성질별** 또는 **기관별**(조직별)로 장·관·항으로 구분하는데 이를 도식화하면 <그림 3－1> 및 <그림 3－2>와 같다.

그림 3－1 세입예산의 과목구조

○○부 － 성질별 － [관] → [항] → [목]

예 : 교육부－성질별－재산수입(11) → 이자수입(53) → (532)
과기부－성질별－경상이전수입(12) → 벌금 및 몰수금(56) → (561)

그림 3－2 세출예산의 과목구조

○○부 － 기능별 / 성질별 / 조직별 － [장] → [관] → [항] → [세항] → [목]

예 : 교육부－기능별－교육 및 문화(310) → 대학교육(312) → 대학교육(1700) → 학생복지(1713) → (103)
과기부－기능별－과학기술(460) → 연구활동지원(461) → 연구개발지원(1500) → 과기원(1511) → (303)

<그림 3－1>에서 **세입예산**의 관(款)－항(項)을 **입법과목**(voting item)이라 하고, 목(目)은 **행정과목**(administrative item)이라고 한다.

<그림 3－2>에서 **세출예산**의 장(章)－관(款)－항(項)은 **입법과목**이고, 세항(細項)－목(目)은 **행정과목**이다. 예시에는 세입예산의 경우 성질별 과목구조를 예시하였고, 세출예산은 기능별 과목구조만 제시하였는데 양자 모두 기능별, 성질별로 나타낼 수 있다.

입법과목이란 국회의 심의·의결 대상이 되는 예산과목이다. 따라서 입법과목은 과목상호 간의 융통이나 신설 및 변경을 자유자재로 할 수 없다.

세출예산에서 입법과목의 신설이나 변경을 할 경우에는 추가경정예산이나 국가재정법에 의한 이체, 예산총칙에 규정된 범위 안에서 이용에 의하여 가능하다.[1] 즉, **이용**은 국회의 심의·의결을 거쳐 지출목적을 변경하여야 가능하다.

행정과목이란 국회의 심의·의결 대상이 아닌 행정부의 재량에 의해 융통성 있게 바꾸어 쓸수 있는 예산과목이다.

세입예산의 관·항·목의 구분과 설정, 세출과목의 장·관·항·세항·목의 구분과 설정은 기획재정부장관이 정한다.

제2절 예산의 내용

국가재정법 제19조에는 예산의 내용을 예산총칙·세입세출예산·계속비·명시이월비와 국고채무부담행위를 총칭한다고 되어 있다. 예산의 내용은 정부가 예산안을 편성하여 국회에 제출할 때 국가재정법이 정하는 일정한 내용(예산총칙·세입세출예산·계속비·명시이월비와 국고채무부담행위)을 갖추어야 한다. 예산의 내용을 구체적으로 살펴보자.

---

1) 국가재정법 제45조와 제47조에는 예산의 목적 외 사용금지와 예산이체에 대하여 다음과 같이 말하고 있다. ① 각 중앙관서의 장은 세출예산이 정한 목적 이외에 경비를 사용할 수 없도록 되어 있고 국회의 의결을 얻은 후 기획재정부장관의 승인을 얻어 이용할 수 있다. ② 정부조직 등에 관한 법령의 제정·개정 또는 폐지로 인하여 그 직무와 권한에 변동이 있을 때에는 기획재정부장관은 당해 중앙관서의 장의 요구에 의하여 그 예산을 상호 이용 및 이체할 수 있다.

1. 예산총칙

예산총칙에는 세입세출예산·계속비·명시이월비와 국고채무부담행위에 관한 총괄적 규정을 두는 이외에 다음 사항을 규정과 함께 국채 또는 차입금의 한도액과 재정증권의 발행과 일시차입금의 최고액, 기타 예산집행에 관하여 필요한 사항이 국가재정법 제20조에 규정되어 있다.

2. 세입·세출예산

세입·세출예산은 한 회계연도 기간 동안의 모든 수입과 지출의 예정액이다. 예산이라고 할 때에는 일반적으로 세입·세출예산을 가리킨다. 국가재정법 제21조에 세입·세출예산은 필요한 때에 계정으로 구분할 수 있다고 되어 있다.[2] 그리고 국가재정법 제22조에는 세출예산에서 예측할 수 없는 예산 외의 지출에 대비하여 예비비를 계상하도록 하였다.

1) 예비비

국가의 예산에서 세입은 예산액을 초과하여도 문제가 없으나 세출의 경우 **예측할 수 없는 일**로 인하여 예산 외의 지출 또는 초과지출에 충당하기 위하여 정부는 일반회계 총액의 1/100 이내의 금액을 세입·세출예산에 계상할 수 있도록 규정하고 있다.

① 예비비의 관리와 사용

예비비는 각 중앙부처별로 확보하지 않으며 세입·세출에 계상하여 지출이 요구되는 항목으로 지출되는데 **기획재정부장관**이 **관리**하도록 되어 있다.

각 중앙관서의 장은 예비비의 사용을 필요로 할 경우에는 그 이유, 금액과

2) 분류의 기준은 첫째, 세입·세출예산을 중앙관서의 조직별로 구분하거나 둘째, 세입예산은 중앙관서의 조직별 구분에 의해 성질별로 관·항으로 구분하고, 세출예산은 조직별 구분에 의하여 그 내용을 기능별·성질별 또는 기관별로 장·관·항으로 구분한다

추산의 기초를 명백히 한 명세서를 작성하여 기획재정부장관에게 제출하여야 한다. 기획재정부장관은 중앙관서의 장이 제출한 요구를 심사한 후 필요하다고 인정하는 때에는 이를 조정하고 예비비사용명세서를 작성하여 국무회의의 심의를 거쳐 대통령의 승인을 얻은 후 사용한다.[3]

예비비의 사용에 대한 결산은 중앙관서의 장이 예비비로 사용결과명세서를 작성하여 2월 말까지 **기획재정부장관**에게 제출하여 국무회의의 심의를 거쳐 대통령의 승인을 얻은 후 감사원의 확인서를 받아 매 회계연도 5월 31일까지 국회에 제출하여 그 승인을 얻어야 한다(재정법 제51조). 예비비의 사용은 국회에서 의결해서 정해준 예산액의 범위를 벗어나 초과 지출해야 하므로 예산 심의권을 제약하는 사후승인제도이다.

3. 계속비

계속비는 완성에 수년(회계연도를 포함하여 5년 이내)을 요하는 공항, 댐, 고속도로, 항만, 고속철도 등과 같은 공사나 제조 및 연구개발사업의 경우 총 소요 예산과 연부액을 정하여 국회의 의결을 얻은 범위 안에서 5년간 지출할 수 있으나 필요시 국회의 의결을 얻어 그 연한을 연장할 수 있도록 하는 것으로 **예산단년주의** 원칙이나 **회계연도 독립**의 원칙에 위배되나 재원확보의 안정성과 사업의 일관성 및 예산집행의 신축성을 기할 수 있는 장점이 있다.[4]

<표 3-1>에서 계속비 규모를 보면 2009년에 5조 규모 지출되었는데 2010년에도 5조 규모로 지출되며 2012년도부터 사업이 종료되기 시작하여 2013년에는 대부분 사업이 종료되도록 되어 있다. 계속비의 연부액에 변동이 있을 때에는 다시 국회의 승인을 얻어야 하며 연부액을 당해 연도에 지출하지 못하였을 경우 이월하여 사용할 수 있다.

계속비 사업이 완성되면 계속비 결산서를 국회에 제출하여 의결을 얻어야 한다.

---

3) 국가재정법 제51조 제3항.

4) 국가재정법 제23조.

표 3-1 계속비 규모 (단위 : 십억원)

회계 및 소관	사업별		계속비 연부액				
			FY 2009	FY 2010	FY 2011	FY 2012	FY 2013
총합	2010년 예산총액		5,729	5,281	5,533	3,816	2,591
	2011년 예산총액		5,729	5,281	4,691	3,935	2,343
일반회계 국토해양부	울산신항방파제	2010	81	46	17	–	–
		2011	81	46	13	–	–
	국토해양생물 자원관	2010	22	25	30	15	–
		2011	22	25	10	44	–
특별회계 국토해양부	지역간선국도 1차	2010	426	309	98	–	–
		2011	426	309	102	59	–
	지역간선국도 2차	2010	534	400	571	–	–
		2011	534	400	360	193	–
	지역간선국도 3차	2010	607	585	501	489	–
		2011	607	585	484	450	98
	지역간선국도 4차	2010	438	408	500	500	309
		2011	438	408	405	400	495
	지역간선국도 5차	2010	555	573	860	860	860
		2011	555	573	630	600	600

자료 : 기획재정부 2011년 나라살림

4. 명시이월비

원래 매 회계연도의 세출예산은 회계연도 독립의 원칙에 의거하여 다음 연도에 이월하여 사용할 수 없도록 되어 있다. 그러나 세출예산을 사용하는 과정에서 당해 연도에 사용하지 못하고 다음 연도(1년으로 한정)로 넘겨서 사용하여야 되는 경우가 있는데 이를 **이월**이라 한다. 이월은 사전에 예산으로 의회의 승인을 얻어야 한다. **이월**에는 **명시이월**과 **사고이월**이 있다.

명시이월비란 세출예산 중 경비의 성질상 연도 내에 그 지출을 끝내지 못할 것이 예측될 때에는 특히 그 취지를 세입·세출예산에 명시하여 미리 국회의 승인을 얻어 다음 연도에 이월하여 사용할 수 있도록 하는 제도인데 이는 장이 판단한다. 명시이월비는 회계연도 독립의 원칙에 위배되나 예산사용에 재량적 신축성을 주어 보다 효율적 운영이 되도록 하기 위한 제도이다.

사고이월비란 세출예산이 국회에서 의결되어 성립된 후 발생한 **불가피한 사유**로 인하여 지출원인행위를 하지 못하거나, 지출행위를 했어도 지출하지 못한 경비와 그에 관한 부대경비에 대한 이월을 말한다.[5)]

1) 이월의 사유

① 명시이월의 사유

명시이월은 기관의 장이 다음과 같은 사유에 의해 판단해 결정한다.

첫째, 설계비와 같이 특수한 기술이 요구되는 경우

둘째, 외국 물품을 구입할 때 외국의 형편이나 외화의 사정상

셋째, 기타 특수한 물품이나 재료 등에 관한 것들이 해당

② 사고이월의 사유

지출원인행위를 하고 불가피한 사유로 인하여 연도 내에 지출하지 못한 경비와 지출원인행위를 하지 아니한 그 부대경비를 말한다.

첫째, 계약이나 채무부담행위와 같은 지출원인행위를 하였을 때

둘째, 명시이월의 사유와는 달리 피할 수 없는 사고시

셋째, 지출원인행위가 없었지만 피할 수 없는 사고가 있을 경우

넷째, 계약 상대방이 채무이행을 끝내지 못한 경우

2) 이월을 위한 조치

이월을 하기 위해서는 각 중앙관서의 장은 **이월명세서**를 **작성**하여 다음 연도 1월 31일까지 기획재정부장관 및 감사원에 송부하여야 한다(재정법 제48조). 기

---

5) 국가재정법 제24조.

표 3-2 명시이월비 (단위 : 억원)

회 계	부 분	금 액			사유 및 내역
		2011 예산	2010 예산	증감(△)	
1. 일반회계		897	743	154	
1. 국방부	군수지원 및 협력	64	99	△35	해외 여건 변화로 외자도입 지연, 개발 지연
	정책기획 등	420	185	365	
2. 방위사업청	기동전력	114	36	1078	
	함정	20	207	△187	
	항공기	97	65	32	
	화력탄약	–	18	△18	
	김시정찰	–	44	△44	
	정밀타격	110	37	73	
	국방연구개발	71	51	20	

자료 : 2011년 나라살림

획재정부장관은 세입징수상황 등을 감안하여 필요하다고 인정할 때에는 세출예산의 이월사용을 제한하기 위한 조치를 할 수 있다. 참고로 2008년도의 명시이월비의 내역을 제시하면 <표 3-2>와 같다.

우리나라의 명시이월은 국방부와 방위사업청에서 있었는데 2010년에 총 743억원, 2011년에는 897억원에 이르고 있다.

5. 국고채무부담행위

예산이 성립한 후에 각 중앙관서에서 외국인 기술자와 1년간 고용계약을 맺거나 업무처리를 위해 토지나 건물을 2년간 임차하는 등 비용이 소요될 때에는 국가가 채무를 부담하기로 하고 예산을 지출할 수 있도록 하는 제도를 말하는데 국회의 의결을 얻어야 한다.

이때 얻은 국회의 의결은 국가가 채무를 부담해도 좋다는 권한만을 부여받은 것이므로 실제 지출을 위해서는 국회의 의결을 다시 얻어야 한다.[6] 국고채무부담행위를 할 때에는 사항마다 그 필요한 이유를 명백히 하고 그 행위를 할 연도 및 상환연도와 채무부담의 금액을 표시하여야 한다.[7] 참고로 우리나라 2010년과 2011년도의 국고채무부담행위 내역을 보면 <표 3－3>과 같다.

표 3－3 국고채무부담행위 규모 (단위 : 십억원)

회계 및 소관	사 항	금 액		
		2010 예산	2011 예산	증감(△)
Ⅰ. 일반 및 특별회계 총합		2,441	2,268	△173
1. 일반회계	일반회계 합	1,941	1,768	△173
1) 외교통상부	해외공관국유화사업	36	57	21
2) 국방부	경상운영비	1,735	1,689	△46
3) 방위사업청	방위력개선비	10	9	△1
3) 해양경찰청	대형함정	29	12	△17
	노후함정	130	－	△130
Ⅱ. 특별회계	특별회계 합	500	500	0
1) 건설교통부	일반국도 건설	400	400	0
	국도대체우회도로건설	100	100	0

자료 : 2011년 나라살림

6) 국가재정법 제24조 제2항과 제3항.

7) 국가재정법 제25조 제3항.

제4장

예산의 분류

제4장
예산의 분류

제1절 예산분류의 의미

국가의 예산은 방대하고 복잡하고 다양하여 어떤 일정한 분류 기준이 없이는 체계화되지 않고 오히려 혼란을 가져 올 수 있다. 분류방법은 여러 가지가 있으나 용도나 목적에 따라 기능별 분류, 조직별, 성질별(품목별), 경제성질별, 통합예산, 조세지출예산으로 구분하여 설명한다.

제2절 예산의 분류

1. 기능별 분류

기능별 분류(functional classification)는 1957년 이래 현재까지 우리나라에서 사용하고 있는 방법으로 중앙정부나 지방정부가 예산을 무슨 일을 하는 데 얼마나 쓰는지 분류하는 방식이다. 따라서 국민이 이해하기 쉽고 정책결정자도 예산결정을 하는 데 편리하다.[1)]

---

1) 국가재정법 제21조.

1) 기능별 분류의 내용

기능별 분류는 나라마다 조금씩 다른데 우리나라의 경우 기능별 분류는 16개 분야 63개 부문으로 구분하고 있다.

표 4-1 일반회계 세출예산의 기능별 분류

분야	부문	분야	부문
일반공공행정 (010)	입법 및 선거관리 (011)	사회복지 (080)	노인·청소년 (085)
	국정운영 (012)		노동 (086)
	지방행정재정지원 (013)		보훈 (087)
	재정·금융 (014)		주택 (088)
	정부자원관리 (015)		사회복지일반 (089)
	일반행정 (016)	보건 (090)	보건의료 (091)
공공질서 및 안전 (020)	법원 및 헌재 (021)		건강보험 (092)
	법무 및 검찰 (022)		식품의약 안전 (093)
	경찰 (023)	농림해양수산 (100)	농업·농촌 (101)
	해경 (024)		임업·산촌 (102)
	재난방재·민방위 (025)		해양수산·어촌 (103)
통일·외교 (030)	통일 (031)		식품업 (104)
	외교·통상 (032)	산업·중소기업 (110)	산업금융지원 (111)
국방 (040)	병력운영 (041)		산업기술지원 (112)
	전력유지 (042)		무역 및 투자유치 (113)
	방위력개선 (043)		산업진흥고도화 (114)
	병무행정 (044)		에너지 및 자원개발 (115)
교육 (050)	유아 및 초중등교육 (051)		산업·중소기업 (116)
	고등교육 (052)	수송 및 교통 (120)	도로 (121)
	평생직업교육 (053)		철도 (122)
	교육일반 (054)		도시철도 (123)
문화 및 관광 (060)	문화예술 (061)		해운·항만 (124)
	관광 (062)		항공·공항 (125)
	체육 (063)		물류 등 기타 (126)
	문화재 (064)	통신 (130)	방송통신 (131)
	문화 및 관광일반 (065)		우정 (132)

환경 (070)	상하수도·수질 (071)	국토 및 지역개발 (140)	수자원 (141)
	폐기물 (072)		지역 및 도시 (142)
	대기 (073)		산업단지 (143)
	자연 (074)	과학기술 (150)	기술개발 (151)
	해양환경 (075)		과학기술연구지원 (152)
	환경일반 (076)		과학기술일반 (153)
사회복지 (080)	기초생활보장 (081)	예비비 (160)	예비비 (161)
	취약계층지원 (082)		
	공적연금 (083)		
	보육가족 및 여성 (084)		

자료 : 기획재정부 2011년 나라살림

우리나라의 세출예산 기능별 분류는 크게 16개 분야에 69개 부문으로 구분하되 백 단위 코드로 관리하고 있다. 이렇게 각 기능은 분야－부문－프로그램－단위사업으로 체계화하여 관리된다.

2) 기능별 분류의 특징

기능별 분류의 특징을 보면 다음과 같다.
첫째, 하나하나의 개별사업보다는 개별사업 간의 관계를 중요시한다.
둘째, 예산의 기능별 분류는 각 부처의 예산을 망라한다.
셋째, 예산의 기능별 분류를 하다보면 기능이 중첩되는 경우가 있다.

3) 기능별 분류의 장점과 단점

기능별 분류의 **장점**을 보면 다음과 같다.
첫째, 예산의 기능별 분류는 정부활동에 대한 국민의 이해를 돕는다.
둘째, 행정수반의 예산정책수립에 도움을 준다.
셋째, 정부의 정책과 활동내용을 이해하기 쉽다.
넷째, 정부의 여러 정책의 우선순위를 나타내준다.

기능별 분류의 **단점**을 보면 다음과 같다.

첫째, 각 부처별로 기능이 중첩되어 곤란할 경우가 있다.

둘째, 정부부처 간 기능분담이 달라 정책의 우선순위의 차가 생긴다.

2. 조직별 분류

조직별 분류(organizational classification)는 예산분류에서 가장 기본적인 분류이고 각 조직별로 지출 내역이 얼마인지를 나타낸 것으로 예산기관별(소관별) 분류라고도 한다.[2)] 특히 조직별 분류는 국회의 예산심의에 가장 도움을 준다. 현재 우리나라의 조직별 분류는 입법부인 국회와 사법부인 대법원, 대통령실과 총리실, 감사원 및 중앙행정기관의 부, 처, 청, 위원회 등을 중심으로 중앙관서 소관별로 구분하고 있다.

1) 조직별 분류의 내용

현재 우리나라의 조직별 분류의 내용을 보면 <표 4-2>와 같다.

표 4-2 일반회계 세출예산의 조직별 분류 (단위 : 백만원)

순	조직별	2011년	순	조직별	2011년
1	대통령실	161,881	26	국가보훈처	3,687,781
2	국회	517,491	27	특임장관실	9,409
3	대법원	1,184,179	28	국가인권위원회	22,079
4	국가정보원	496,399	29	방송통신위원회	305,017
5	민주평화통일 자문회의	24,317	30	공정거래위원회	78,843
6	감사원	101,007	31	금융위원회	1,555,631

2) 국가재정법 제21조.

7	헌법재판소	31,450	32	국민권익위원회	61,336
8	중앙선거관리위원회	253,265	33	국세청	1,421,192
9	국무총리실	477,143	34	관세청	417,291
10	기획재정부	15,860,277	35	통계청	280.185
11	교육과학기술부	44,171,494	36	병무청	176,856
12	외교통상부	1,744,398	37	방위사업청	9,693,545
13	통일부	555,621	38	경찰청	7,623,111
14	법무부	2,430,429	39	소방방재청	515,673
15	국방부	21,709,576	40	문화재청	445,928
16	행정안전부	33,780,488	41	농촌진흥청	598,807
17	문화체육관광부	1,360,098	42	산림청	1,211,240
18	농림수산식품부	3,313,701	43	중소기업청	1,531,092
19	지식경제부	3,441,707	44	식품의약품 안전청	225,070
20	보건복지부	20,736,845	45	기상청	278,245
21	환경부	2,816,603	46	해양경찰청	995,772
22	노동부	1,295,780	47	행정중심복합도시건설청	611,216
23	여성부	169,671		총 계	209,930,268
24	국토해양부	21,526,705			
25	법제처	24,431			

자료 : 2011년 나라살림

2) 조직별 분류의 특징

예산의 조직별 분류의 특징을 보면 다음과 같다.

첫째, 예산을 사용하는 운용의 주체가 분명하다.

둘째, 각 조직별로 세입과 세출이 동시에 분류가 가능하며 세출예산은 다시 장·관·항으로 구분한다.

셋째, 조직별로 편성하기 때문에 부처 간 예산사용 효과가 분명하다.

3) 조직별 분류의 장점과 단점

조직별 분류의 **장점**을 보면 다음과 같다.
첫째, 조직별 분류는 국회의 예산심의에 가장 많은 도움을 준다.
둘째, 행정부에 대한 입법부의 가장 효과적인 통제방법이다.
셋째, 조직별 또는 각 부처 간 예산에 대한 효과나 성과가 분명하다.
넷째, 경비주체와 그 책임소재가 분명하며 집행에 신속하다.

조직별 분류의 **단점**을 보면 다음과 같다.
첫째, 사업에 중점을 두는 미시적 관점이며 거시적 관점에 약하다.
둘째, 국민경제에 대한 영향이나 효과 등을 계량화하기 힘들다.
셋째, 예산배분과정에서 조직별로 성역이 존재할 수 있다.

3. 성질별(품목별) 분류

성질별 분류는 정부가 어떤 지출대상에 얼마를 썼는지 그 내용의 성격이 비슷한 것끼리 묶어서 분류한 것으로 품목별 분류(classification by objects of expenditures)라고 부른다.

세출예산의 대상과 성질에 따라 **인건비**(100), **물건비**(200), **이전지출**(300), **자본지출경비**(400), **융자 및 출자**(500), **보전지출**(600), **정부내부거래**(700), **예비비**(800)의 8개 영역으로 대분류 하고 있다.

성질별 분류는 세항(細項)중심의 의미이고, 품목별 분류는 목(目)중심의 의미인데 같은 의미로 사용한다. 현재 우리나라의 품목별 분류는 <표 4-3>과 같다.

1) 성질별(품목별) 분류의 내용

표 4-3 일반회계 세입예산의 성질별 분류

관	항
내국세	소득세
	법인세
	부당이득세
	종합부동산세
	토지초과이득세
	상속세
	재평가세
	부가가치세
	개별소비세
	주세
	전화세
	증권거래세
	인지세
	기타 내국세
관세	관세
교통세	교통세
양여세	지방양여세
교육세	교육세
사회보장기여금	사회보장기여금
농어촌특별세	농어촌특별세
재산수입	토지 및 건물대여료
	정부출자수입
	이자수입
	기타 재산수입
경상이전수입	연금수입
	벌금 및 몰수금
	변상금 및 위약금
	가산금
	기타 경상이전수입

관	항
재산 및 용역 판매수입	관유물대여료
	병원수입
	교도소수입
	입장료수입
	면허료 및 수수료
	항공·항만 및 용수수입
	실습수입
	기타 잡수입
관유물매각대	고정자산매각대
	토지 및 무형자산매각대
	재고자산매각대
수입대체경비	수입대체경비수입
융자회수금	재정자금융자원금회수
	전대차관원금회수
국공채 및 차입금	기타 융자원금회수
	국공채수입
	차입금
	비금융공기업예수금
	유가증권매각대
	정부예금회수
차관수입	차관수입
	전입금
	기타 회수금
전입금 및 기타	기타 부담금
	기타 예수금
	기타 이자수입

현재 우리나라는 세입의 성질별 분류에 17개의 관(款)과 55개의 항(項)으로 구분하여 사용하고 있다.

① 세출예산의 성질별 분류

<표 4-4>에서 보는 바와 같이 품목별 분류는 목을 기본으로 분류하는 방법이다. 행정자치부의 예를 들면 행정자치비(항)와 기관운영비(세항)가 있는데 이 기관운영비를 중심으로 품목별 분류를 한 것이다.

<표 4-4>의 성질별(품목별) 분류에서 101은 인건비의 기본급을 의미한다. 그리고 품목별 분류는 다시 01, 02…와 같이 세목으로 분류된다.

표 4-4 일반회계 세출예산의 성질별·품목별 분류

<table>
<tr><th rowspan="2">부처</th><th colspan="4">성질별 분류</th><th colspan="2">품목별 분류</th></tr>
<tr><th>장(코드)</th><th>관(코드)</th><th>항(코드)</th><th>세항(코드)</th><th>목(코드)</th><th>세목(코드)</th></tr>
<tr><td rowspan="8">행정자치부</td><td rowspan="8">일반행정
(130)</td><td rowspan="8">일반행정
(131)</td><td rowspan="6">행정자치
(1100)</td><td rowspan="3">기관운영
(1101)</td><td>101</td><td>01~03</td></tr>
<tr><td>102</td><td>01~16</td></tr>
<tr><td>103</td><td>01~02</td></tr>
<tr><td rowspan="3">의정국운영
(1111)</td><td>201</td><td>01~16</td></tr>
<tr><td>202</td><td>01~02</td></tr>
<tr><td>:</td><td>:</td></tr>
<tr><td rowspan="2">지방행정
(1200)</td><td rowspan="2">시·도·군
(1211)</td><td>101</td><td>01~03</td></tr>
<tr><td>201</td><td>01~16</td></tr>
<tr><td rowspan="9">교육부</td><td rowspan="9">교육문화
(310)</td><td rowspan="9">초·중등
교육
(311)</td><td rowspan="7">지방교육
(1300)</td><td rowspan="4">지방교육
(1311)</td><td>102</td><td>01~03</td></tr>
<tr><td>201</td><td>01~16</td></tr>
<tr><td>204</td><td>01~02</td></tr>
<tr><td>:</td><td>:</td></tr>
<tr><td rowspan="3">실업계고교지원
(1312)</td><td>201</td><td>01~16</td></tr>
<tr><td>202</td><td>01~02</td></tr>
<tr><td>:</td><td>:</td></tr>
<tr><td rowspan="2">교육대학
운영
(1400)</td><td rowspan="2">교육대학운영
(1411)</td><td>101</td><td>01~03</td></tr>
<tr><td>201</td><td>01~16</td></tr>
</table>

자료 : 기획재정부 2010년 나라살림에서 저자가 정리.

표 4-5 일반회계 세출예산의 품목별 분류

성질별	품목별(목)	품목별(세목)
인건비 (100)	기본급 (101)	봉급 (01)
		상여금 (02)
	상여금 (102)	초과근무수당 (01)
		정액수당 (02)
		기타 수당 (03)
	비정규직 보수 (103)	기타직 보수 (01)
		일용임금 (02)
물건비 (200)	관서운영비 (201)	일반수용비 (01)
		공공요금 제세 (02)
		피복비 (03)
		급량비 (04)
		특근 배식비 (05)
		운영수당 (06)
		임차료 (07)
		연료비 (08)
		시설장비유지비 (09)
		차량선박비 (10)
		재료비 (11)
		기타운영비 (12)
	여비 (202)	국내여비 (01)
		국외여비 (02)
		외빈초청여비 (03)
	특수활동비 (203)	특수활동비 (01)
	업무추진비 (204)	일반업무비 (01)
		특정업무비 (02)
		지급보조비 (03)
		정원가산금 (04)
	복리후생비 (205)	복리후생비 (01)
	용역비 (206)	용역비 (01)
	시험연구비 (207)	시험연구비 (01)
	저장품매입비 (208)	저장품매입비 (01)
이전 지출 (300)	보상금 (301)	보상금 (01)
		포상금 등 (02)
	배상금 (302)	배상금 (01)
	출연금 (303)	출연금 (01)
		금융·민간출연 (02)
	민간경상이전 (304)	구료비 (01)
		민간경상보조 (02)
		민간위탁금 (03)
		연금지급금 (04)
		보험금 (05)
	자치체경상이전 (305)	이차보전금 (01)
		지자체경상보조 (02)
		지방양여금 (03)
	비금융기업전출 (306)	비금융기업전출 (01)
	해외경상이전 (307)	해외경상이전 (01)
		국제부담금 (02)

성질별	품목별(목)	품목별(세목)
이전 지출 (300)	차입금 이자 (308)	부문 간 거래이자 (01)
		국공채이자 (02)
		기타 국내차입이자 (03)
		차관이자 (04)
		기타 해외채무이자 (05)
자본 지출 경비 (400)	기본조사설계비 (401)	기본조사설계비 (01)
	실사설계비 (402)	실사설계비 (02)
	토지매입비 (403)	토지매입비 (03)
	시설비 (404)	시설비 (04)
	감리비 (405)	감리비 (05)
	시설부대비 (406)	시설부대비 (06)
	자산취득비 (407)	자산취득비 (07)
	차관물자용역비 (408)	차관물자용역비 (08)
	건설가재정 (409)	건설가재정 (09)
	무형고정재산 (410)	무형고정재산 (10)
	민간자본이전 (411)	민간자본이전 (11)
	자치단체이전 (412)	자치체자본보조 (01)
		자치체대행사업 (02)
		지방양여금 (03)
	비금융공기업 (413)	비금융공기업 (01)
	해외자본이전 (414)	해외자본이전 (01)
융자 및 출자 (500)	융자금 (501)	부문 간 융자금 (01)
		통화금융기관융자 (02)
		비통화기관융자 (03)
		기타 민간융자금 (04)
	출자금 (502)	일반출자금 (01)
		통화금융기관출자 (02)
보전 지출 (600)	국내차입금상환 (601)	부문 간 차입원금 (01)
		통화금융기관차입금 (02)
		비통화기관차입금 (03)
	해외차입금상환 (602)	차관원금상환 (01)
		기타 해외채무원금 (02)
정부 내부 거래 (700)	전출금 (701)	전출금 (01)
		연금부담금 (02)
		기금전출금 (03)
		국채원금상환전출 (04)
	예탁금 (702)	예탁금 (01)
		기금예탁금 (02)
	예수금원금상환 (703)	예수금원금상환 (01)
		예수금이자상환 (02)
	전대차관상환 (704)	전대차관상환 (01)
		전대차관이자상환 (02)
	감가상각비 (705)	감가상각비 (01)
	당기순이익 (706)	당기순이익 (01)
예비비 (800)	예비비 (801)	예비비 (01)
	예비금 (802)	예비금 (01)
	반환금 기타 (803)	반환금/잡손 (01) (02)

<표 4－5>에서 자본지출경비(400)는 기계나 기구, 건물, 토지 및 자산취득을 위해 사용되는 고정자본 성격의 경비를 말한다.

융자 및 출자금(500)은 각 정부 부문 간의 융자나 통화금융기관 융자 및 기타 민간융자금 그리고 정부투자기관에 돈을 출자해 주는 경비이다.

예비비는 예측할 수 없는 예산 외의 지출 또는 예산 초과 지출에 충당하기 위하여 정부가 예비로 마련해 둔 자금을 말하는데 기획재정부 장관이 관리한다.

2) 성질별(품목별) 분류의 특징

성질별(품목별) 분류의 특징을 보면 다음과 같다.

첫째, 성질별(품목별) 분류는 회계책임에 명백한 기준을 제공한다.

둘째, 예산편성, 회계검사, 결산, 사업계획 수립 등에 편리하며 다른 예산분류와 병행하여 사용한다.

셋째, 경비사용의 적정을 기하기 위하여 필요하다.

넷째, 인사관리를 위하여 유용한 정보를 제공한다.

다섯째, 회계책임에는 명백하고 좋으나 행정의 신축성을 약하게 하여 경직성 요인이 되기 쉽다.[3)]

3) 성질별(품목별) 분류의 장점

성질별 분류의 **장점**을 보면 다음과 같다.

첫째, 지출대상에 얼마를 사용하였는지 회계의 책임이 분명하다.

둘째, 예산편성과 결산 및 사업계획 수립 등에 편리하다.

셋째, 예산을 가지고 어떤 물품을 얼마만큼 구입하였는지에 중점을 두기 때문에 새로운 예산제도와 연계가 용이하다.

넷째, 예산의 전용을 통한 예산사용의 신축성이 보장된다.

다섯째, 인사관리를 위하여 유용한 정보를 제공한다.

여섯째, 회계검사에 유용한 정보를 제공해 준다.

---

3) 심정근, 「재무행정론」 (서울 : 조세정보사), pp. 194～195.

성질별 분류의 **단점**을 보면 다음과 같다.

첫째, 행정의 신축성을 약하게 하여 경직성 요인이 되기 쉽다.[4)]

둘째, 예산을 어떠한 목적과 사업에 사용했는지 성과를 알 수 없다.

셋째, 사업을 위한 계획이나 목표관리가 잘 되지 않는다.

넷째, 각 행정기관을 총괄하는 총괄계정에는 부적합하다.

4. 경제성질별 분류

국가나 지방자치단체의 예산은 어떻게 사용하는가에 따라 국가경제와 지역경제에 큰 영향을 미치게 된다. 따라서 경제성질별 분류(economic character classification)는 정부의 세입과 세출예산이 생산과 소비, 저축, 투자 등 경제활동에 미치는 영향이 어떠한지 비교·분석하고 평가하기 위한 분류방법이다. 분류 방법은 두 가지가 있는데 한 가지 방법은 수입과 지출을 **경상수지**와 **자본지출** 및 **융자**, **출자**로 구분하는 방법과, 다른 하나는 **국민소득과 소비**, **투자**, **저축**으로 구분하는 방법이 있다.

우리나라는 「UN편람」에 의해 경상계정과 자본계정의 항목으로 분류하여 1979년까지 사용하였으나 1979년 이후부터는 통합예산제도를 도입하면서 이에 흡수하여 편성하고 있다.[5)]

1) 경제성질별 분류의 내용

우리나라는 경제성질별 분류를 경상수지와 자본수지, 순 융자, 수지차, 보전수지의 5영역으로 구분하며 경상수지는 다시 경상수입과 경상지출로 자본수지는 자본수입과 자본지출, 순 융자는 융자금지출과 융자금회수, 보전수지는 국내보전, 해외보전, 내부거래로 세분되고 있다.

---

4) 심정근, 전게서, pp. 194～195.

5) 유훈, 「재무행정론」(서울 : 법문사, 1993).

표 4-6 통합예산의 경제적 분류 (단위 : 십억원)

구 분	일반회계	기타 특별회계
1. 경상수지	27,378	119
1) 경상수입	287,041	12,316
2) 경상지출	159,663	12,196
2. 자본수지	△9,504	△21,112
1) 자본수입	1,072	1,918
2) 자본지출	10,577	23,030
3. 순융자	△644	624
1) 융자금지출	152	3,586
2) 융자금회수	796	2,962
4. 수지차	18,518	△21,616
5. 보전수지	△18,518	21,616
가. 국내보전(순)	–	1,667
1) 통화당국	–	–
2) 예금은행(순)	–	–
3) 국채차입	–	–
4) 국고시재	–	1,667
5) 기타 차입	–	–
나. 해외보전(순)	△35	–
다. 내부거래(순)	△18,482	19,949

자료 : 기획재정부, 2011년 나라살림

2) 경제성질별 분류의 특징

경제성질별 분류의 특징에 대한 Burkhead의 견해는 다음과 같다.[6)]

첫째, 국민소득이나 자본형성 및 인플레이션 등에 미치는 대략적 효과만을 알 뿐 경제 전반적인 분야에 걸친 효과는 파악할 수 없다.

6) Jesse Burkhead, *op. cit.*, pp. 213～214.

둘째, 정부규제 활동이나 관세 등이 국민경제에 미치는 영향을 파악하기 곤란하다.

셋째, 고위정책결정자에게 필요하며 일선공무원들에게는 필요 없다.

3) 경제성질별 분류의 장·단점

경제성질별 분류의 **장점**으로는 첫째, 경제활동 영향의 분석을 통해 재정정책의 수립에 유익한 자료를 제공할 수 있으며 둘째, 국제적으로 나라 간 정부지출과 수입의 구조와 비중을 비교할 수 있고 셋째, 대통령과 경제장관 등 정책결정자에게 유용한 판단자료를 제공해 준다.

반면 첫째, 소득의 분배나 산업전반에 대한 영향을 측정하지 못하고, 둘째, 정책 실무자들에게는 반드시 유용한 것은 아니다.

5. 통합예산

현재 여러 나라들은 예산액의 증가와 함께 공기업이 늘어나면서 재정의 포괄범위가 모호해지기 시작하였다. 게다가 정부 간, 회계 간에 돈을 주고받는 관계가 복잡하여 국가 전반에 대한 예산의 상황과 규모를 파악하기 어렵게 되었다. 이에 따라 통합예산이 필요하게 되어 미국은 1969년부터 우리나라는 1979년부터 사용하고 있다.[7)]

1) 통합예산 분류의 내용

현재 우리나라에서 분류하고 있는 통합예산 체계는 비금융공공부문과 금융공공부문으로 구분하는데 <그림 4－1>과 같다.

---

7) 박영희, "국가통합예산제도의 도입방안,"「건국대 사회과학논총」 창간호(1996), p. 7.

그림 4-1 통합예산의 분류체계

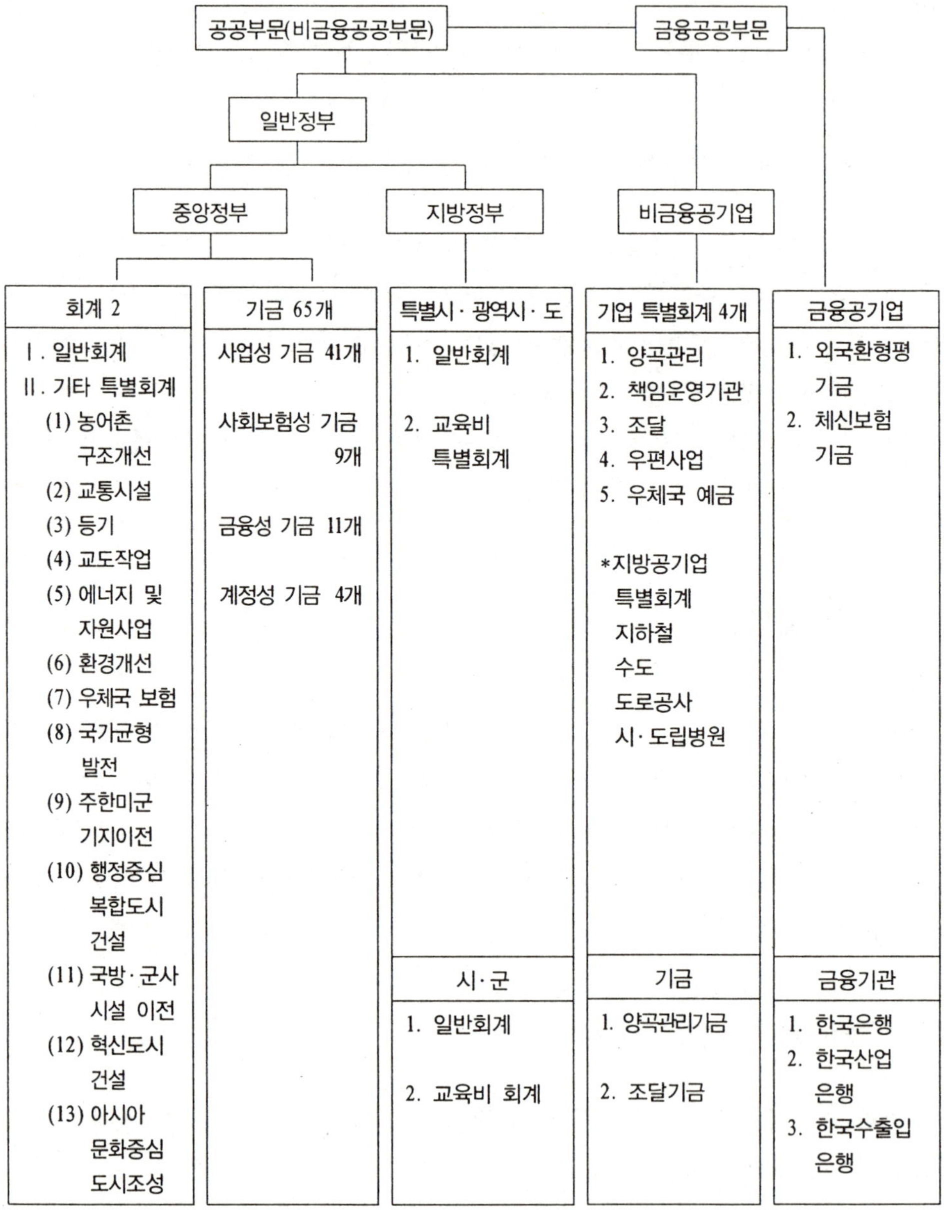

자료 : 2011년 정부예산안을 저자가 정리(기금은 2011년 현재).

비공공금융부문에는 중앙과 지방정부가 있으며 이들에는 일반회계, 특별회계, 기금이 있고, 비금융공기업이 있다. 금융공공부문에는 금융공기업과 금융기관이 있다.

2) 통합예산의 장·단점

통합예산제도의 **장점**을 보면 다음과 같다.

첫째, 통합예산 분류는 수시로 변화하는 경제상황에서 세입과 세출실태를 파악하기 쉽다.

둘째, 재정이 국민경제에 미치는 효과를 보다 명확히 파악할 수 있도록 해준다.

셋째, 일반회계와 특별회계 및 각종 기금을 포괄하여 재정의 국민경제적 효과를 체계적으로 파악할 수 있다.

넷째, 공기업 활동을 수행하는 정부회계를 일반정부활동과 구분하여 별도로 그 효과를 파악할 수 있다.

통합예산제도의 **단점**을 보면 다음과 같다.

첫째, 통합재정수지는 재정의 거시경제적 평가에 유용하나 경기변동에 따른 자동적인 증감분과 정부의 재량적인 재정운영 부분을 제대로 나타내 주지 못한다.

둘째, 재정정책에서 재량적 정책의 영향을 명확히 나타내지 못하고 있다.

6. 조세지출예산 분류

조세지출예산 분류는 미국에서 Surrey가 분류하기 시작한 이래 1974년부터 도입하였는데 조세 정책에 있어 면세나 비과세, 소득공제, 특혜세율, 세액감면 등이 일반국민이나 어떤 특정한 집단에 어떠한 사회, 경제적 효과가 나타나는지 면밀히 분석하는 제도인데 우리나라에서는 **2007년 국가재정법 시행과 더불어 처음으로 도입**하였다.

1) 조세지출예산 분류의 내용

① 세목별 분류

조세를 소득세, 법인세, 상속세, 재산재평가세, 부가세, 주세, 교육세, 교통세 등의 세목별로 나누어 조세지출의 규모와 내용에 따른 개인의 지출과 사회경제효과를 밝힌다.

② 수혜자별 분류

조세를 개인별, 업종별, 기업별로 수혜자들에 미치는 영향을 분석하여 경제적 효과를 측정한다.

③ 기능별 분류

조세를 통한 지출이 사회, 경제, 문화, 국방, 과학기술, 에너지, 환경, 농·임·어업 등의 여러 기능, 즉 16개 분야, 69개 부문에 미치는 영향을 분석한다.

④ 기타 분류

조세가 세목이나 수혜자 및 기능별로 미치는 영향 외에 상업부문 또는 수출 등 어떤 특정 부문에서 미치는 영향 등을 분류한다.

2) 조세지출예산 분류의 장단점

조세지출 분류는 경제성질별 분류에서 미처 측정할 수 없는 세목이나 기능별, 수혜자별로 세부적 영역에서 나타나는 경제적 효과를 비교적 구체적으로 분류하므로 세목과 세율의 결정 및 조세감면, 특혜세율의 정책결정에 중요한 역할을 한다. 그러나 이러한 분석을 위해서는 장기에 걸쳐 철저한 기록과 분석이 필요하다.

7. 기타 예산분류

이외에도 조세의 세율의 변화를 통해 경제안정, 소득재분배, 자원배분 및 사회, 경제적 목적 달성에 미치는 영향을 분석하는 **조세지출예산제도**와, 완전고용시 국민의 소득을 기준으로 국가의 총수요가 이에 도달하지 못하였거나 초과하였을 때 정부의 재정지출을 어느 정도 증가시킬 것이며 반대로 세율증가를 통해 국민들의 수요를 흡수하여야 할지 분석하기 위한 **완전고용예산제도**가 있다.

우리나라는 2007년부터 국가재정법 제27조에 의거 조세지출예산서를 분석보고서 형식으로 작성하도록 하고 있다.

제5장

예산기관

제5장
예산기관

제1절 한국의 예산기관

1. 한국의 행정조직

우리나라 예산을 담당하고 있는 중앙예산기관은 국가의 중앙행정조직의 일부인데 다음에서 살펴보자.

우리나라의 행정조직은 2008년 1월 당시 18부 4처 18청이었던 것이 2008년 2월 25일 이명박 정부가 들어서면서 15부 2처 18청으로 축소되었다. 15부는 기획재정부, 교육과학기술부, 통일부, 외교통상부, 법무부, 국방부, 행정안전부, 문화체육관광부, 농림수산식품부, 지식경제부, 보건복지가족부, 환경부, 노동부, 국토해양부, 여성부가 있다.

2원으로 대통령 직속의 감사원, 국가정보원을 두었고, 2처는 국가보훈처, 법제처로서 국무총리 소속으로 되어 있다.

18청은 기획재정부 소속에 국세청, 관세청, 조달청, 통계청이 있고, 법무부에 검찰청, 국방부에 병무청, 방위사업청, 행정안전부에 경찰청, 소방방재청, 문화체육관광부에 문화재청, 농림수산식품부에 농촌진흥청과 산림청, 지식경제부에 중소기업청과 특허청, 보건복지가족부에 식품의약품안정청, 환경부에 기상청, 국토해양부에 행정중심복합도시건설청, 해양경찰청이 있다.

여기에서 설명한 우리나라의 행정조직도는 <그림 5－1>과 같다.

그림 5-1 한국의 중앙행정조직

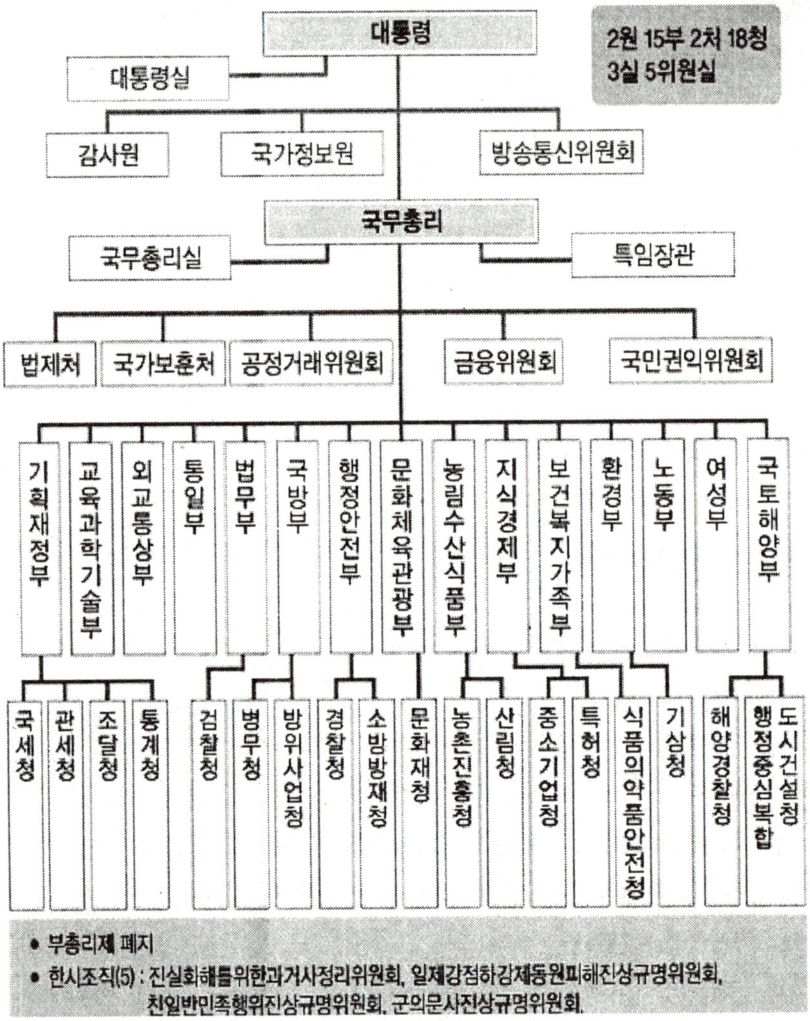

현재 우리나라의 중앙예산기구인 기획재정부는 15부의 하나로 대통령 직속으로 되어 있다.

이외에도 대통령 직속의 공정거래위원회, 금융위원회, 국민권익위원회 등 3개의 위원회가 있다.

2. 한국의 예산조직

1) 기획재정부의 조직

한국의 예산기관은 기획재정부로서 국가의 기획업무 기관이며 동시에 중앙예산기관이다. 현재 우리나라의 기획재정부는 대통령 직속기관이며 15부의 하나이고, 예산실은 기획재정부 안에 소속되어 예산편성을 주 업무로 한다. 기획재정부의 조직은 <그림 5－2>와 같다.

기획재정부는 김영삼 정부에서 재정경제원이라 칭했던 것을 1998년 2월 28일

그림 5－2 한국의 기획재정부 조직도

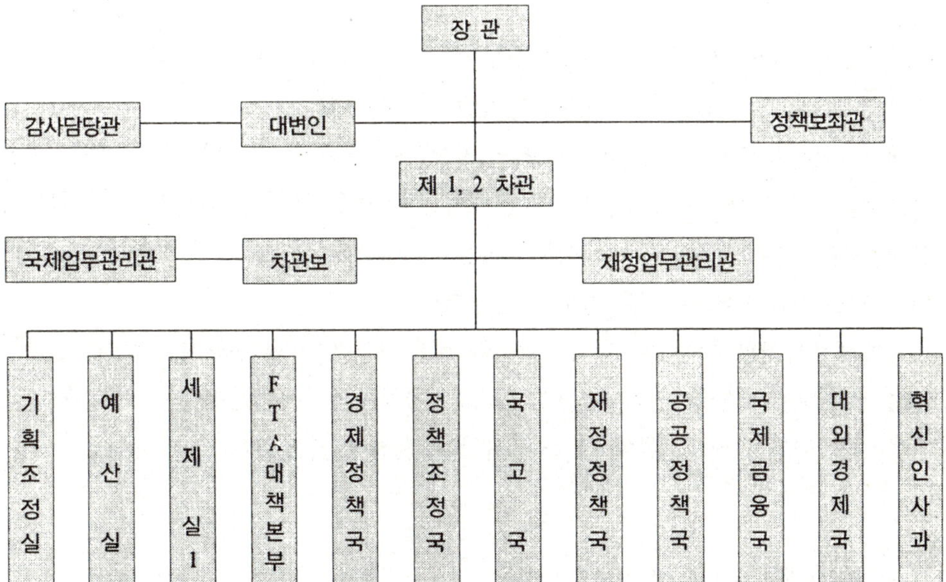

예산총괄심의관	예산총괄과, 예산제도과, 예산기준과, 기금운영계획과	(4과)
사회예산심의관	복지예산, 노동환경, 교육과학, 문화방송 **예산과**	(4과)
경제예산심의관	지식경제, 국토해양, 농림수산, 연구개발, 민간투자, 민자사업 **예산과**	(6과)
행정예산심의관	국방예산과, 법사예산과, 행정예산과, 지역예산과	(4과)

국민의 정부에서 재정경제부로 개편하였다가 2008년 이명박 정부에 들어 2차관, 1차관보, 1본부, 3실, 7국으로 조직하여 운영하고 있다.

기획재정부의 주요업무를 보면 **세제실**에서는 국세전반과 국제조세 및 관세정책 등의 조세정책 및 제도의 기획·입안 및 총괄·조정을 하며, **경제정책국**에서는 중·장기 경제사회발전방향 및 연차별 경제정책방향의 수립과 총괄 조정, **정책조정국**에서는 경제정책을 조정 운영, **국고국**에서는 국고자금의 조달, 국유재산, 정부회계, 국가채무에 관한 정책의 수립과 관리 총괄, **금융정책국**에서는 금융정책의 기획 및 총괄, **국제금융국**에서는 외국환 및 국제금융에 관한 정책의 총괄, **대외경제국**에서는 대외 관련 및 남북경제교류협력 장·단기 경제정책의 개발·기획·입안 및 조정에 관한 일을 한다.

2) 예산실

예산실은 중앙예산기관인 기획재정부에 소속되어 있으며 우리나라의 예산 전반에 관한 편성과 조정 및 집행에 관련된 업무를 한다.

예산총괄심의관은 우리나라 예산을 편성하는 업무를 총괄하고 예산에 대한 제도 및 기준을 마련하고 기금운영에 대한 전반적인 업무를 담당한다. **사회예산심의관실**에서는 15부처 중 복지부와 노동부 및 교육과학부, 언론 방송에 관련된 예산 편성과 집행에 관련된 업무를 담당한다.

경제예산심의관실에서는 지식경제부와 국토해양부, 농림수산식품부 및 민간투자와 연구개발에 관련된 예산을 담당하며, **행정예산심의관실**에서는 국방부와 법무부, 행정안전부 및 지역예산 등에 관한 예산업무를 담당한다.

3. 한국 예산제도의 발달 과정

1) 미군정시대의 예산제도

일제강점기 시대에 예산을 담당한 기관은 조선총독부의 **재무국 사계과**(司計

課)이었으나 1945년 8월 15일 해방 후 미군정 시기에는 재무부의 **사계국**에서 담당하였다.[1)]

2) 대한민국 수립 이후의 예산제도

미군정에서 벗어나 정부수립 1948년 후에는 **예산국**이 **기획처**에 소속되었으며 1955년에는 **재무부** 소속으로 이관되었고, 1961년 7월에는 경제발전을 추진하기 위해 **경제기획원**이 신설되자 **경제기획원**으로 이관되었으며 1979년 6월 예산국에서 예산실로 승격되었다.

이어 김영삼 대통령 시기인 1994년 12월 경제기획원과 재무부를 통합하여 재정경제원을 발족하였는데 예산실은 **재정경제원** 소속으로 되었다가 김대중 대통령 시기부터 지금까지 기획예산처로 승격시켜 총리 소속하에 두어 2008년 2월까지 존속시켰다.

2008년 들어 이명박 대통령은 정부 조직을 15부로 개편하면서 기획예산처를 예산실로 축소하여 중앙기획업무를 담당한 기획재정부 소속으로 격하시켰다.

제2절 한국의 재무행정 관련 법규

1. 헌법과 예산

재무회계는 국가의 기본법인 헌법과 그에 관련된 여러 법률의 테두리 안에서 운용되어야 한다. 재무예산에 관련된 법률 중에서 가장 기본이 되는 법은 국가재정법과 그에 대한 시행령이 있고, 이외에도 기업예산회계법, 정부투자관리기본법, 기금관리기본법, 각종 특별회계법, 국회법, 국세기본법, 지방재정법 등이 있다.

---

1) 심정근, 전게서, pp. 94. 이때 1945년 10월 1일을 회계연도 시작으로 하고 1946년 3월 31일까지 실행예산을 편성하였다.

헌법은 국가의 조직에 관한 기본법으로서 예산에 관한 근본적인 조항이 포함되어 있으므로 이에 대한 내용을 보면 <표 5－1>과 같다.

헌법에는 국민으로서의 납세의 의무와 조세의 종류 및 정부의 예산안 편성과

표 5－1 예산 관련 헌법 내용

관련 내용	헌법 조항	헌법 내용
납세	제38조	제38조 모든 국민은 법률이 정하는 바에 의하여 납세의 의무를 진다.
조세종목	제59조	제59조 조세의 종목과 세율은 법률로 정한다.
예산편성	제54조	제54조 ② 정부는 회계연도마다 예산안을 편성하여 회계연도 개시 90일 전까지 국회에 제출하여야 한다.
예산심의·의결	제54조	제54조 ① 국회는 국가의 예산안을 심의·확정한다. ② 국회는 제출예산을 회계연도 개시 30일 전까지 의결 한다.
예산 결산	제99조	제99조 감사원은 세입·세출의 결산을 매년 검사하여 대통령과 차년도 국회에 그 결과를 보고하여야 한다.
예산증액	제57조	제57조 국회는 정부의 동의 없이 정부가 제출한 지출예산 각 항의 금액을 증가하거나 새 비목을 설치할 수 없다.
준예산	제54조	제54조 ③ 새로운 회계연도가 개시될 때까지 예산안이 의결되지 못한 때에는 정부는 전년도 예산에 준하여 다음 예산을 집행할 수 있다. 1. 헌법이나 법률에 의하여 설치된 기관 또는 시설의 유지·운영 2. 법률상 지출의무의 이행 3. 이미 예산으로 승인된 사업의 계속
계속비	제55조	제55조 ① 한 회계연도를 넘어 계속하여 지출할 필요가 있을 때에는 정부는 연한을 정하여 계속비로서 국회의 의결을 얻어야 한다. ② 예비비는 총액으로 국회의 의결을 얻어야한다 예비비의 지출은 차기국회의 승인을 얻어야 한다.
추가경정 예산안	제56조	제56조 정부는 예산에 변경을 가할 필요가 있을 때에는 추가경정 예산안을 편성하여 국회에 제출할 수 있다.
국채	제58조	제58조 국채를 모집할 때에는 미리 국회의 의결을 얻어야 한다.
국고채무 부담	제58조	제58조 예산 외에 국가의 부담이 될 계약을 체결하려 할 때에는 정부는 미리 국회의 의결을 얻어야 한다.

편성안의 국회 제출, 정부예산안에 대한 국회의 심의와 의결, 예산액의 증액에 관한 사항이 규정되어 있다. 그리고 국회에서 예산이 통과되지 못하였을 때의 준예산의 사용과 계속비, 추가경정예산안의 편성에 대한 것이 있다.

또한 국채의 모집과 국고채무부담행위에 관한 국회의 심의규정을 두고 있다. 이어 예산에 관련된 법률을 구체적으로 살펴보자.

2. 국가재정법

국가재정법은 예산과 회계 및 이에 관련되는 기본적인 사항에 대한 규정을 정해 놓은 법으로 2006년 예산회계법과 기금관리기본법을 통합하여 제정되었는데 주 내용을 보면 <표 5-2>와 같다.

표 5-2 국가재정법의 내용

장	내 용	조 항
제1장	총 칙	제1항~제15항
제2장	예 산 제1절 총칙	제16항~제27항
	제2절 예산안의 편성	제28항~제41항
	제3절 예산의 집행	제42항~제55항
제3장	결 산	제56항~제61항
제4장	기 금	제62항~제85항
제5장	재정건전화	제86항~제92항
제6장	보 칙	제93항~제101항
제7장	벌 칙	제102항
부 칙	부 칙	

자료 : 국가재정법의 정리자료(2011년 현재)

국가재정법은 제1장 총칙에 이어 모두 7개 장에 걸쳐 102개 조와 부칙으로 구성되어 있으며 예산의 편성과 집행 및 결산, 기금에 이어 재정건전화와 벌칙에 대한 내용으로 구성되어 있다.

3. 국가재정법시행령

국가재정법시행령은 국가재정법에서 위임된 사항과 그 시행에 관하여 필요한 사항을 규정해 놓은 법이다.[2)]

국가재정법시행령은 총 6개 장으로 되어 있는데 제1장 총칙에 이어 제2장 예산, 제3장 결산, 제4장 기금, 제5장 재정건전화, 제6장 보칙에 관한 사항이 규정되어 있다.

4. 정부기업예산법

정부기업예산법은 기업형태로 운영하는 정부사업의 합리적 경영을 위하여 그의 예산과 회계를 통일적으로 규제하므로 그 건전한 발전에 기여하고자 규정한 법[3)]인데 1961년 12월 31일 제정되었다.

정부기업예산법은 국가재정법 제4조 특별회계에 의하여 정부가 운영하는 사업은 따로 법률이 정하는 바에 의하여 기업회계의 원칙에 의하여 계리할 수 있다는 규정을 모법(母法)으로 하고 있다.

정부기업예산법은 2008년 12월 31일 전부 개정되어 총 22개 조에 부칙으로 규정되어 있다.

2) 국가재정법시행령 제1조.

3) 기업예산회계법 제1조.

5. 공공기관의 운영에 관한 법률

공공기관의 운영에 관한 법률은 주식회사나 회사 형태를 가진 공기업을 효율적으로 운영하기 위해 1962년 8월 12일 제정한 법률과 재무부가 1973년 2월 7일 제정한 정부투자기관관리법을 통합하여 제정한 법률이다.

공공기관의 운영에 관한 법률을 적용하는 기관은 정부가 납입자본금의 5할 이상을 출자한 기업체에 해당하는데 한국방송공사법에 의한 한국방송공사, 한국산업은행법에 의한 한국산업은행, 중소기업은행법에 의한 중소기업은행, 한국수출입은행법에 의한 한국수출입은행 등에는 이 법을 적용하지 아니한다.

6. 예산회계법

예산회계법은 국가의 예산과 회계 및 이에 관련되는 기본적인 사항에 대한 규정을 정해 놓은 법으로 1951년 제정하여 2006년 말까지 사용하였는데 국가재정법에 통합·흡수되었다.

7. 기금관리기본법

국가재정법 제5조 제1항을 보면 국가는 특정한 목적을 위하여 특정한 자금을 운용할 필요가 있을 때에 한하여 법률로써 특별한 기금을 설치할 수 있다고 되어 있다. 우리나라 기금은 1960년부터 설치되어 운영되다가 예산사용의 적절성을 기하기 위해 1992년 기금관리기본법을 제정하였으나 2006년 새로 제정된 국가재정법에 통합·흡수되었다.

8. 예산의 법형식

이상에서 보았듯이 예산은 일정한 법 테두리 안에서 그 규정에 맞게 사용되어야 하는데 그렇다면 입법기관인 국회에서 의결한 예산은 법률인가 아닌가를 살펴보자.

1) 예산승인설

예산승인설은 예산의 편성권이 행정부에 속하는 본연의 것이므로 단지 의회는 행정부가 편성한 지출내용에 대한 사전적 승인 내지는 허락에 불과한 것으로 보는 입장이다.

2) 예산법률설

예산은 입법기관인 의회의 심의를 거쳐 의결로 확정되는 것이기 때문에 당연히 예산도 법률이라는 견해이다.

예산법률설은 미국의 예산에 해당되며 우리나라에서는 예산을 법률로 보지 않는다. 만약 우리나라를 예산법률설로 본다면 앞에서 살펴본 헌법과 예산(제2절의 1.)의 내용에서 예산의 증액을 국회가 정부의 동의 없이 할 수 있어야 한다.

미국의 세출예산은 법률로 정해진 세출예산법(Appeopriation Acts)에 의하여 지출을 허락받은 후 다시 수권법(Authorization Act 또는 일반법)에 의해 각 지출별 할당금액으로 승인 받아 지출할 수 있다. 영국과 프랑스도 이에 속한다.

3) 예산법형식설

예산법형식설은 예산이 입법기관인 의회의 의결을 거쳤기 때문에 법률은 아니라도 법과 비슷한 형식을 지니며 지출행위를 담당한 정부에 대해 구속력이 있다고 보는 견해이다.

우리나라는 국회를 통과한 예산은 법형식을 띠게 되어 행정부를 구속하며 특히 입법과목의 경우 행정부의 자의대로 예산의 이용을 할 수 없도록 구속하고 있는데 한국과 일본 및 독일이 이에 해당된다.

제3절 외국 예산제도의 발달과 기관

1. 영국의 예산제도 발달과 기관

1) 영국의 예산제도 발달

예산제도는 맨 처음 영국에서부터 발전되었다. 영국에서 과세문제가 최초로 대두되어 법제화된 것은 1215년 Magna Carta(대헌장)이었다. 당시 영국의 국왕은 John 왕이었는데 호화로운 생활과 사치로 인해 부족해진 왕실비를 채우기 위해 시민에게 직접세를 부과하였다. 따라서 누구든지 의회를 통한 법률에 의하지 아니하고는 징세하지 못하도록 통제하였고, 1628년 권리청원(petition of right)부터는 위법으로 선언하였다. 그리고 1688년 명예혁명이 일어나면서 선포된 1689년의 권리장전(bill of right)에서 조세에 대한 의회 승인이 없는 것은 위법으로 규정하고, 조세의 징수에 대한 의회의 의결권을 제도화시켰다.

최근 영국의 재무 관련 법에는 1787년의 통합기금법(consolidated fund act)과 1921년의 국고·회계검사원법이 있다.

2) 영국의 예산기관

영국의 중앙예산기관은 재무성(The Treasury)인데 권리청원이 있기 16년 전인 1612년에 설치되었고 예산편성과 재정 및 금융정책, 중·단기 경제동향의 분석과 조정을 한다. 재무성은 재무장관 밑에 수석차관과 사무차관이 있다.

2. 미국의 예산제도 발달과 기관

1) 미국의 예산제도 발달

미국의 과세제도는 독립과 함께 법률로 제정되었는데 독립선언서에 시민의 동의 없이는 과세할 수 없다고 기술되어 있다.

그리고 1865년에는 하원 세입위원회와 하원 세출위원회가 세입과 세출을 분리하여 관장하였다.

1921년 6월 10일 국가재정법(Budget and Accounting Acts)이 제정되어 예산개혁에 혁신을 이루고자 행정부에 **예산국**(BOB)을 세우고 독립기관으로 **회계검사원**(GAO)을 설치하였다.

1950년 성과주의예산(Performance Budgeting System)이 채택되었고, 1960년대에는 계획예산제도(Planning Programming Budgeting System)를, 1977년에는 카터(Carter) 대통령이 취임하면서 영기준예산제도(ZBB)가 도입되었다.

미국의 재정에 관계된 법에는 1921년의 국가재정법과 1945년의 공사통제법, 1950년의 예산회계절차법, 1990년 예산집행법이 있다.

2) 미국의 예산기관

미국의 중앙예산기관은 **예산국** 시기와 **관리예산처** 시기로 구분하여 설명할 수 있다.

예산국 시기는 국가재정법(Budget and Accounting Acts)이 제정된 1921년부터 1970년 6월 31일까지의 기간으로 **예산국**(BOB: Budget and Accounting)이 예산업무를 담당하였다.[4)]

관리예산처 시기는 1970년 7월 1일 닉슨(Nixon) 정부가 들어서면서부터인데 예산을 통제하기보다는 효율적으로 잘 관리하여야 한다는 생각에서 예산국(BOB)을 **관리예산처**(OMB: Office of Management and Budget)로 개칭하여 오늘에 이른다.

---

4) 1921년 국가재정법이 제정되기 전에는 미국연방정부에 중앙예산조직이 존재하지 않았다. 그때까지는 부처에서 각각 예산을 편성하고 의회에 직접 예산을 신청하여 승인받아 지출하였다. 조창현, 「재무행정론」(서울 : 법지사, 1988), pp. 11～12.

제4절 중앙예산기관의 위치

1. 행정수반 직속형

중앙예산기관은 예산의 편성과 집행에 대한 관리 업무를 맡은 기관을 말하는데 어느 곳에 소속시키는가는 나라마다 다르다. 대통령제 국가는 주로 대통령 소속으로 두나, 중앙기획기구나 재무부 등에 소속시키는 경우도 있다.

중앙예산기관을 대통령 직속형으로 둘 경우 대통령의 국정운영과 예산을 강력히 연계시킬 수 있는 장점이 있으나 반면에 대통령의 예산철학이 대통령의 공약사항에만 치우친다면 예산 지출에 효율성이 떨어질 것이다.

행정부 수반인 대통령 직속기구로 두는 나라는 미국을 들 수 있고, 우리나라는 국민의 정부와 참여정부 시기에 총리소속형으로 두었다.

2. 중앙기획 소속형

중앙기획 소속형은 주로 개발도상국에 있는 나라들이 국가의 경제발전을 추진하는 중앙기획기구에 예산기관을 소속시킴으로써 기획과 예산의 연계를 보다 효율적으로 이루기 위함이다.

우리나라는 1961년에 경제발전을 이루기 위해 경제기획원을 신설하고 1994년 12월까지 예산실을 기획원 소속하에 두었다. 그리고 2008년 이명박 정부에서는 중앙기획기관인 기획재정부의 소속하에 두고 있다.

3. 재무부 소속형

재무부는 일반적으로 화폐와 금융, 정부회계, 조세업무, 외국환에 관련된 업무나 국유재산에 관련된 업무를 관장한다. 따라서 중앙예산기관을 재무부 소속하에 두므로 지출을 조세와 금융정책 및 경제정책과 일관성 있게 유지하려 한다.

우리나라는 1955년부터 1961년까지 중앙예산기관을 재무부 소속형으로 두었다. 중앙예산기관이 재무부 소속형인 나라는 영국과 일본이다.

4. 국무총리 소속형

중앙예산기관을 국무총리 소속으로 두는 경우가 있다.

1998년부터 2008년 2월까지 우리나라는 중앙예산기관인 기획예산처를 국무총리 소속으로 두어 운영하였다.

제6장

예산의 기능과 원칙

제6장
예산의 기능과 원칙

제1절 예산의 기능

예산은 정부 정책결정의 하나로서 일정하게 형식화되고 제도화되어 있다.[1) 따라서 예산은 편성에서 결산에 이르기까지 전 과정이 정치적·행정적·경제적·법적·환경적 영향을 받는다.[2)]

여기에서는 예산의 기능을 정치적 기능, 경제적 기능, 법적 기능으로 구분하여 설명하고 이어 Musgrave와 Schick의 견해를 설명한다.

1. 정치적 기능

예산의 정치적 기능을 두 가지 측면에서 논의할 수 있다. 첫 번째는 예산에 대한 의회의 심의역할을 통해 정치적 기능이 수행된다는 것이다. 비록 예산은

---

1) A. Wildavsky, *op. cit.*, pp. 5～6.

2) Musgrave는 예산의 기능으로 자원배분의 기능, 소득재분배 기능, 경제안정기능을 들고 있다. ; R.A. Musgrave & P.B. Musgrave, *Public Finance in Theory and Practice*, 4th ed. (New York: McGraw Hill Book Company, 1984), pp. 3～26. 그리고 Schick는 관리기능, 통제기능, 계획기능을 들고 있다. ; Allen Schick, *Budgeting Innovation in the Scale* (Washington, D.C.: Brookings Institution, 1971), pp. 4～6.

행정부에서 편성하지만 의회가 예산심의를 통해 행정부를 통제하고 견제한다. 두 번째 측면은 정부의 예산결정과정에서 대통령, 기획재정부, 각 부처 공무원, 시민, 이익집단 등 많은 참여자들과의 견제와 균형의 정치적 타협과 조정을 거쳐 이루어진다.

2. 경제적 기능

경제적 기능은 국가가 세입과 세출을 통해 경제의 활성화와 안정화를 꾀하는데 이를 통해 물가안정, 실업율 감소, 경제성장 등의 역할을 한다. 이러한 예산의 경제적 기능은 Musgrave의 견해로 잘 설명된다.

3. 법적 기능

예산은 국가의 주인인 국민으로부터 징수되는 한정된 자원으로서 세입과 지출이 국가경제에 미치는 영향은 크다. 따라서 정부예산은 일정한 법 테두리 안에서 그 규정에 맞게 사용되어야 한다. 즉, 국가의 기본법인 헌법과 그에 관련된 여러 법률의 테두리 안에서 운용되어야 한다.

행정부가 예산의 이용과 전용을 자의대로 할 수 없게 한 점이나 예비비사용 및 국고채무부담행위 등에 대한 국회의 심의를 거치도록 한 내용은 법적인 기능 수행이라고 할 수 있다.

4. Musgrave와 Schick의 견해

Musgrave는 예산의 기능으로 자원의 배분 기능, 소득재분배기능, 경제안정기능을 들고 있고, Schick는 관리기능, 통제기능, 계획기능을 들고 있다.

자원의 배분기능이란 국가가 소유하고 있는 재화(돈과 물질)와 용역을 사회의 여러 분야에 고루 분배하므로 지역사회의 균형발전과 사회발전을 이루게 하는 기능이다. 그러나 자원배분시 고려할 점으로 어떤 재화를 공급할 것이며 이 재화는 자원이 한정되어 있기 때문에 어떻게 분배할 것인가, 그리고 정부정책과 연계하여 어느 지방의 어떤 부분에 할당하며 조세나 정부규제 여부가 자원배분에 영향 미치게 되는데 이 문제는 어떻게 해결할 것인가를 신중히 고려하여 배분하여야 한다.

소득재분배기능이란 국가가 부유한 사람들로부터 누진적으로 세금을 많이 걷어 들여 세출을 통해 소득이 낮은 사람들에게 재분배되도록 각종 토목사업이나 기타 정책 사업을 수행하는 기능이다.

경제안정화기능이란 국가가 세입과 세출을 통해 경제를 조작하고 재정·금융정책을 수행하므로 경제의 안정(완전고용, 물가안정, 경제성장율 유지)을 기하는 역할을 수행하는 기능을 말한다.

Schick는 예산의 기능으로 통제기능, 관리기능, 계획기능을 주장하였는데 **통제기능**이란 국회에 의하여 결정된 정치적 의사가 충실히 실행될 수 있도록 정부활동을 제한하고 감독하는 일을 말한다. 이러한 기능 수행을 위해 입법과목과 행정과목을 구분하여 이용과 전용을 금지하고 있다. 통제기능은 부정과 낭비를 막기 위함이 주목적이다.

관리기능은 통제중심에서 벗어나 국가가 달성하려는 정책사업의 목표를 효과적으로 달성하기 위해 예산을 잘 관리하기 위한 기능인데 '목표에 의한 관리'로 일컬어진다. 예산의 관리기능은 특히 1971년도 닉슨(Nixon) 정부에서 강조하였다.

계획기능은 한정된 예산을 장기적 관점하에 각 대안을 철저히 분석하여 가장 능률적이고 효과적인 대안에 배정하므로 그 효율성을 높이려는 하는데 이는 계획예산제도(PPBS)와 잘 연계된다.

Musgrave와 Schick의 기능을 비교하여 보면 Musgrave는 국가의 경제적 차원에서 예산기능을 강조하였고, Schick는 미국의 예산개혁이 이루어지는 예산 관리의 제도적 차원에서 강조하였다.

제2절 예산의 원칙

국가가 국민에게 조세를 통해 확보된 예산을 집행하기 위해서는 법적인 범위 안에서 일정한 원칙에 의거하여야 하는데 영국의 대헌장 이후 재정민주주의 확립을 위해 통제를 강조한 의회중심의 예산 원칙과 재정민주주가 확립된 현대 행정국가의 위치에서 행정부중심의 예산 원칙으로 구분하여 설명한다. 의회중심의 원칙은 Neumark가 제시한 원칙으로 알려져 있다.

1. 의회중심의(고전적) 예산 원칙

1) 예산총괄주의 원칙(예산완전성의 원칙)

예산총괄주의 원칙은 예산완전성(comprehensiveness)의 원칙이라고 한다. 이는 국가재정법 제18조에 의거 한 회계연도의 세입과 세출은 모두 얼마가 되든지 예산에 계상(일반+특회+기금+지방정부예산 포함)하여야 한다는 원칙을 말한다. 그러나 국가가 현물로 출자하는 경우와 외국차관을 도입하여 전대하는 경우에는 세입·세출예산 외로 처리할 수 있다는 예외규정을 두고 있다. 이 원칙은 예산사용에 있어 지출을 은폐하거나 고의로 수입항목을 누락하는 행동을 하지 않아야 함을 의미한다.

2) 예산공개의 원칙

예산공개(publicity)의 원칙은 국가의 주인인 국민에게 예산규모와 심의·의결된 내용을 공개하여야 한다는 원칙으로 국민이 비판할 수 있는 권리의 보장과 함께 재정에 대한 감독과 통제기능을 위해 필요하다.

그리고 예산을 공개할 때에는 모든 국민이 알기 쉽고, 이해하기 쉽도록 명료하여야 한다는 명료성의 원칙과 연계되는 원칙이다.

3) 사전의결의 원칙

사전의결(prior authorization)의 원칙은 의회는 예산을 매 회계연도 개시 30일 전에 의결·확정하여야 한다는 원칙이다.

헌법을 보면 정부는 매 회계연도마다 예산안을 편성하여 회계연도 개시 90일 전까지 국회에 제출하고, 국회는 회계연도 개시 30일 전까지 이를 의결하여야 한다고 규정되어 있다.[3)]

사전의결의 원칙의 예외는 준예산제도인데 회계연도 개시 전까지 사전의결이 되지 못하였을 때 공무원의 보수와 사무 처리에 필요한 기본경비 및 헌법이나 법률에 의하여 설치된 기관이나 시설유지비, 계속비 사업 등에는 전년도에 준하여 지출하도록 하고 있다.

4) 엄밀성(정확성)의 원칙

엄밀성(accuracy)의 원칙은 정확성의 원칙이라고 하는데 이는 세출은 약간 많게 책정하고, 세입액은 약간 적게 산정하여 예산을 추계하지 말고 정확하게 산정하라는 원칙이다. 이렇게 함으로써 세입액이 결산액에 더욱 근접하여 일치될 수 있도록 하기 위함이다. 그런데 세입 추계시 정확하게 계정하여 지출예산을 편성하였는데 경제상황이나 기타 여건으로 인하여 세수수입이 부족하면 지출에 큰 차질이 생기게 된다. 이러한 점을 우려하여 예산실에서는 수입 추정액보다 약간 적게 세입액을 산정하여 추계하는 것이 보편화되어 있는데 이는 엄밀성의 원칙에 위배된다.

5) 수지균형의 원칙

수지균형의 원칙은 세입을 통한 수입과 지출이 균형을 이루어야 한다는 원칙이다. 현재 우리나라는 지출이 세입액을 초과하였을 때에는 국채나 차입금으로

---

3) 헌법 제54조 제2항.

충당하여 쓸 수 있도록 하였고, 예측할 수 없는 사건이 발생시 이에 충당하고자 예비비제도를 두어 수지균형원칙의 예외를 인정하고 있다.[4)]

6) 예산한정성(개별성)의 원칙

예산한정성(periodicity)의 원칙은 예산개별성의 원칙이라고도 하는데 예산을 지출할 수 있는 경우는 첫째, 의회에서 심의 확정된 사용목적과 같아야 하고 둘째, 예산에 책정된 금액 범위이어야 하며 셋째, 예산이 승인된 당해 연도에만 해당한다는 원칙이다.

예산의 이용과 전용은 사용목적에 위배되며, 계속비와 예산의 이월 등은 당해 연도를 지나기 때문에 예산한정성의 원칙에 위배된다.

7) 예산단일성의 원칙

예산단일성(unity)의 원칙은 예산을 편성할 때에는 여러 개의 예산으로 분할되는 일이 없이 **단일의 회계(일반회계)**로 이루어져야 예산의 명료성을 이룰 수 있다는 원칙이다.

따라서 특별회계나 기금의 운영, 추가경정예산 및 임시예산(차입금) 등은 이 원칙에 위배된다.

8) 예산통일성의 원칙

국가 예산상의 어떤 수입이나 지출을 위해 목적세와 같은 조세를 설치하지 말고 조세로 수입된 예산으로 지출하여야 하는 원칙이다. 이런 측면에서 보면 특별목적의 사업을 위해 별도로 회계 관리를 하는 특별회계나 용도를 정해 놓고 걷는 목적세 등은 예산통일성(non-affection)의 원칙에 위배 된다.

이는 절대주의시대에 각종 기금별 경리 및 조세청부제의 폐해를 막고자 제시된 것이기도 하다.[5)]

---

4) 국가재정법 제5조, 제21조.

5) 심정근, 전게서, p. 136.

9) 예산명료성의 원칙

예산명료성(clarity)의 원칙은 예산은 모든 국민이 이해할 수 있도록 분명하여야 한다는 원칙이다. 이외에도 예산명료성의 원칙은 국회의 예산심의를 위해서도 필요하다.

예산명료성의 원칙을 이루기 위해서는 예산을 조직별, 성질별, 기능별 분류를 통해 누구나 알기 쉽게 명료하게 표시해야 한다.

2. 행정부 우위(현대적 예산)의 원칙

18세기 후반부터 사회가 급속도로 발전하고 복잡해지면서 행정이 해야 할 일이 많아져 행정국가 현상을 띠게 되면서 행정부에서 계획하고 추진하는 일이 입법부나 사법부를 능가하게 되었다. 더구나 행정부에 준 입법권과 사법권이 부여되면서 우위현상은 더하게 되었는데 전통적 원칙이 입법부중심의 원칙이라면 현대적 원칙은 행정부중심의 원칙이라 할 수 있다.

1) 행정부 계획의 원칙

행정부 계획(executive programming)의 원칙은 행정부 수반인 대통령의 국정운영과 정책의지를 반영하는 것으로 정치·경제·사회·문화 등 모든 영역에 걸쳐 행정부가 사업을 계획, 그에 대한 예산을 배정한다는 원칙이다.

2) 행정부 책임의 원칙

행정부 책임(executive responsibility)의 원칙은 행정수반인 대통령의 책임하에 계획되었기 때문에 예산지출을 통한 사업의 추진이 의회에서 의결한 대로 책임성 있게 집행하여야 한다는 원칙이다.

예측할 수 없는 사건이 일어나지 않는 한 사업계획이나 예산규모의 변경 및 이월이나 전용 등의 행위는 행정부 책임 원칙에 어긋나는 것으로 볼 수 있다.

3) 보고의 원칙

보고(reporting)의 원칙은 예산의 편성과 심의, 집행, 결산 등 예산의 전 과정이 하위 기관으로부터 제출되는 보고에 의하여 이루어져야 한다. 특히 중앙부처에서 예산을 편성할 때 지방에 있는 하부 기관으로부터 예산편성자료를 보고받아 편성하여 중앙예산기관에 제출하여야 하고 있는데 이는 보고의 원칙에 의한 것이다.

4) 다원적 절차의 원칙

국가의 행정은 국가조직을 유지하기 위한 일반회계적인 업무에서부터 특별회계 등 이루 말할 수 없이 다양하다. 따라서 각 상황이나 절차에 알맞은 적절한 수단이 구비되어야 하는데 이를 다원적 절차(multiple procedures)라고 한다.

5) 행정부 재량의 원칙

행정부 재량(executive discretion)의 원칙은 예산 사용에 있어 의회가 의결·확정한 한정성의 원칙에 맞게 운영하되 재량적 폭을 넓혀 상황에 맞게 운영할 수 있도록 하고 있다.

재량의 원칙을 위해 이용과 전용을 할 수 있도록 하였는데 최근 들어 전용의 제한 폭을 크게 행정부에 위임하고 있다. 물론 재량의 원칙을 너무 허용하게 되면 의회의 행정부 통제권이 약화됨은 물론이다.

이외에도 예비비의 사용 등도 재량적 측면에서 볼 수 있다.

6) 수단구비의 원칙

수단구비(adequqate)의 원칙은 행정부가 예산을 사용하는 데 있어 중앙예산기관을 둘 것이며 각 중앙관서나 하급 관서에도 예산을 담당할 기관이나 과(課)를 두어야 한다는 것이다.

또한 예산을 배정할 때에도 분기별, 월별 계획에 의거하여 배정하며 예기치 못한 사건에 대비한 예비비 제도나 추가경정예산과 같은 적절한 조건과 수단을 갖추어야 한다.

7) 시기신축성의 원칙

시기신축성(flexibility in timing)의 원칙은 예산을 사용하는 일이 경제적 필요에 따라 시기적으로 적절하며 그에 따라 신축적으로 운용되어야 한다는 원칙을 말한다.

8) 예산기구 간 상호교류의 원칙

예산기구 간 상호교류(two-way budget organization)의 원칙은 예산을 담당한 중앙부처기관 간 및 수평 수직적 예산기관끼리 서로 정보를 주고받는 교류 속에서 이루어져야 한다는 원칙이다.

제7장

예산 이론

제1절 예산 이론의 의의

제2절 합리주의 이론

제3절 점증주의 이론

제4절 기타 이론

제7장
예산 이론

제1절 예산 이론의 의의

예산 이론은 정부나 지방자치단체가 달성하여야 할 사업에 재화와 용역을 배분하는 논리인데 Key는 미국에는 B라는 사업 대신 왜 A라는 사업에 X달러를 배분하였는지 이론적 근거가 없다고 비판하였다.[1]

Key 교수의 주장이 있고 10년 후 Lewis는 "예산 이론의 탐색"에서 경제적 방식을 통해 이러한 이론적 근거를 제시하였다.[2]

첫째, 예산배분은 예산지출을 통해 얻는 수익에 대한 **상대적 가치**(relative merits)를 비교하여 이익≥비용일 경우에 예산을 배분한다.

둘째, 인간은 한계효용체감의 법칙을 가지고 있으므로 **증분분석**을 통해 어떤 사업에 대한 추가지출(△X)이 동일한 수익(△Y) 이상을 주어야 한다는 점이다.

셋째, 목표달성에 대한 **상대적 효과성**이 누가 큰지를 서로 비교하여 큰 쪽에 예산을 배정한다. 그러나 여기서 같은 국민일지라도 소비패턴에 따라 상대적 효과기준이 달라지므로 주의하여야 한다.

예산 이론은 크게 두 관점으로 구분할 수 있는데 하나는 경제적 방식의 합리

---

1) V.O. Key, "The Lack of a Budgetary Theory", *American Political Science Review*, Vol. 34 (Dec. 1940), pp. 1,137∼1,144.

2) Varne B. Lewis, "Toward a Theory of Budgeting", *Public Administration Review*, Vol. 12(4) (1952), pp. 42∼54.

주의(총체주의)모형이고 다른 하나는 정치성을 강조하는 점증주의모형이다. 그리고 그 중간에 위치하는 여러 모형이 있다.

제2절 합리주의 이론

합리주의 이론은 총체주의(Synopticism)모형, 분석적 모형, 순수합리모형, 규범적 모형이라고 하는데 이는 경제적 방식의 합리적 분석을 통해 목표달성을 극대화하도록 예산을 배분하기 때문이며 1940년대부터 시작된 이론이다. 합리주의의 대표자는 Allen Shick, V.B. Lewis, C.J. Hitch, D. McKean, David Novick, C.H. Fisher 등이 있다.

1. 합리주의 이론의 전제조건과 기본가정

1) 합리주의 이론의 전제조건

합리적 목표달성을 위해 예산의 배정은 다음과 같은 3가지 전제조건하에서 결정되어야 한다고 Lewis는 주장 한다.

첫째, **상대적 가치**(지출에 대한 이익)는 어떠한가?

둘째, **증분분석**을 통해 필요 사업에 대한 추가지출이 동일한 수익을 가져다주는 균형점은 어느 정도인가?

셋째, 목표달성에 대한 **상대적 효과성**의 비교 결과는 어떠한가?

분석결과 위에서 제시한 전제조건이 적절하다고 판단될 때 자원을 배분한다는 것이다

2) 합리주의 이론의 기본가정

합리주의 이론을 주장하는 사람들은 이론적으로 다음과 같은 사항을 기본가정으로 하고 있다.

첫째, 예산결정자는 합리적으로 행동한다.
둘째, 예산결정자는 사회의 가치 또는 우선순위를 알고 있다.
셋째, 예산결정자는 문제해결에 필요한 완전한 지식과 정보를 가지고 있다.
넷째, 예산결정자는 문제해결에 필요한 요소를 모두 검토 가능하다.
다섯째, 정책목표는 명확히 설정하고 대안선택도 가능하다.
여섯째, 정책결정자는 국민의 가치를 하나로 모을 수 있다.

2. 합리주의 이론의 문제해결 과정

합리주의는 일반적으로 다음과 같은 과정을 통하여 예산을 결정한다.

1단계, 정책결정자는 정책의 **목표**를 명확히 정한다.

2단계, 목표를 달성할 수 있는 **대안**은 무엇이 있는지 탐색한다.

3단계, 각 대안에 대한 **결과**를 계량적 방법으로 분석한다. 즉, 투입(in-put)에 대한 산출(out-put)을 예측한다.

4단계, 각 대안별 투입(in-put)에 대한 산출(out-put)을 **평가**한다.

5단계, 목표달성을 극대화하는 최적의 **대안**을 **선택**한다.

6단계, 선정된 정책에 예산을 **배분**한다.

예산배분을 하나의 정책결정으로 보고 정책결정의 기본단계에 따르는 방법이다.

3. 합리주의 예산배분방식과 특징

1) 합리주의 예산배분방식

합리주의에서 대안을 분석하는 방식에는 한계효용(marginal utility)의 법칙, 균형 이론(equilibrium analysis), 파레토최적(Pareto optimality) 이론, 비용편익분석(cost-benefit analysis)의 방법, 체제분석(system analysis), OR(operations research), 관리과학(management science) 등의 분석적 방법이 있다.

2) 합리주의 예산배분방식의 특징

합리주의에 대한 기본적 특징을 살펴보면 다음과 같다.

첫째, 목표달성을 이룰 수 있는 수많은 대안을 강구할 수 있다.

둘째, 목표에 대한 각 수단이 결정되면 그에 대한 성과와 목표와 수단 사이의 인과관계를 분석할 수 있다는 점이다.

셋째, 목표와 수단 사이의 관계가 합리적이고 계량적 방법에 의해 명쾌하게 분석이 된다.

3) 합리주의 예산배분방식에 대한 비판

첫째, 복잡한 정치와 사회문제를 너무 단순화하여 분석한다.

둘째, 국가의 정책문제는 시장논리로 해석할 수 없는 것도 많은데 경제적 방식의 시장분석 방법만을 강조한다.

셋째, 인간의 능력은 일정한 한계가 있으며 지식도 부족하고, 가치관에 따라 판단이 다양하게 나타날 수 있다.

넷째, 모든 정보를 수집하고 분석할 수 있다고 가정하였는데 사실 수집할 수 있는 정보는 한정되어 있으며 부적절한 정보도 많다.

다섯째, 모든 대안을 탐색하고 분석, 평가하는 데 비용이 많이 든다.

여섯째, 사회는 여러 조직들로 구성된 체제인데 이들 간의 환경변수를 간과하였다.

일곱째, 정책문제와 관련된 변수와 변수들의 다양성을 간과하였다.

제3절 점증주의 이론

정책결정이나 예산결정을 담당한 인간의 능력은 한계가 있다는 관점에서 합리주의 비판과 함께 등장한 점증주의는 인간의 능력에는 한계가 있으므로 일부 한정적인 대안에 대해 예년보다 약간 증가된 수준에서 예산을 결정하며 이때 예산결정에 참여한 사람들 사이에 정치성이 작용한다고 보는 이론이다.

점증주의의 대표적 학자인 Wildavsky는 점증주의를 **과정적 측면**의 점증주의와 **산출적 측면**의 점증주의로 구분하여 설명한다.

점증주의 이론의 대표자는 Barnard, Lindblom, Wildavsky, Dahl, Sayre, Kaufman, Dye 등을 들 수 있다.

1. 점증주의의 두 가지 측면

1) 과정적 점증주의

과정적 측면은 미시적 차원에서 고려하는 것으로 개인적 차원에 초점을 둔다. 즉, 예산결정시 개인은 능력과 지식 및 정보 수집에 한계가 있으므로 복잡성을 단순화시켜 예산을 결정한다는 것이다. 따라서 예산결정자는 예년의 경험에 비추어 예산배정에 성공적이었던 정책사례를 찾아 거기에 약간의 조정을 가하여 예산을 배정하여, 예산결정에 참여한 사람이나 집단이 만족하면 된다는 견해이다.[3)]

2) 산출적 점증주의

산출적 측면의 점증주의는 과정을 통해 결정된 예산의 규모가 국가의 경제차

---

3) 윤영진, 전게서, p. 295.

원이나 정치체제 상황에 비춰 볼 때 10% 내지 15% 등의 어떤 수준에서 최종적으로 결정을 내린다는 견해인데 사실 Wildavsky 자신도 몇 퍼센트 정도가 점증인지 확실한 대답을 해주지 못하고 있다.

2. 점증주의에 대한 견해

점증주의에서 Wildavsky는 예산의 정치적 측면을 강조하는 데에 비해 Lindblom은 정책대안적 접근방법을 강조하고 있다.

Lindblom은 대안의 선택방법에 따라 점증주의에 ① 연속적·제한적 비교법적인 방법과 ② 합리적·포괄적 방법이 있다고 설명한다. **연속적·제한적 비교방법**은 정책결정자가 현재 직접적으로 관심을 갖는 사회적 소수의 대안에 대한 윤곽을 파악하고 비교하는 데 반해 **합리적·포괄적 방법**은 예산과 관련된 모든 가치를 우선순위에 따라 나열한 후 가치를 극대화할 수 있는 대안을 찾는다. 따라서, 복잡한 문제에는 적용이 불가능하다.

Wildavsky가 말하는 점증적 의미는 Lindblom이 말하는 연속·제한적 모형보다 더 좁은 의미 범위에서 증가나 감소를 의미한다.

3. 점증주의의 특징

1) 점증주의의 특징

첫째, 점증주의는 정책결정자의 능력 한계와 타협 및 조정 등의 특성 때문에 예산이 과거의 수준을 토대로 결정된다고 본다.

둘째, 점증주의는 과거 경험을 토대로 복잡한 문제를 **단순화**시켜 그들이 만족할 만한 수준에서 전년대비 소폭의 변화를 준다.

셋째, 예산과정에 참여한 사람들 간의 타협과 조정의 결정이다.

2) 점증주의의 장점과 단점

① 점증주의의 장점

점증주의 장점을 보면 다음과 같다.

첫째, 전년도 예산에 일정한 비율로 증가 또는 감소 범위로 결정하므로 참여자 간의 갈등을 해결하는 데 적합하다.

둘째, 참여자 간의 안정된 관계를 유지할 수 있다.

셋째, 합리주의적 예산결정에서는 비교·분석에 장시간이 소요되나 점증주의 방식에서는 보다 신속하게 대처할 수 있다.

넷째, 정책결정은 미래의 불확실한 상황에 대한 예측이므로 실패가능성도 있는데 실패시 손실을 최소화할 수 있다.

② 점증주의의 단점

첫째, 점증주의는 민주주의가 잘 훈련된 다원주의에서나 가능하다.

둘째, 정책자체가 불만족할 경우에는 그 정책에 점증적으로 예산이 증가하여 배분되므로 악순환을 가져온다.

셋째, 점증의 정도에 대한 일치된 의견이 없고, 제시하지 못한다.

넷째, 실제현상과 일치되지 않는 경우가 많다.

③ 앞으로 해결하여야 할 점

예산과정의 정치적 접근방법인 점증주의는 점증적으로 갈등을 해소하고 안정된 관계를 유지한다고 하는데 예산결정시 참여자 간의 서로 유리한 위치를 점유하려 하므로 꼭 그렇지는 않다.

첫째, 누가 자원배분결정에 대한 영향력을 가지고 있는가?

둘째, 개인들은 어떻게 그와 같은 영향력을 얻는가?

셋째, 어떤 집단이 예산결과에 영향을 미치는 실질적인 힘을 갖는가?

넷째, 힘은 체제 내에서 규범적으로 배분되는가?

이와 같은 문제가 끊임없이 제기 된다. 따라서 이러한 문제가 투명하게 보장이 될 때, 보다 발전적 계기가 될 것이다.

제4절 기타 이론

1. 혼합모형

혼합모형(mixed scanning model)은 Etzioni에 의해 주장된 이론으로 총체주의 모형과 점증주의모형을 절충한 모형이다. 사실 정책결정은 총체주의모형에 의해 분석될 수 있는 것도 있고 점증모형에 의해 분석될 수 있는 것이 있다.

첫째, 기본적 결정단계로서 정책목표를 달성할 수 있는 중요한 대안을 모두 포괄적으로 탐색한다. 이는 총체주의에 입각한 방법이다.

둘째, 여러 대안 중에서 문제가 될 만한 대안을 골라 의도하는 것과 일치하는 것만 차례차례 되풀이하면서 선별해 낸다.

셋째, 선별해 낸 몇 개의 대안을 점증적으로 고려한다.

넷째, 선택된 몇 개의 대안을 세분화하여 합리적으로 분석 후 예산을 배정한다.

2. 만족모형

만족모형(satisficing model)은 Simon과 March가 1958년에 주장한 이론으로 사람의 능력은 한계가 있으므로 만족할 만한 대안을 선택하여 추진한다는 이론이다.

정해진 목표에 달성 가능한 몇 개의 대안을 선정한 뒤 이를 하나씩 순차적으로 탐색하다가 불만스러우면 다음 대안으로 넘어가다가 만족할 대안이 나오면 멈추고 그것을 세부화하여 추진 결정하는 모형이다.

만족모형은 만족할 만한 대안을 찾을 때까지라고 했는데 만족할 만한 대안은 개인적 주관성이 강하게 작용할 수 있다는 비판이 있다.

3. 최적 모형

최적 모형(optimal model)은 Dror가 주장한 모형인데 먼저 정책이나 사업에서 달성하여야 할 가치나 목표를 명확히 정해 놓고, 이를 이룰 수 있는 대안을 문헌이나 조사를 통해 알아본 다음 그중에서 **쇄신적 대안**과 **위험 최소화 대안**이 무엇인지 구분한 뒤 가장 적절하다고 생각되는 대안을 선정한다. 대안의 선정과정은 경험과 초합리성을 동원하여 의식적 노력 속에서 이루어져야 한다.

이 방법은 사회적 환경이나 과정에 비추어 판단하여야 되는데 이때 개인의 경험과 초합리성을 어느 정도까지 인정하여야 하는지 모호하다.

4. 모호성 이론

모호성(ambiguity)은 쓰레기통모형(garbage can model) 또는 무결정모형(non-decision model)이라고 하는데 Johan P. Olsen, James G. March, Michael D. Cohen, Miller 등에 의해 주장되었다.

모호성 이론은 정책결정에 참여한 사람이 그들이 결정할 정책에 대해 객관화된 일관 목표도 없고, 당면한 문제에 대해 조직 외부환경에 대처방안이나 인과관계 및 지식, 경험이 없이 참여한다는 것이다. 그런 사람들이 모여 옥신각신 마치 쓰레기통을 뒤지듯이 토의하고 분석하다 보니 우연히 결정에 이르게 된다고 주장하고 있다.

Miller는 이렇게 우연히 결정에 이르게 되기 위해 필요한 요소로 4가지를 들고 있다.

첫째, 해결해야 할 문제가 인지되어야 한다.

둘째, 의사결정에 참여할 사람, 즉 참여 대상자가 있어야 한다.

셋째, 결정에 관련된 사람들이 만나 논의할 기회를 가져야 한다.

넷째, 문제는 해결가능성이 있어야 하며 아예 불가능한 것은 안 된다.

모호성 이론은 문제와 직접 관련이 있는 사람이 개입되면 복잡해지므로 이들이 참여하기 전에 재빨리 날치기로 해결해 버리는 방법도 있다.

5. 공공선택론

공공선택론은 1950년대부터 Arrow, Black, Noiman, Downs, Olsen, Buchanan, Niskanen, Ostrom 등 경제학자와 정치학자들 사이에서 발전되어 왔다. 공공선택론은 국민에 대한 공공재의 공급의 변화가 관료제의 정치적 의사결정과 어떤 관련이 있는지 경제학적 방법을 응용하여 설명하려는 이론 모델이다.

이 이론에서는 정부예산의 결정이 경제적 합리성보다 시민들의 투표 행태, 정당, 관료 및 이익집단의 행태 등의 정치적 의사결정에 의해서 어떻게 예산이 결정되는지 분석한다.[4)]

1) 공공선택론의 기본가정

공공선택론이 갖는 기본 가정을 보면 다음과 같다.

첫째, 수요자인 국민은 개인주의에 의한다. 정부의 결정 메커니즘은 개인들의 선호를 집계하기 위한 절차에 불과하다.

둘째, 자원(예산)은 충분하지 않으며 희소성을 갖는다.

셋째, 국민의 선호체계는 자신의 선호만을 중시하며 이기적이다.

넷째, 합리성을 띤다. 개인들은 효용을 가지며 이는 자신의 선호체계에 따라 가장 이윤이 높은 쪽으로 결정한다.

이런 가정하에서 개인은 자기의 이익을 위해 행동을 하나 항상 목적 달성에 어려움을 느낀다. 따라서 집단행동을 통해 목적을 달성하려 하고 정부와 관료제는 공급자로서 수요자인 개인집단의 지지를 받아 공직에 계속 남아 있기를 바라는 의도에서 예산을 배분한다는 것이다.

---

4) 신무섭, 「재무행정학」 (서울 : 대영문화사, 1998), pp. 158～160. ; Buchanan은 국민은 정부의 각종 예산 사업이 투표결과로 나타난다고 주장하였고, Downs, Buchanan 및 Tullock은 개인들은 자기의 이익을 극대화하려 합리성을 띠지만 정부는 개인과는 달리 각 정책에 대한 선호정도를 투표로 나타낸다고 보았다. 따라서 정당은 선거에서 보다 많은 유권자의 표를 얻으려 정치적 결정과정을 통해서 예산이 결정된다고 주장하였다.

2) 공공선택론의 주요 이론

① 공무원의 예산극대화론

Niskanen은 관료들은 국민을 위한 공복이지만 일반 개인처럼 자기의 효용 극대화를 위해 예산결정에 개입한다는 이론이다. 따라서 관료의 이윤극대화를 위한 합리적, 효율적 결정보다는 총 편익이 비용보다 크면 결정하는데 그 결과 예산의 잉여가 발생해도 남기지 않고 모두 사용한다고 주장한다. 이는 관료들이 그들의 직책상의 특권을 이용한다는 점이며 명성과 영향력을 얻어 계속 권한을 유지코자 한다고 주장한다.

한편 Wolf도 Niskanen 견해처럼 공무원은 공무원조직의 내부성의 문제로 첫째, 비용을 절감하기보다 그 상황을 적당히 정당화시키려 하므로 비효율을 초래하며 둘째, 기술 도입에 대한 결정에 있어서도 추가 비용을 따지기보다 최신기술을 도입하는 경향이 있으며 셋째, 공무원들이 정보획득과 통제권을 가지고 있기 때문에 관료로부터 정보 얻기가 어렵다는 점을 강조하고 있다.

Niskanen의 공무원의 예산극대화 이론을 설명하면 <그림 7－1>과 같다.

<그림 7－1>에서 공무원이 정책결정을 할 때 효율성측면에서 보면 비용과 편익간의 차가 가장 큰 Z^*에서 결정하여야 한다. 그러나 특권이나 명성 및 내부성에 기인하여 예산을 많이 배정을 받아서 배정받은 예산은 다 쓰고 본다는 식의 사고를 하기 때문에 Z^N 지점에서 비용을 결정한다.

그림 7－1 공무원의 예산극대화 모형

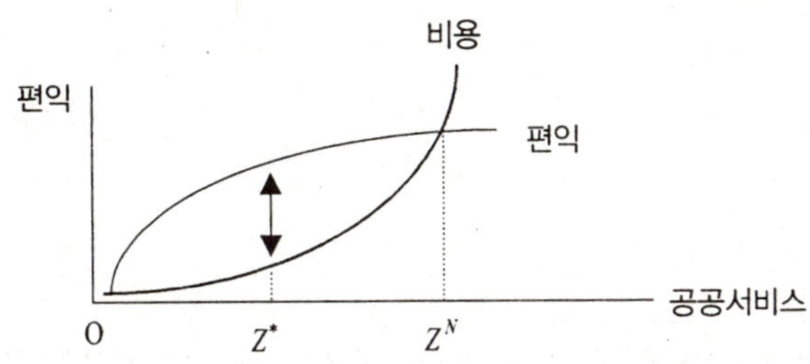

② 중위자투표이론

국가나 지방정부가 정책결정을 투표로 결정할 때 그 정책 대안을 직선상으로 배열하고 투표자들이 선호[5]를 솔직히 선택하게 한다면 대부분의 사람이 중간에 위치한 정책대안을 선택한다.

3) 공공선택론의 비판

공공선택론에 대한 특징과 그에 대한 단점을 보면 다음과 같다.

첫째, 정부관료제는 공직에 남아 있기 바라는 의도에서 예산을 배분하거나 개인들의 이기심을 이용하기 때문에 권력을 독점하거나 남용하는 일이 일어난다. 따라서 국가는 효율적 공급이 되도록 정당한 조직과 제도적 장치를 하여야 한다.

둘째, 공공선택론적 입장에 의하면 언제나 권력층이 존재하게 된다. 따라서 권력층과 관료제는 무책임하게 되므로 전문공무원을 육성하고 능률적으로 일할 수 있도록 하여야 한다.

셋째, 사회 현실을 너무나 단순화하여 국가와 예산의 역할을 기계적인 것으로 보고 있다.

---

5) 여기에서 개인의 수요는 개인별 소득, 세부담, 취미, 교육 등에 따라서 정책에 대한 선호나 요구수준이 다른데 만약 투표하는 사람 수가 n명이면 아무리 대등해도 어느 한 쪽에 1명이라도 더 가기 마련이다. 예) 5명 중 3명이 x^*를 2명은 $\bar{x}$를 선택시 x^*로 결정

제8장

예산과 사업분석

제8장
예산과 사업분석

제1절 예산분석의 관점

정부의 세입과 세출은 **거시적**으로 보면 국가경제의 안정화와 소득재분배 및 자원배분, 국민소득이나 고용량, 저축과 투자, 통화량 등에 영향을 미치고 **미시적**으로는 가계의 소비행위나 정부부처의 크고 작은 개별 사업 하나하나에 영향을 미치게 된다.

1. 거시적 관점

예산의 거시적 관점은 국민경제 전체적인 입장에서 보아 소득재분배 및 자

그림 8-1 거시적 예산배분의 균형점

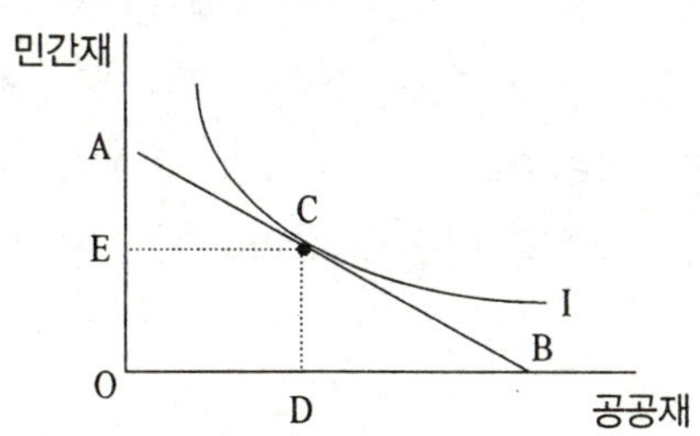

원배분을 통해 경제 안정을 유지할 수 있는 적정한 균형점에 예산을 배분하는 일이다. 따라서 거시적 예산배분은 국가가 담당하여야 할 공공부문의 몫과 민간이 담당하여야 할 사영역부문의 몫이 균형을 이루는 점을 찾아 결정하여야 한다.

<그림 8－1>에서 AB는 국가의 총 생산가능곡선으로 만약 국가가 공공부문에서 전혀 생산하지 않고 민간부문에만 맡겼을 때 총 생산량은 OA가 될 것이고, 민간부문에서 전혀 생산하지 않고 전 생산을 공공부문에서 맡았다면 OB가 생산될 것이다.

그러나 이러한 일은 있을 수 없기 때문에 일부를 공공부문이 맡고, 나머지 일부는 민간부문에서 맡게 된다.

곡선 I는 사회무차별곡선으로 합리주의에서는 국민전체의 효용을 알고 있다는 가정하에 도출된 것이다.

<그림 8－1>에서 사회생산가능곡선 AB와 무차별곡선 I가 만난 C점이 예산배분의 **균형점**이다. 따라서 공공부문에 OD만큼의 예산을 배분하는 것이 가장 적정한 점이다.

2. 미시적 관점

예산의 미시적 배분은 거시적 관점을 통해 배분된 예산을 가지고 어떤 사업대안으로 결정하여 거기에 예산을 배정하면 국민들의 효용이 극대화될지 여러 대안을 합리적으로 분석 결정하는 방법이다.

그런데 공공부문이든 민간부문이든 어떤 사업의 추진은 필연적으로 **외부효과**를 일으키게 되어 있으며 외부효과는 외부경제와 외부불경제로 구분된다.

외부경제는 어떤 사업의 추진으로 인하여 제3자가 이익을 보는 경우를 말하며 **외부불경제**는 제3자가 손해를 보는 경우를 말한다. 따라서 정부는 어떤 사업을 추진할 때에 이러한 사회적 비용을 고려하면서 결정하여야 한다.

제2절 한계효용과 예산배분

1. 효용

예산배분을 통해 생산되는 서비스의 수혜를 받는 국민은 수요자로서 사람마다 각기 다른 주관적 가치를 가지고 있다. 그리고 주관적 가치에 따라 서로 다른 만족감을 느끼는데 이를 효용(utility)이라고 한다. 효용이란 사람이 물건이나 서비스를 소비함으로써 느끼는 만족감을 말한다.

2. 한계효용체감

사람들이 일정기간 물건을 한 단위씩 소비할 때마다 효용을 느끼는데 이것을 모두 합한 것이 총 효용이다. 그리고 한 단위를 더 소비할 때 증가된 총 효용을 한계효용이라고 한다.

예를 들어 정부가 'A'라는 사람이 사는 곳을 지나는 시내버스를 한 대 배차할 때 느끼는 효용이 50이고, 2대를 배차할 때 느끼는 효용은 44, 3대를 배차하면 36이라고 하자. 이때의 총 효용은 130이다.

여기에서 한계효용을 생각해 보자.

처음 한 대를 배차하였을 때의 총 효용은 50이고 한계효용도 50이다.

이어 두 대째 배차하였을 때의 총 효용은 94이고 한계효용은 44이다.

세 대째 배차하였을 때의 총 효용은 130이고 한계효용은 36이다.

따라서 한계효용(MU)은 $\frac{\text{총 효용증가분}(\Delta U)}{\text{소비량증가분}(\Delta Q)} = \frac{\Delta U}{\Delta Q}$로 나타낼 수 있다.

일정기간에 걸쳐 재화의 소비가 증가할수록 만족감은 점점 감소하는데 이를 한계효용체감법칙(law of diminishing marginal utility)이라고 한다.

3. 한계효용 균형 이론

예산을 각 정책 사업에 배분하기 위해서는 그 사업이 완성시 국민들에게 주는 효용을 고려하여야 할 것이다. 이 경우 여러 개의 서비스 공급을 통해 발생하는 한계효용의 체감 정도를 파악하고 한계효용량이 균등하게 생산되도록 예산을 배분하여야 한다.

예를 들어 정부가 7억원의 예산으로 도로 공사와 공원 조성 및 보도블록 교체 등 3가지 사업을 하려하는데 이에 대한 시민들의 한계효용이 다음과 같이 조사되었다면 예산을 어떻게 배분하면 좋을까?

이 경우 정부는 시민들이 느끼는 총 효용이 극대화되도록 사업을 결정하여야 한다. 총 효용이 극대화되려면 각각의 한계효용 값이 균형을 이루는 21에서 도로 공사를 4km, 공원 조성 2km, 보도블록 교체 1km를 사업하도록 예산을 배분한다. 이때 사업의 총 km는 4km+2km+1km=7km이며 느끼는 총 효용은 (30+27+24+21)+(24+21)+(21)=168이다.

7억÷7km=1억원
도로 공사　　4km×1억=4억원 배정
공원 조성　　2km×1억=2억원 배정
보도블록 교체　1km×1억=1억원 배정

표 8-1 단위비용이 같은 사업의 한계효용 균등

소비 수량	효 용		
	도로 공사	공원 조성	보도블록교체
1km	30	24	21
2km	27	21	19
3km	24	18	17
4km	21	15	15
5km	18	12	13

주 : 단, 1km당 비용은 같다고 가정함.

결국 정부는 총 7km의 정비 양만큼 예산을 배분하되 이때 시민들이 느끼는 효용은 168이다. 따라서 다음과 같이 예산을 배분한다.

<표 8－1>과 같은 한계효용균등의 원리는 사업단위별 단가가 같다는 가정하에서 계산된 경우이다.

4. 파레토 최적 이론

파레토 최적(Pareto optimality)이란 어느 개인의 소비가 다른 사람에게 피해를 입히지 않는 상태를 말한다.

예산을 배분하는 일은 소득을 재분배하고, 자원을 배분하면서 경제를 안정화하는 것이라고 할 수 있다. 따라서 예산을 배분할 때에는 파레토 상태에 도달하려는 노력을 해야 한다.

<그림 8－2>는 에지워스 상자도(Edgeworth box diagram)로서 사회에 모든 물건을 X재와 Y재로 구분하였다고 할 때 이 재화가 '갑'과 '을'에 배분된다고 가정하자.

<그림 8－2>의 Q에서 '갑'과 '을'이 서로 만족하는 수준이라면 이때 '갑'은 X재를 OA만큼, Y재를 OB만큼 소비하고, '을'은 X재를 AD만큼, Y재를 BE만큼 소비한다. 그런데 '갑'이 X재를 AG만큼 소비를 늘리는 대신, Y재를 BH만큼 줄여

그림 8－2 거시적 예산배분의 수준

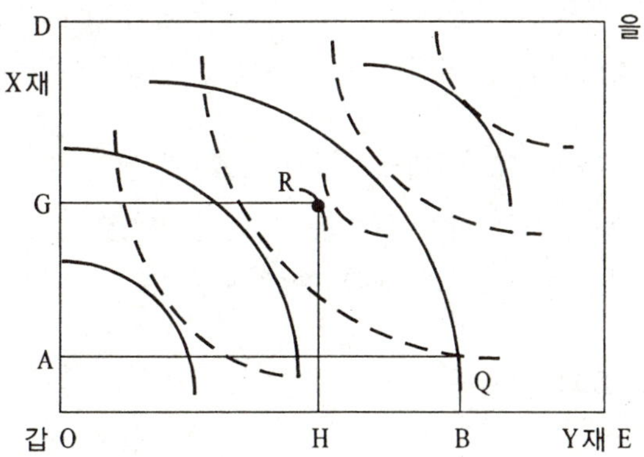

*-- : 갑의 무차별 곡선, － : 을의 무차별 곡선

서 소비하기를 희망한다면, '을'은 X재를 AG만큼 '갑'에게 양보한 대신, Y재를 HB만큼 더 소비하게 되므로 서로 피해를 주지 않게되어 Q점보다는 R점에서 더 높은 파레토 만족이 된다.

제3절 비용편익의 사업분석

새로운 사업을 시작할 경우 일반적으로 체제분석(systems analysis)이나 비용편익분석(cost-benefit analysis), 비용목표분석(cost-goal analysis), 비용효과분석(cost-effectiveness analysis)을 많이 사용한다.

이 중에서 비용편익분석은 가능한 최소의 자원(인적·물적)으로 최대의 편익을 얻거나, 얻기 위한 방법을 찾아내는 분석이다.

1. 비용편익분석의 단계

비용편익분석은 다음과 같은 단계로 이어진다.

1단계, 사업에 필요한 대안을 수집하여 대안을 식별한다.

2단계, 대안별로 필요한 비용과 연차별 편익을 추정한다. 이때 고정비용과 유동비용, 경상비용과 직접비용, 간접비용 등을 조사한다.

3단계, 할인율을 결정한다. 미래에 장기적으로 발생할 이익(편익)을 현재의 가치나 화폐수준으로 계산해주는 수단인 할인율을 결정한다. 할인율의 정도에 따라 현재가치가 아주 크게 달라진다.

4단계, 대안별로 효과성을 산출한다.

5단계, 산출된 값을 기준으로 가장 적절한 대안을 최종 결정한다.

2. 비용편익분석의 실제

비용편익분석을 단계별로 계산과 함께 설명하면 다음과 같다.

사업 : 건설교통부 산하에서 산업물류를 A지역에서 B지역으로 3년 동안 운반하는데 몇 대안 중 최종 두 대안으로 압축하였다고 한다. 그리고 그중 어느 하나를 택하려 한다. 분석해 보자.

1단계, 대안을 고려한다.

이때 A안과 B안이 결정대상으로 고려되고 있다.

표 8-2 A 대안 비용

연도	사회 비용	편익	순 편익	소요 예산
2003	200			100
2004	300			250
2005	200			180

표 8-3 B 대안 비용

연도	사회 비용	편익	순 편익	소요 예산
2003	180			110
2004	400			250
2005	350			220

A와 B의 사업이 3년 동안 진행되면서 투입될 비용과 사회비용이 <표 8-2> 및 <표 8-3>과 같다고 가정하자.

2단계, 대안에 대한 비용과 편익을 산출한다.

이때 편익은 매월 발생하는 양을 1년 동안 조사하여 나온 수치이다.

그리고 편익에서 사회비용을 차감하여 순편익을 산출하여 기입하는데 그 결과가 <표 8-4> 및 <표 8-5>와 같다.

표 8-4 A 대안 비용

연도	사회 비용	편익	순 편익	소요 예산
2003	200	150	−50	100
2004	300	350	50	250
2005	200	400	200	180

표 8-5 B 대안 비용

연도	사회 비용	편익	순 편익	소요 예산
2003	180	160	−20	110
2004	400	460	60	250
2005	350	500	150	220

3단계, 할인율을 결정한다.

할인율을 결정하는 방법에는 **시장이자율법**(민간할인율), **사회적 할인률법, 기회비용법**이 있다. 할인율을 크게 설정하면 사업성이 낮게 평가되어 대안을 기각하는 경우가 있기 때문에 적정하게 결정하여야 한다.

① 시장이자율법

시장이자율법은 민간할인율이라고도 하는데 이는 민간인들끼리 자본을 거래할 때 사용하는 보편적인 이자율을 가리킨다. 일반적으로 사회에서 개인 간 돈을 차용할 때에 4% 이자율을 지급하는데 이것이 시장이자율이다.

② 사회적 할인율법

사회적 할인율법은 국가사업은 공공사업이므로 시장이자율보다 낮은 이자율을 적용하여야 한다고 보는데 이유는 공공사업의 경우 공공의 복지에 기여하며 더 나아가 경제적 차원에서 외부경제나 외부불경제효과가 나타나기 때문에 시장이자율보다 낮게 적용하여야 한다고 본다.

③ 자본의 기회비용법

기업이 A라는 사업에 사용할 돈을 B라는 사업에 투자했을 경우 A를 통해 얻을 수 있는 이익을 포기하는 것과 같으므로 B의 기회비용이라 한다. 이렇게 기회비용의 관점에서 계산한 결과 산업별 기회비용 값이 도출되는데 우리나라의 경우 <표 8－6>과 같다.[1)]

표 8－6 산업별 기회비용율

부 문	1974년	1975년	1976년
농림수산부문	10.07	11.56	9.59
제조업부문	10.71	11.14	10.25
건설부문	25.67	36.98	30.59
전력·용수부문	10.71	11.14	10.25
교통·통신부문	5.42	6.10	6.36

1) 김동건, 「현대재정학」 (서울 : 박영사, 2001), p. 196.

4단계, 대안별로 효과성을 산출한다.

대안별로 효과성을 계산하는 일은 비용－편익분석의 가장 중요한 부분인데 **순현재가치법**과 **비용·편익비율법**, **내부수익률법**이 있다.

① 순현재가치법

순현재가치는 미래에 발생할 순편익을 현재의 화폐가격으로 전환시켜 생각하는 방법이다.

예를 들면 1년 후의 10,000원을 이자율 5%로 고려하면 현재가치로는 얼마나 될까? 이는 $\frac{P}{1+r}$로 계산이 된다. 따라서 $\frac{10000}{1+0.05}=9,523.809$원이다.

또 2년 후의 10,000원을 이자율 5%로 고려하면 현재가치로는 얼마나 될까? $\frac{P}{(1+r)^2}$로 계산이 된다. 따라서 $\frac{10000}{(1+0.05)^2}=9,070.29$원이다.

여기에서 미래의 편익을 현재의 편익으로 계산하는데 $\frac{P}{(1+r)^n}$공식이 도출된다.

② 비용·편익비율법

비용·편익비율법은 편익을 비용으로 나눈 비율 값으로 판정하는 방법이다. 먼저 비용과 편익을 각각 현재가치로 환산한다.

그런 다음 $\frac{총편익}{총비용}$의 값을 구해 1보다 크면 사업을 착수할 가치가 있다고 본다. 그리고 모두 1보다 크게 산출되었을 경우에는 값이 큰 대안을 선택하는 방법이다.

③ 내부수익률법

내부수익률법은 순현재가치를 0으로 만드는 할인율이다.

$$\left(PA+\frac{P_{A1}}{1+r}+\frac{P_{A2}}{(1+r)^2}\cdots\frac{P_{An}}{(1+r)^n}\right)-\left(PB+\frac{P_{B1}}{1+r}+\frac{P_{B2}}{(1+r)^2}\cdots\frac{P_{Bn}}{(1+r)^n}\right)=0$$

이 3가지 방법 중에서 어떤 기준으로 평가할지 결정하여야 한다. 대부분 순현재가치법을 많이 사용하므로 여기에서도 이 방법으로 계산한다.

$$\text{A대안 효과성 : } \frac{-50}{1.1}+\frac{50}{(1.1)^2}+\frac{200}{(1.1)^3}=-45.45+41.32+150.26$$
$$=146.13$$
$$\text{B대안 효과성 : } \frac{-20}{1.1}+\frac{60}{(1.1)^2}+\frac{150}{(1.1)^3}=-18.18+49.59+112.70$$
$$=144.11$$

5단계, 산출된 값을 기준으로 최적 대안을 선정한다.

위의 계산에서 A대안은 146.13이고 B대안은 144.11이다. 따라서 A안을 선택한다.

3. 비용편익분석에서 고려할 점

비용편익분석은 유용한 정보를 주지만 주의하여 고려할 점이 있다.

1) 내부편익과 외부편익

내부편익은 사업실행을 통해 직접적으로 발생하는 이익을 말한다. 가령 어느 지역에 댐을 막는다고 해 보자. 이 경우 **내부편익**은 저수된 물을 가지고 농수와 공업용수 및 상수도, 발전용으로 이용하여 이익을 얻는 것을 말한다. 그리고 **외부편익**은 댐 건설로 인하여 그 주변사람들이 정서적으로 얻는 이익이나, 주변에서 상업을 하는 사람들이 물품판매를 통해 얻을 수 있는 이익 등을 말한다.

물론 이 경우 댐 건설로 인하여 손해를 보는 사람도 있다. 댐 부근에 살고 있는 고3 학생이 관광객들이 오가는 소리로 인해 공부를 못한다면 손해를 볼 것이다.

2) 직접편익과 간접편익

직접편익은 사업추진 결과 목표에 도달하므로 얻는 편익을 말하고 간접편익은 목표달성사업을 통해 부수적으로 얻는 편익을 말한다. 위의 댐의 예에서 공업용수와 발전량, 농업용수로 사용을 통해 얻는 이익을 **직접편익**이라 하고, 댐 밑에 사는 주민들이 내려오는 담수어를 잡아 반찬도 해 먹고 때로는 팔기도 하여 이익을 본다고 하면 이러한 이익은 **간접편익**이라고 한다.

3) 실질적 편익과 금전적 비용

실질적 편익은 사업추진 완료 후 최종적으로 혜택을 보는 수혜자가 얻는 이익으로 이 자금을 다른 사업에 사용하였을 경우 얻는 기회비용을 말한다. 그리고 **금전적 비용**은 사업추진과정이나 추진 후 이를 통해 얻는 수익과 이로 인하여 손해를 보는 비용을 말한다.

4. 비용편익분석의 장·단점

1) 비용편익분석의 장점

공공부문의 투자의사결정 원칙으로 많이 사용되는 비용편익분석은 최소의 자원을 가지고 최대의 편익을 얻으려는 노력의 일환으로 다음과 같은 장점을 지닌다.

첫째, 실시하려는 사업 간·대안 간 우선순위 결정이 논리적이다.

둘째, 체계적 사고과정을 통해 대안 간의 편익의 값을 현재가치나 내부수익률 및 비용·편익비율로 환산하여 우열을 비교할 수 있다.

셋째, 객관적 기준에 의해 대안이 분석되어 최종대안이 선택된다.

2) 비용편익분석의 단점

비용편익은 퍽 호소력 있는 분석방법이나 문제점도 있다.

첫째, 비용편익분석은 완전경쟁의 상태를 전제로 고려하는데 대부분 정부의 사업은 독점성을 띠고 있고, 비시장성을 띠는 경우가 많다.

둘째, 공공서비스를 생산하기 위해 사업이 진행되는 동안 다른 부문의 재화나 용역은 고정되어 있다고 전제하고 이론을 전개하므로 단기사업은 큰 오차가 생기지 않으나 장기사업은 오차가 크다.

셋째, 유형편익이나 내부편익만을 고려하고 무형적이거나 외부불경제를 가져오는 그러한 영향은 크게 고려하지 않는다는 점이다.

넷째, 정치상 대통령의 관심사항이면 사업 타당성이 없어도 예산이 배정되고 사업이 추진된다.

다섯째, 부처의 장·차관이 사업에 관심이 있는지 여부에 따라 사업선택이 결정적이며, 실적만을 강조하여 눈에 보이게만 하여 일관성이 적다.

제9장

예산의 편성

제9장 예산의 편성

제1절 예산주기

예산주기(Budget Cycle)란 예산을 편성하고, 편성된 예산이 의회의 의결을 거쳐 집행되고 결산에 이르는 전체적인 과정으로서 한정된 예산으로 조직의 목표에 도달하는 책임성 확보를 위한 싸이클이다.[1]

1. 예산주기의 국면

예산의 주기는 예산편성－예산심의－예산집행－예산결산의 4단계로 이어지는데 그 주기를 표시하면 다음과 같다.

예산의 주기는 3년마다 그 주기가 다시 시작되며 현재 예산을 집행하면서 다음 연도에 사용할 예산을 편성하고 심의준비를 한다.

예산주기의 **1단계**는 중앙예산기관이 예산안을 **편성**하는 단계로 예산지침서가 하달되는 4월 30일부터 국회 제출기한인 회계연도 개시 90일 전까지 해당된다.

예산주기의 **2단계**는 정부로부터 접수된 예산안을 의회가 **심의**하는 단계로 회계연도 개시 90일 전부터 회계연도 개시 30일 전까지이다.

---

1) Jesse Burkhead, *op. cit.*, pp. 51～64.

그림 9-1 예산주기의 순환

<table>
<tr><td></td><td colspan="2">1년 전</td><td colspan="2">현년도</td><td>1년 후</td><td></td><td colspan="2">2년 후</td></tr>
<tr><td>현재</td><td>예산편성</td><td>예산심의</td><td colspan="2">예산집행</td><td colspan="2">예산결산</td><td></td><td></td></tr>
<tr><td>1년 후</td><td></td><td></td><td>예산편성</td><td>예산심의</td><td colspan="2">예산집행</td><td colspan="2">예산결산</td></tr>
<tr><td>2년 후</td><td></td><td></td><td></td><td></td><td>예산편성</td><td>예산심의</td><td colspan="2">예산집행</td></tr>
<tr><td>3년 후</td><td></td><td></td><td></td><td></td><td></td><td></td><td>예산편성</td><td>예산심의</td></tr>
</table>

예산주기의 **3단계**는 의회가 승인한 예산을 정부가 **집행**하는 단계로 그 다음 연도 1월 1일부터 12월 31일까지이다.

예산주기의 **4단계**는 **결산**단계로 집행된 예산에 대한 회계감사를 거쳐 국회의 결산심사를 받는 단계이다.

<그림 9-1>에서 예산이 편성되어 의결 후 집행되고 결산을 통해 종료되기까지의 주기는 3년이 소요되고 이는 계속 반복되는 싸이클(Cycle)이다.

제2절 한국의 예산편성

1. 예산편성의 의의와 과정

1) 예산편성의 의의

예산은 1년 동안에 정부가 하여야 할 일을 숫자로 정하여 놓은 문서이다. 즉, 예산편성은 정부가 수행하여야 할 크고 작은 사업의 규모를 확정하고 이에 한정된 예산을 적절히 배분하는 일련의 과정이다. 우리나라의 경우 예산편성은 기획재정부의 예산실에서 담당한다.

2) 예산편성 과정

예산편성은 정부로부터 중앙예산기관에 예산편성지침서가 시달되는 4월 30일 이후부터 본격적으로 시작되나 사실은 1월 중순경 기획재정부로부터 각 중앙관서에 계속사업을 선정하여 통보하고, 이어 1월 31일까지 **신규·계속비 사업계획서**를 접수하면서 시작된다고 보아야 한다.

이어 기획재정부로부터 각 중앙관서에 예산편성지침이 4월 30일까지 시달되면 시달된 **예산편성지침**에 의거 **예산안**을 **작성**하여 6월 30일까지 기획재정부에 제출한다. 기획재정부의 예산실에서는 예산의 조정을 거쳐 8월 말쯤에 1차 시안을 완성하여 대통령에게 중간보고를 하고 당정협의를 거쳐 **최종 예산안**을 확정한 뒤 대통령의 재가를 얻어 매 회계연도 90일 전까지 국회에 제출한다. 이 과정을 구체적으로 살펴보자.

① 신규·계속비 사업계획

정부(기획재정부)는 매년 1월 중순경 계속사업을 선정하여 각 중앙관서에 통보하므로 예산편성작업을 시작한다고 할 수 있다. 각 중앙부서는 완성에 수년(회계연도를 포함하여 5년 이내)을 요하는 장기사업의 경우 총 소요 예산과 연부액을 정하여 국회의 의결을 얻어 그 기간 동안 일관성 있게 사업을 추진하는 계속비 사업이 있다.

이 계속비 사업의 선정 결과를 기획재정부에서 각 중앙기관에 통보해 주면 각 중앙관서는 신규로 계획하고 있는 사업과 함께 1월 31일(1월 말)까지 기획재정부에 제출한다.

이 **신규·계속비 사업**은 기획재정부에서 각 중앙관서에 배당할 **총액예산**을 개괄적으로 파악하여 윤곽을 잡는데 도움이 된다.

② 예산편성지침

예산편성지침은 기획재정부에서 각 중앙관서에 **4월 30일**까지 시달하도록 되어 있다. **예산편성지침**은 말 그대로 각 중앙관서가 예산을 편성할 때 지켜야 할 주요 내용을 담고 있는 지침서로서 예산서식의 통일성을 기하고 재정운용상황을 통제하는 수단으로 중요하다. 이때 기금운영계획 작성지침도 같이 각 중앙관서와 기금운영주체에 시달되기도 한다.

현재 우리나라는 예산편성지침 하달시 Top down 제도에 의거 예산편성의 총액을 제시하여 그 범위 안에서 예산을 편성하도록 하고 있다.

예산편성지침이 하달되면 각 중앙관서와 하부기관은 전년도 12월 말부터 국·과별로 미리 예산안 요구 자료를 작성하기 위해 여러 방면으로 자료를 수집하고 검토하는 등 만반의 준비를 하고 있다가 예산편성지침서가 내려오면 예산안을 작성하여 하부기관에서 보고해 올라온 예산안들을 모두 수합하여 중앙관서 기획관리실에서 예산안을 작성한다. 작성된 예산안은 장관 주재하에 차관, 기획관리실장, 국장 및 기관장 등이 참석하는 회의에서 브리핑을 거쳐 수정 보완 후 장관 결재를 얻어 **6월 30일**까지 기획재정부에 **예산안**을 **제출**한다.

③ 기획재정부의 예산편성

기획재정부는 6월 30일까지 접수된 예산안에 대하여 7월과 8월 중순에 걸쳐 각 중앙관서와 의사교환을 통해 정부안을 작성한다.

첫째, **과단위의 예산안 검토**가 담당 사무관 주관하에 조정된다.

둘째, 주무과장과 국장을 거쳐 예산총괄과정의 주관하에 정부 중앙관서 전체에 걸쳐 예산안이 검토 조정된다.

이렇게 Top down 형식으로 편성된 각 부처의 예산조정이 끝나면 각 중앙관서별로 예산 초안이 완성되고 이어 **장관협의회**를 개최한다.

이렇게 1차 작성된 시안은 **대통령에게 중간보고**를 하게 되는데 대부분 8월 말에서 9월 초에 있다.

이어 각 **시·도지사 예산협의회**를 개최하여 편성된 예산안에 대한 개괄적인 소개와 편성 방향 등을 알린다. 이렇게 작성된 예산안은 집권여당과의 종합**당정협의회**를 거친 후 수정한 뒤 **국무회의 의결**을 거쳐 **대통령의 재가**를 통해 최종 정부예산안이 완성된다.

예산편성의 최종 단계는 다음 **회계연도 90일 전**까지 **국회에 제출**함으로써 종료되는데 2007년의 경우 10월 1일에 제출되었다.

④ 부처별 예산요구 현황

예산은 한정되어 있기 때문에 각 중앙관서에서 계획된 사업을 진행하기에

표 9-1 2011년도 조직별 예산요구현황 (단위 : 십억원)

순	조직별	요구액	결정액	순	조직별	요구액	결정액
1	대통령실	173,552	161,881	26	국가보훈처	3,688,909	3,687,781
2	국회	556,421	517,491	27	특임장관실	9,791	9,409
3	대법원	1,300,283	1,184,179	28	국가인권위원회	23,598	22,079
4	국가정보원	496,399	496,399	29	방송통신위원회	323,802	305,017
5	민주평화통일 자문회의	21,389	24,317	30	공정거래위원회	80,092	78,843
6	감사원	101,890	101,007	31	금융위원회	1,548,991	1,555,631
7	헌법재판소	35,496	31,450	32	국민권익위원회	63,887	61,336
8	중앙선거관리 위원회	285,170	253,265	33	국세청	1,443,264	1,421,192
9	국무총리실	479,381	477,143	34	관세청	427,680	417,291
10	기획재정부	16,938,751	15,860,277	35	통계청	289,136	280,185
11	교육과학기술부	44,691,224	44,171,494	36	병무청	179,385	176,856
12	외교통상부	1,801,350	1,744,398	37	방위사업청	10,081,333	9,693,545
13	통일부	680,888	555,621	38	경찰청	7,623,717	7,623,111
14	법무부	2,414,957	2,430,429	39	소방방재청	505,209	515,673
15	국방부	22,039,225	21,709,576	40	문화재청	489,546	445,928
16	행정안전부	33,978,145	33,780,488	41	농촌진흥청	660,568	598,807
17	문화체육관광부	1,442,183	1,360,098	42	산림청	1,209,898	1,211,240
18	농림수산식품부	4,996,439	3,313,701	43	중소기업청	1,917,659	1,531,092
19	지식경제부	3,764,321	3,441,707	44	식품의약품 안전청	235,429	225,070
20	보건복지부	22,287,173	20,736,845	45	기상청	299,221	278,245
21	환경부	2,776,208	2,816,603	46	해양경찰청	977,186	995,772
22	노동부	1,456,478	1,295,780	47	행정중심복합 도시건설청	799,067	611,216
23	여성부	204,107	169,671		총 계	218,993,230	209,930.268
24	국토해양부	23,169,979	21,526,705				
25	법제처	24,452	24,431				

자료 : 기획재정부 2011년 나라살림

는 부족할 수밖에 없다.

<표 9－1>에서 요구액은 2011년도 각 부처별 예산요구액 규모이고, 결정액은 기획재정부(예산실)에서 예산조정을 통해 결정된 최종 정부안으로 국회에 제출한 예산규모를 나타낸다.

각 중앙관서에서 요구한 예산액과 결정액이 그리 큰 차이가 나지 않는 것을 알 수 있는데 이는 정부가 2004년부터 Top down(총액배분 자율편성예산) 제도를 도입하였기 때문에 기인된다.

제3절 예산전략

예산전략은 각 중앙관서에서 보다 많은 예산확보를 위해 기획재정부(예산실)를 대상으로 펼치는 예산확보 수단을 말하는데 예산 연구가인 Wildavsky는 확보 가능한 금전을 확보 내지는 증가시키려는 정부기관의 행동이라고 그의 저서 「The Politics of the Budgetary Process」에서 밝히고 있다.

1. 중앙부처의 예산전략

1) 예산전략

중앙부처에서 기획재정부(예산실)에 예산안을 제출하는 기간은 매년 6월 30일까지이다. 일반적으로 중앙부처에서 예산확보를 위해 예산실과 접촉을 하는 시기는 연중 제한이 없다고 보지만 총액예산액이 결정되어 내려오기 전부터 정부예산안이 완성되기 전까지 더욱 적극성을 띤다. 여기에서는 보편적으로 사용하는 예산전략을 간단히 설명한다.

첫째, **인간관계**를 이용한다. 인간관계를 이용하는 방법은 평소에 친하게 지냈던 인맥이나 학교의 선배나 후배 및 동창임을 강조(**학연**)하여 예산을 확보하는 방법이다. 또한 **혈연**과 **지연**을 이용하여 예산을 확보하는 전략이다.

둘째, 중앙예산기관에서 삭감할 것을 대비하여 예산을 필요한 예산보다 더 **증액**하여 신청하는 방법이다.

셋째, 이미 계속비 사업으로 실행하고 있는 주요사업 예산을 삭감하고 신규사업을 신청하여 예산을 확보하는 방법이다.

넷째, 새로운 사업이 현재 하고 있는 주요사업에 **연계성**이 있음을 강조하는 방법이다.

다섯째, 지방자치단체와 관련된 사업을 구상하고 있는 부처에서 **지방자치단체장**에게 **약속**했기 때문에 예산이 꼭 필요하다고 주장한다.

여섯째, 대통령의 **공약사업**이거나 연두순시 때 대통령에게 업무 보고한 사업임을 강조하여 예산을 확보하는 전략이다.

일곱째, 이번에 예산을 조금만 더 배정해 주면 **미래에 절약적**임을 강조하여 예산을 확보하는 방법이다.

여덟째, 예산실에서 예산을 삭감할 때 민원인들로부터 오는 반발을 **책임질 것이냐** 주장하며 은근히 협박을 하는 전략이다.

아홉째, 새로 시작하는 사업이나 현재 진행 중인 사업에 좀 더 많은 예산을 확보하고자 할 때 **언론**에 띄우는 전략이다.

열째, 예산담당자보다 업무**담당자가 더 잘 안다**는 주장을 통해 예산을 확보한다.

열한째, 예산실로부터 이미 기각된 사업을 **새 사업으로 위장**해 예산을 요청하는 방법이다.

열두째, 예산을 요구시 **소규모로 신청**하는 방법이다.

열셋째, 처음 한두 번만 예산을 배정해 주면 몇 년 이내에 곧 자체수익이 생겨 **사후충당**이 가능하므로 예산을 배정해 달라 설득한다.

열넷째, 예산실에서 예산을 삭감하여 배정해 주려고 할 때 차라리 신청액수가 아니면 **전혀 편성**하지 말라고 역설하는 전략이다.

열다섯째, 예산을 삭감 당했을 경우 **추가경정예산**으로 확보해 달라고 설득하는 방법이다.

열여섯째, 큰 사건이 발생시 이러한 일을 예방하기 위해서 예산이 필요하다는 것을 강조하는 방법이다.

열일곱째, 부처 사정상 이번 한 번만 예산을 배정해 달라고 처음부터 예산담당자에게 통사정하며 부탁하는 방법이다.

이외에도 더 많은 전략들이 있을 수 있는데 무엇보다 중요한 점은 예산을 요구했을 경우 그에 대한 경제적 타당성이나 고객의 특성상, 대통령이나 의회에서 지지하는 정도 및 부처장의 가치관이나 특성에 따라 판단하는 내용이 달라진다는 것이다. 이로 인하여 예산배정액에 결정적 영향을 미치게 된다는 점을 잊지 않아야 한다.

2. 예산배부기관의 전략

지금까지 중앙부처가 예산기관에 사용할 수 있는 여러 전략들을 알아보았다. 그렇다면 중앙예산기관인 기획재정부(예산실)는 어떤 전략을 사용할 수 있는지 알아보자.

1) 한도액설정예산법

한도액설정예산법(fixed-ceiling budgeting)이란 기획재정부(예산실)가 각 중앙관서에 예산편성의 최고 한도액 범위를 정하여 주고 그 범위 내에서 예산을 편성하도록 제한하는 방법이다. 따라서 예산을 편성하는 각 기관에서는 하고 싶은 사업이 많이 있어도 일정 예산액 범위를 벗어나서는 안 되기 때문에 나름대로 그 한도 내에서 최우선 사업만을 선정하게 될 것이라는 생각하에서 이 방법을 사용한다.

한도액설정예산법의 **장점**은 예산을 편성하는 각 단위 부처나 기관에서 사업의 상대적 가치를 고려하게 하며 가장 적은 비용으로 목표 달성을 위해 노력하게 한다는 점이다. **단점**은 중앙예산기관이 한도액설정에 대한 충분한 증거 확보가 어렵다는 것이다.

2) 무제한예산법

무제한예산법(open-ended budgeting)은 한도액설정법과 반대로 각 중앙관서에서 하고 싶은 사업이나 현재 진행 중인 사업에 대하여 아무런 제한 없이 충분히 예산을 반영하도록 하는 방법이다.

장점은 각 중앙관서에서 하고자 하는 모든 사업을 소신대로 할 수 있기 때문에 각 중앙관서에서 필요로 하는 예산이 어느 정도인지 파악할 수 있다는 것이다.

단점은 각 중앙관서가 구체적인 계획과 분석 없이 마구 신청할 수 있다는 점과 예산 절약을 위한 노력을 하지 않는다는 점이다.

3) 현년도수준예산법

현년도수준예산법(current budget or base)은 현년도에 집행했던 예산수준 범위 내에서 예산을 편성하도록 하는 방법이다.

이 방법은 경제가 어려워지거나 가까운 시기에 어렵게 될 것이라고 예측될 때 사용하는 방법이다.

4) 업무량 측정 및 단위원가 계산법

업무량 측정 및 단위원가 계산법(work load measurement and unit costing)은 합리주의 방식에 의한 예산신청방법으로 각 사업에 소용되는 예산을 사업별, 기능별, 성질별로 업무량을 정확히 파악한 다음 각 업무량별로 단위 원가를 책정하여 예산단가를 산출하는 방법이다. 예산편성에서 가장 이상적인 방법이라고 할 수 있다.

장점은 추진 사업별로 최소의 비용으로 최대의 산출을 얻는 능률적 추진을 할 수 있어 예산절약을 기할 수 있다는 것이며, **단점**은 추진하려는 사업이 계량화가 불가능한 사업일 경우 적용하기 힘들고 각 업무단위별로 단위원가를 산출하기가 어렵다는 점이다.

5) 우선순위표시법

우선순위표시법(priority listing)은 각 중앙관서에서 추진하는 사업에 대하여 가장 우선 사업순위부터 낮은 사업순위로 순차적으로 나열하도록 편성하는 방법이다. 따라서 예산을 사정해야 하는 중앙예산기관인 기획재정부는 예산 배정을 고려하기 편리하다는 것이 **장점**이다. **단점**은 각 사업별로 우선순위를 결정하기가 어렵다는 점이다.

6) 항목별 통제법

항목별 통제법(item item control)은 예산서를 검토할 때 사정관 개인별로 자기가 맡은 항목만을 검토하도록 하는 방법이다.

항목별 통제법의 **장점**은 중앙관서의 전 예산항목을 한 사람이 보기 때문에 일관성이 있다는 것이나 **단점**은 전 예산항목을 한 사람이 모두 보기 힘들다는 것이다.

7) 증감분석예산법

증감분석법(increase decrease analysis budgeting)은 각 중앙관서에서 요구한 예산액 중에서 전년도에 비하여 크게 증가 또는 감소하였거나 새로운 예산항목만을 선정하여 사정하는 방법이다.

증감분석법의 **장점**은 전년도에 비교하여 증감된 예산항목만을 검토하기 때문에 업무에 바쁜 중앙예산기관의 노력을 덜어 줄 수 있다는 것이고, **단점**은 주로 증가된 예산에만 관심이 있을 뿐 기관에 필요한 기본예산이 얼마나 되는지에 대해서는 등한시되기가 쉽다는 점이다.

8) Top down(총액배분 자율편성예산) 제도

총액배분 자율편성예산제도는 현재 우리나라에서 편성 활용되는 예산방법이다. 이 방법을 도입한 배경과 그 내용을 보면 다음과 같다.

① 도입배경

현재 우리나라는 단년도 예산을 편성하면서 예산의 효율적 운영과 책임성을 확보하기 위해 총액배분 자율편성예산과 함께 중기재정계획을 수립하고 있다. 그런데 총액배분 자율편성(Top down) 제도는 현재의 단년도 예산편성 방식으로는 중기적 시각의 재정 운영이 곤란하고, 현행 개별 사업 검토중심의 예산편성과 예산투입에 치중한 재정 운영으로는 국가적 우선순위에 입각한 거시적 재원분석과 재정지출의 사후 성과관리가 어렵다. 따라서 재정운영의 틀을 근본적으로 혁신하기 위하여 다음 3대 재정개혁 과제의 일환으로 추진되었는데 그 내용을 살펴보자.2)

② 총액배분 자율편성(Top down) 제도의 내용

가. 정책과 우선순위에 입각한 전략적 재원배분 방식

현행 단년도 예산편성방식과 달리 경제여건과 국가발전전략에 입각한 5개년 재원배분계획(국가재정운용계획)에 근거하여 연도별 재정규모, 분야별·중앙관서별·부문별 지출한도를 제시하여 정책과 우선순위에 입각한 전략적 재원배분을 도모한다.

나. 지출한도는 일반회계·특별회계·기금을 포괄하여 설정되는데 분야별 지출한도－중앙관서별 지출한도－중앙관서 내 회계별, 기금별－조정재원으로 구분하여 편성한다.

③ 총액배분 자율편성(Top down)의 특징

첫째, 전략적 재원배분 및 재정당국과 각 부처의 역할분담으로 재원배분의 효율성·투명성·자율성이 제고된다.

둘째, 부처별 지출한도가 사전 제시됨에 따라 각 부처의 전문성을 적극 활용하여 사업별 예산규모를 결정할 수 있고 각 부처의 책임과 권한을 강화할 수 있다.

셋째, 전체 재정규모, 분야별·부처별 예산규모 등 중요정보를 편성기간 중

2) 기획재정부 홈페이지(http://www.mosf.go.kr)의 성과관리와 예산 참고.

에 각 부처와 재정당국이 공유하고 분야별·부처별 재원배분계획을 국무위원 회의에서 함께 결정하여 재정 투명성을 제고할 수 있다.

넷째, 각 부처 과다요구→재정당국 대폭삭감 등 예산편성 과정의 비효율성을 제거할 수 있다.

다섯째, 특별회계·기금 등 칸막이식 재원을 확보하려는 유인을 축소시킬 수 있다.

3. 예산편성상의 문제점

예산편성은 한정된 자원을 배분하는 것이기 때문에 어느 나라에서든지 예산확보를 위한 정치성이 작용하고 이로 인해 문제점이 발생한다. 일본은 예산편성을 대장성 산하의 주계국에서 하고 있지만 예산편성에 대장성 대신조차 관여할 수 없고, 미국은 대통령 소속으로 되어 있는 관리예산처(OMB)가 예산편성에 가능한 경제적 논리를 적용하기 때문에 외부로부터의 정치성이 작용하지 못하는데 우리나라는 예산확보를 위해 치열한 경쟁을 하고 심지어 예산을 따오지 못한 장관은 무능한 장관이라 할 정도이다.

첫째, 대통령 공약사업이면 효율성은 따지지 않고 무조건 배정한다.

둘째, 각 중앙관서에서 철저한 분석 없이 예산을 부풀려 신청한다.

표 9-2 세계순잉여금 발생내역 (단위 : 억원)

	1998	1999	2000	2006	2007	2010
세입초과	△25,372	△2,178	24,478	24,168	128,443	351,560
ㅇ국세	△4,193	26,814	131,845			140,000
ㅇ세외수입	△21,179	△28,992	△107,367			
세출불용	31,574	35,643	16,077	29,155	14,985	220,000
순잉여금계	6,202	23,724	40,555	53,323	153,428	351,560

자료 : 기획재정부 2010년 인터넷자료

셋째, 예산산정기간의 잦은 인사이동으로 전문성이 결여되고 있다.[3)]

넷째, 예산편성과정이 폐쇄적이어서 국민과 여론 및 이익집단에 의한 외부 통제가 되지 않고 있다.

다섯째, 대통령 비서실과 당정협의의 압력이 크게 작용한다.[4)]

여섯째, 세수추계가 부정확하여 세계잉여금이 매년마다 발생한다.[5)]

우리나라의 세수의 순잉여금에 관한 내역을 보면 다음과 같다.

우리나라의 1994년 이후 세계순잉여금 발생 내역을 보면 국세에서만 1999년에 2조원이 발생하였고, 2000년에는 13조, 2010년에는 14조원이라는 큰 금액이 발생하였다.

일곱째, 추가경정예산안이 일상화되어 예산편성과정에서 일어나는 갈등을 풀어주는 일을 한다는 점이다.

3) 이종익, 전게서, pp. 207~208.

4) 장연수, 전게논문, pp. 59~81.

5) 김동건, "우리나라의 예산편성과 운용 무엇이 문제인가?," 「재정논집」 제5(3)권 (1991), pp. 348~349.

제10장

예산의 심의

제10장
예산의 심의

제1절 예산심의의 개념과 형태

1. 예산심의의 개념

예산심의는 국민의 대표자인 의회가 행정부가 수립·배정한 예산에 대하여 심의를 통해 확정하므로 예산에 대한 통제의 목적과 함께 사용의 집행권을 허락하는 권한부여 행위라고 할 수 있다.

예산심의를 예산결정에 정치 논리를 적용하기 위하여 제도적으로 마련한 예산과정으로 말하기도 한다.[1)]

2. 예산심의의 형태

예산심의는 내각제를 취하는 나라와 대통령제를 취하는 나라 간에 약간의 차이가 있다. 내각책임제 국가에서의 예산심의는 내각이 다수당을 구성하므로 수정되는 일이 거의 없으나 대통령제 국가는 의회가 행정부를 견제수단으로 심의하기 때문에 매년 대폭 수정된다.

---

1) 윤영진, 전게서, p. 136.

또 예산심의는 의회가 단원제인가 양원제인가에 따라서도 달라지는데 단원제에서는 심의가 빠르고 양원제에서는 시간이 지체된다.

3. 예산안과 법률과의 관계

예산안을 의회에서 심의하여 확정하면 행정부에서는 예산을 집행할 수 있는 권한을 갖게 된다. 이때 통과된 예산안이 갖는 법적인 효력은 어떠한지 살펴본다.

1) 한국의 예산안과 법률과의 관계

우리나라의 경우 의회를 통과한 예산은 법률이 아니고 법적인 구속력만 있을 뿐이다. 즉, 예산의 승인과 의결은 의회의 고유 권한으로서 정부를 구속하게 되나 국민과 국민 간의 관계를 구속하는 법은 아니라는 의미이다.

2) 미국의 예산안과 법률과의 관계

미국의 예산은 세출예산의 경우 의회에서 의결되므로 법률로 성립하는데 이를 세출예산법(appropriation acts: 현재 13개)이라고 한다.

세출예산법은 지출권한을 부여 받은 것이기 때문에 지출을 위해서는 각 항목별로 지출금액을 정하여 수권법(일반법)으로 승인받아야 한다.

제2절 한국의 예산심의

1. 의회의 예산심의기관

한국의 예산심의 과정은 크게 ① 상임위원회의 예산심의와 ② 예산결산특별위원회의 예산심의, ③ 본회의 심의로 구분할 수 있다. 이 중에서도 상임위원회와 예산결산특별위원회의 두 기관에 의한 심의가 핵심이 된다. 따라서 국회의 조직도를 살펴본다.

현재 우리나라 국회는 17개의 상임위원회와 1개의 예산결산특별위원회로 구성되어있다. **상임위원회**는 국회운영위원회, 법제사법위원회, 정무위원회, 기획재정위원회, 외교통상통일위원회, 국방위원회, 행정안전위원회, 교육과학기술위원회,

그림 10-1 국회 조직도

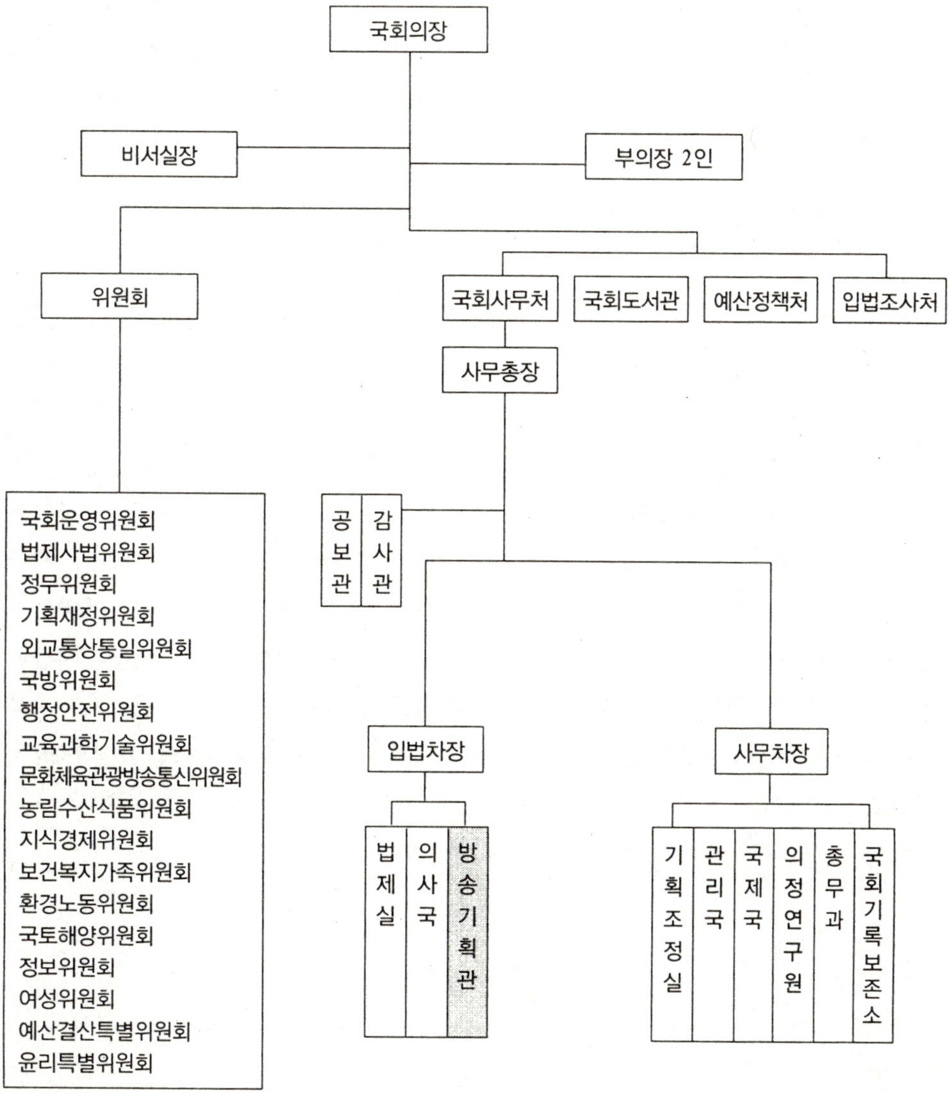

문화체육관광방송통신위원회, 농림수산식품위원회, 지식경제위원회, 보건복지가족위원회, 환경노동위원회, 국토해양위원회, 정보위원회, 여성위원회, 윤리특별위원회이며 중앙관서와 공기업 등을 위원회별로 맡아 예산과 결산을 심사한다. 참고로 위원회 중에서 윤리특별위원회는 위원회이지만 각 부처의 예산심의와는 관련이 없고 국회의원의 윤리의식 제고와 자율적 위상 정립을 위해서 심사하고 징계에 관한 사항을 관장한다.

상임위원회에서 담당소관별로 예산심의가 끝나면 심사보고서를 첨부하여 예산결산특별위원회로 송부하며 예산결산위원회에서는 예산안 전반에 대한 종합심사를 한다.

2. 예산심의 전(全)단계

예산심의는 심의되는 시간을 중심으로 심의 전 단계와 심의단계, 심의 후 단계로 구분할 수 있다. 여기에서는 시간을 중심으로 구분하되 진행되는 내용순서대로 구분하여 설명한다.

우리나라의 **예산**은 다음과 같은 **과정**을 거쳐 진행된다.

국정감사 – 정부의 예산안 제출(회계연도 90일 전) – 본회의보고 – 정부 시정연설 – 상임위원회에 예산안 회부 – 소관부처 예산안 제안·설명 – 전문위원의 예산안 검토보고 – 질의 – 소위원회 예산안 심사 – 토론 – 표결 – 상임위원회 예비심사보고 – 예산결산특별위원회에 예산안 회부 – 정부 제안·설명 – 전문위원의 예산안 검토보고 – 질의 – 부별심사 – 예산안조정 소위원회 심사 – 토론 – 표결 – 심사보고 – 본회의 회부 – 예산결산특별위원회 심사경과 결과보고 – 토론 – 본회의 표결확정(회계연도 30일 전) – 예산안 정부에 이송으로 의회의 예산심사는 종결된다.

이상 예산심의 전체 과정을 구분하여 설명하면 다음과 같다.

1) 국정감사

국정감사와 국정조사는 헌법 제61조 제2항에 의하면 “국정감사 및 조사에 관한 절차 기타 필요한 사항은 법률로 정한다”라고 되어 있고, 국회법 제127조에는 "국회의 국정감사와 국정조사에 관하여 이 법이 정한 것을 제외하고는 국정감사 및 조사에 관한 법률이 정하는 바에 따른다"라고 되어있다.

국정감사는 국회가 정기회의 기간 중에 정부조직법에 의한 각 기관과 지방단체 등에 대하여 20일에 걸쳐 사무와 예산을 감사하는 활동이다. 그러나 **국정조사**는 정기국회가 아닌 때 발생한 어떤 특정 사안에 대하여 **부정기적·수시**로 조사가 행하여진다는 것이다.

국정감사는 감사의 효율적인 실시를 위하여 소관 상임위원회별로 행하도록 하고 있으며 필요한 경우 2인 이상의 위원으로 소위원회나 반을 구성하여 감사를 시행하게 할 수 있다.[2)]

현재는 대통령의 **시정연설**보다 국정감사가 먼저 실시되는데 예산에 반영할 정책 자료와 행정의 위법 부당한 사건을 미리 파악함으로써 예산심의활동에 도움을 받고자 실시된다.

2008년의 경우 국정감사는 국회가 개원(9월 1일)한 지 36일째 되는 날인 10월 6일부터 시작하여 10월 24일까지 실시되었고, 2010년의 경우에는 10월 4일 행안부를 시작으로 10월 23일 특임장관실과 대통령실을 마지막으로 종료되었다.

3. 예산심의 단계

1) 본회의 보고단계

① 정부의 예산안 제출

중앙예산기관인 기획재정부로부터 정부의 예산안이 확정되면 기획재정부는 예산안을 회계연도 개시 90일 전에 국회에 접수하여야 한다.

그리고 결산보고서와 예비비 사용총괄계산서는 매 회계연도 5월 31일까지 국회에 제출하여야 한다.

2) 국정감사조사법 제2조, 제5조.

추가경정예산안은 예산 성립 후 생긴 사유로 인하여 편성되기 때문에 어느 때라도 제출할 수 있다.

② 본회의 보고

정부로부터 회계연도 개시 90일 전에 접수된 예산안은 본회의에 안건제출 사실을 보고하고, 국회의원들에게 바로 배부하여 예산안을 미리 살펴 볼 수 있도록 하고 있다.

③ 정부 시정연설

시정연설은 정부가 국회에 예산안을 제출하고 본회의에서 대통령이 당해 연도의 전반적인 성과를 간단히 소개하고, 다음 연도의 국제정세와 더불어 당면하고 있는 국내문제를 피력한 뒤 각 분야별 주요 역점사업과 예산규모 등에 대하여 설명한다.

시정연설은 대통령이 하도록 되어 있는데 우리나라에서는 현재까지 국무총리가 해오는 것이 통례로 되어 왔다.

2) 상임위원회 심의단계

시정연설이 끝나면 정부의 예산안은 해당 16개 상임위원회의 소관부처에서 예산을 심사받게 되는데 상임위원회에 예산안 회부－소관부처예산안 제안·설명－전문위원의 예산안 검토보고－질의－소위원회 예산안 심사－토론－표결－상임위원회 예비심사보고－예산결산특별위원회에 예산안 회부의 순서를 거친다.

① 상임위원회에 예산안 회부

기획재정부의 예산실에서 편성된 예산안이 대통령의 결재를 얻게 되면 이때의 예산안을 정부예산(안)이라 부른다. 정부예산안이 성립되면 정부는 국회로 예산안을 송부하며 송부된 예산안은 바로 상임위원회와 예산결산특별위원회에 배부된다. 그리고 예산심의 일정에 따라 먼저 상임위원회에서 각 위원회별로 예산안을 심의한다. 상임위원회에 회부되는 안건은 예산안 이외에도 결산안과 추가경정예산안이 있다.[3)]

---

3) 예를 들면 법제사법위원회는 법무부소관, 법제처소관, 감사원소관, 헌법재판소사무, 법원과 군사

② 소관부처 예산안 제안 설명

정부 중앙관서의 예산안이 16개의 각 상임위원회에 회부되면 각 **소관부처의 장**은 해당 상임위원회에 나가 부처의 예산개요와 사업계획, 집행실적 및 예비비 지출승인 등에 관하여 제안·설명한다.

③ 전문위원의 예산안 검토보고

상임위원회에는 2～3급 공무원들로 구성되는 전문위원이 있는데 이들은 각 상임위원회에 회부되는 예산안, 결산서 등을 세밀히 검토한 다음 안건의 개요와 배경, 문제점이나 기타 의견을 기술하여 검토보고서를 작성한다.4)

④ 질의

전문위원의 보고가 끝나면 상임위원들이 해당 부처의 장에게 질의하고 답변을 듣는다. 필요한 경우에는 차관이나 실, 국장 등이 출석하여 답변하기도 한다. 시간이 길거나 자세히 살펴보고자 하는 내용이 있을 경우에는 서면으로 제출하도록 요구하기도 한다.

⑤ 소위원회 예산안 심사

현재 우리나라의 국회 상임위원회는 여당과 야당의원으로 구성되는데 적게는 12명에서 많게는 23명으로 구성되어 있다. 그리고 각 상임위원회는 구체적이고 효율적인 심사를 위해 5～7명으로 구성된 소위원회를 구성하여 심사를 하게 되는데 이들의 결정사항이 그대로 반영된다.

⑥ 토론

상임위원회에서의 토론은 소위원회에서 합의되었던 내용이나 일부 의견, 기타 의견 등에 대하여 논의되는데 별 문제없이 진행되나 경우에 따라 의견 차가 클 경우 표결에 붙이기도 한다.

법원의 사법행정, 탄핵소추에 관한 사항, 법률안에 관한 사항과 예산을 담당하고, 기획재정위원회는 기획재정부소관, 한국은행소관에 속하는 사항을 심사한다.

4) 현재 우리나라 전문위원에는 1급의 수석전문위원이 있고 그 밑에 2급의 전문위원, 3급의 심의관이 있는데 예산안과 결산안의 검토는 전문위원과 심의관이 적절히 나누어 검토한다.

⑦ 표결

각 상임위원회의 소위원회에서 심사하고 그에 대한 의견을 제시하여 전체 상임위원회에서 논의될 때 무리 없이 수용이 되나, 여당과 야당 간의 의견차이가 수용되면 가·부의 표결을 통해 결정을 한다.

⑧ 상임위원회 예비심사보고

상임위원회의 심사가 끝나면 상임위원장의 결재를 얻어 소관부처별, 안건별로 심사결과보고서(**회부안건과 심사경과, 심사안건의 규모와 내용, 전문위원의 검토요지, 문제점, 소위원회의 심사보고요지, 심사결과, 기타 등**)를 작성하여 제출한다.

3) 예산결산특별위원회 심의단계

상임위원회의 심사가 끝나고 상임위원회의 예비심사보고서가 예산결산특별위원회에 회부되면 심의에 들어가는데 다음과 같다.

예산결산특별위원회에 예산안 회부－정부 제안·설명－전문위원의 예산안 검토보고－질의－부별심사－예산안조정 소위원회 심사－토론－표결－심사보고－본회의에 회부의 순서로 진행된다.

① 예산결산특별위원회에 예산안 회부

상임위원회의 예비심사가 끝나면(일부 몇 위원회가 늦어지는 경우가 있을 때에도) 예산결산특별위원회는 예산전반에 걸쳐 종합심사를 하는데 상임위원회처럼 여러 위원회로 구분되지 않고 50명으로 구성되는 1개의 상설특별위원회로 구성되어 있다.[5)]

② 정부제안 설명

예산결산특별위원회는 예산전반에 걸친 종합심사이기 때문에 부총리 겸 기

5) 국회법 제45조 제1항～제3항을 보면 ① 예산안과 결산을 심사하기 위하여 예산결산특별위원회를 둔다. ② 예산결산특별위원회의 위원 수는 50인으로 한다. 이 경우 그 선임은 교섭단체소속의원수의 비율과 상임위원회의 위원 수의 비율에 의하여 각 교섭단체대표의원의 요청으로 의장이 행한다. ③ 예산결산특별위원회의 위원의 임기는 1년으로 한다. 다만, 국회의원 총선거 후 처음 선임된 위원의 임기는 그 선임된 날부터 개시하여 의원의 임기 개시 후 1년이 되는 날까지로 하며, 보임 또는 개선된 위원의 임기는 전임자의 잔임 기간으로 한다.

획재정부장관이 경제전반의 상황과 운용시책 및 재정운용의 방향에 대하여 설명을 하고 이어 감사원장의 결산심사결과보고가 있다.

③ 전문위원의 예산안 검토보고

예산결산특별위원회도 상임위원회와 같이 2~3급 공무원들로 구성되는 전문위원이 있는데 이들은 각 상임위원회로부터 회부된 예산안과 결산서 등을 세밀히 검토한 다음 안건의 개요와 배경, 문제점이나 기타 의견을 기술하여 검토보고서를 작성한다.

④ 질의

예산결산특별위원회는 예산전반에 걸친 종합심사이기 때문에 상임위원회와 달리 정부의 정책방향이나 재정과 경제정책 및 국방, 통일, 사회·문화, 농어촌문제, 산업정책문제 등 국정전반의 문제에 대하여 질문한다.

⑤ 부별 심사

예산결산특별위원회의 심사는 상임위원별로 2~3개 부처의 예산안을 상정시켜 놓고 심사를 한다. 심사의 효율화를 위해 일문일답식으로 심사하도록 되어 있다.

예산결산특별위원회의 예산심사는 상임위원회의 심사결과를 참고로 할 뿐 구속되지 않는다. 그러나 새 비목을 설치할 경우에는 예산을 심의하였던 소관 상임위원회와 협의하여야 하며 정부의 승인도 얻어야 한다.[6] 이는 세출예산의 경우에 한하며 세입예산은 관계없다.

⑥ 예산안조정 소위원회 심사

예산결산특별위원회의 심사는 의회의 예산심사 중에서 가장 중요한데 이는 예산의 증액이나 삭감 등이 모두 여기에서 이루어지기 때문이다. 따라서 여당과 야당의 대립이 가장 심한데 이를 조정하기 위하여 11명 정도로 예산안조정 소위원회를 구성한다. 예산안조정 소위원회에서는 예산안을 종합적으로 조정하는데 회의 내용은 비공개이며 회의에 대한 속기록도 기록되지 않는다.

---

6) 예산의 증액과 폐지에 대하여 좀 더 자세히 설명하면 다음과 같다. 우리나라에서 정부가 편성하여 국회에 제출한 예산액을 삭감하거나 예산비목을 폐지할 때에는 국회의 임의대로 할 수 있다. 그러나 예산액을 증액시키거나 새로운 비목을 신설할 때에는 그것이 국민에게 곧바로 직결되기 때문에 정부의 승인을 얻어야만 가능하다. 미국의 경우는 삭감 및 증액, 비목의 폐지나 신설을 의회의 마음대로 할 수 있다.

⑦ 토론

예산결산특별위원회에서의 토론은 예산안조정 소위원회를 통해 조정이 되었기 때문에 별 무리 없이 진행되나 그래도 의견이 있을 경우에는 예산결산특별위원회의 전체회의에서 토론을 하고 표결을 하게 된다.

⑧ 표결

예산결산특별위원회의 예산안조정 소위원회의 결정에 이의가 없이 만장일치가 될 경우에는 토론과 표결이 없지만 있을 경우에는 표결을 통해 결정을 한다.

⑨ 심사보고

예산결산특별위원회의 심사가 종료되면 전문위원들이 심사보고서를 작성하여 위원장의 결재 후 본회의에 보고한다.

4) 본회의 의결단계

예산결산특별위원회에서 예산심의를 마치면 국회의원 전체가 모인 국회 본회의에 부의하는데, 다음 과정을 거쳐 의결된다.

① 본회의 부의

예산결산특별위원회에서 부의한 예산안은 모든 의원들이 참여한 전체 본회의에 상정시킨다.

② 예산결산특별위원회 심사경과 결과보고

예산안이 본회에 상정되면 예산결산특별위원장은 예산안건의 개요와 심사경과에 대하여 보고한다. 그리고 결산이나 예비비 지출에 대한 개요와 심사경과는 소속간사가 한다.

③ 토론

본회의의 토론은 여당과 야당의원들이 상임위원회와 예산결산특별위원회를 통해 이미 절충되었기 때문에 토론 없이 표결 확정되며 이견이 있을 경우에만 토론이 실시된다.

④ 본회의 표결확정

예산안의 심사는 예산결산특별위원회에서 조정이 되었기 때문에 원안대로 대부분 토론 없이 확정되고 정부로 이송된다.

⑤ 예산안의 정부 이송

예산안이 의회에서 확정되면 수정 또는 증액하기로 결정된 안을 첨부하여 지체 없이 정부로 이송한다.

4. 의회의 예산심의 일정과 수정 내용

1) 의회의 예산심의 일정

정기국회가 개원되어 폐회에 들어가기까지 일정을 구분하면 국정감사기간-예산심의기간-본회의로 나눌 수 있다. 참고로 2010년도의 경우 국회의 예산심의 일정을 중심으로 간단히 요약하여 제시하면 <표 10-1>과 같다.

표 10-1 국회 예산심의 일정표

일 자	부의 안건	비 고
2010. 9. 1.	• 2010년도 정기국회 개회	• 각 위원회 활동 - 국정감사계획서 작성
2010. 9. 2.~9. 4.	• 예산결산심사 소위원회 • 제294회 정기회의 및 전체회의	
2010. 9. 6.~10. 8.	• 법률심사 • 결산심사 • 총리 인사청문회	• 김황식 총리 청문회
2010. 10. 1.	• 2011년도 정부예산안 국회제출	
2010. 10. 2.	• 2011년도 예산안에 대한 시정연설	
2010. 10. 4.~10. 23.	• 2010년도 국정감사	
2010. 11. 15.~12. 8.	• 2009회계연도 세입·세출결산 • 2009회계연도 예비비지출 승인의 건 • 안건처리	
2010. 12. 9.~12. 10.	• 법률안 심사 및 안건처리	12월 21~22일 임시회

자료 : 국회의사일정에 대한 인터넷자료

2) 의회의 예산수정 내용

우리나라는 의회의 예산심의 과정에서 수정되는 예산액의 규모가 아주 적다.

표 10-2 연차별 국회예산수정 규모 (단위 : 백만원)

연도별	회계별	정부안	삭감액	삭감률
1994년도	일반회계	43,250,000	–	–
	특별회계	33,589,956	270,890	0.8
1995년도	일반회계	50,141,100	△153,185	△0.3
	특별회계	40,630,890	△215,770	△0.5
1996년도	일반회계	58,003,100	△41,000	△0.1
	특별회계	45,912,670	137,000	0.03
1997년도	일반회계	67,780,000	△201,400	△0.3
	특별회계	50,871,256	△179,025	△0.4
1998년도	일반회계	70,360,300	△96,730	△0.1
	특별회계	56,253,745	△520,089	△0.9
1999년도	일반회계	80,570,000	△432,200	△0.5
	특별회계	64,833,790	13,546	0.0
2000년도	일반회계	86,736,400	△262,392	△0.3
	특별회계	67,932,791	△157,549	△0.2
2001년도	일반회계	94,930,000	△805,400	△0.8
	특별회계	66,509,580	△253,289	△0.4
2002년도	일반회계	106,480,000	△603,329	△0.6
	특별회계	68,394,059	△276,601	△0.4
2004년도	일반회계	117,542,945	813,100	0.7
	특별회계	67,597,173	69,586	0.1
2005년도	일반회계	131,511,025	2,859,354	2.2
	특별회계	64,234,070	△3647,463	5.7
2006년도	일반회계	145,702,873	△895,263	△0.6
	특별회계	57,399,737	△147,715	△0.32
2007년도	일반회계	157,987,336	△1,469,616	△0.9
	특별회계	44,284,605	149,621	0.4
2008년도	일반회계	176,110,796	△1,125,601	△0.6
	특별회계	44,601,640	353,694	0.8
2009년도	일반회계	196,993,667	△122,390	△0.1
2010년도	일반회계	200,781,505	△509,951	△0.2

자료 : 기획재정부 2011년 나라살림

이러한 경우는 정부가 편성한 예산안이 아주 적절하거나 대통령의 권한이 강하여 집권여당의 의견이 주로 반영되거나 아니면 국회가 무능력할 때 일어난다. 1992년 이후 2008년까지 국회예산심의 과정에서 수정된 정부예산의 규모와 그에 대한 삭감액 및 삭감비율을 살펴보면 <표 10－2>와 같다.

제3절 예산심의에 있어 문제점

이상에서 우리나라의 예산심의 과정을 구체적으로 살펴보았는데 심의 과정에 나타난 **문제점**을 제시하면 다음과 같다.

첫째, 의회가 예산의 효율화를 위해 국민의 입장에서 심의하고 있지 못하다. 상임위원회는 정부의 편에서 오히려 증액하는 경향이 있고, 예산결산특별위원회의 예산안조정 소위원회는 여당과 야당의 의견조율을 위해 적당히 타협하여 결정하는 경향이 있다.

둘째, 예산결산특별위원회에서의 예산심의가 소속당의 이해에 입각하여 진행되고 있다.[7)]

셋째, 예산심의 기간이 너무 짧아 제대로 심의하지 못한다.

넷째, 의회의원들이 이해관계가 있는 부분만 관심이 있고 그 외에는 관심이 적다.

■ 읽어보기

국회의 예산심의에 드는 비용

국회의 예산심의시 동원되는 인원은 국회에서 국회의원 299명과 의원 1인당 보좌진 5명씩 1,545명이 동원되어 세비와 월급 18억 8,500만원, 교통비와 식대 등의 활동비 5억 9,700만원을 합해 24억 8,300만원, 그리고 예산결산특별위원회 심의에는

7) 강신택, "한국국회의 예산심의 과정－제6대국회," 「행정논총」 제10권 (1972), pp. 170~209.

의원 50명과 보좌진 250명의 급여 5억 4,400만원과 식대 및 교통비 등 활동비 1억 7,100만원을 합쳐 7억 1,500만원이 투입돼 국회 총 31억 9,800만원 정도로 추산한다. 정부와 법원 쪽에서는 심의대상 47개 기관의 장·차관급 56명, 부처당 30~100명씩의 관계공무원 등을 합쳐 3,500명이 동원되었는데 이들의 비용과 월급을 포함 71억 6,800만원이 들어간다. 또 국회에 나와 답변 등을 준비하는 공무원을 부처당 30명으로 계산하면 약 10억이 든다. 결국 국회와 정부 쪽의 예산을 모두 합하면 113억 6,100만원이 소요된다.[8)]

8) 윤영진, 전게서, p. 151.

제11장

예산의 집행

제11장
예산의 집행

제1절 예산집행을 위한 준비 과정

1. 재정과 예산의 개념

예산의 집행이란 입법부가 승인한 예산범위 내에서 행정부의 책임하에 세입과 지출을 실행하고 관리하는 모든 활동을 말한다.[1]

즉, 국민으로부터 조세를 걷고 조세외수입을 통해 수입된 모든 자금과 물자를 정부회계처리 방식에 의해 관리하면서 필요한 사업과 일에 이를 사용하는 활동을 의미한다.

2. 예산집행의 목적

정부가 벌어들인 수입을 정부가 집행할 때에는 국가의 목표달성과 국민의 복지증진을 위해 사용되어야 한다. 또한 입법부가 승인한 범위 내에서 집행되어야 한다.

---

1) Jesse Burkhead, *op. cit.*, p. 340.

1) 입법부 의도의 준수

입법부 의도의 준수는 재정통제(firnancial control)의 목적이라 하는데 이는 입법부가 심의하고 의결해준 범위 내에서 예산을 사용하여야 함을 의미한다. 따라서 의결해준 예산을 초과하여 집행하는 것은 입법부의 의도에서 벗어난다고 할 수 있다. 또한 예산의 이월이나 전용도 입법부의 의도에 어긋난다.

입법부의 의도를 준수하기 위한 재정적 조건은 다음과 같다.

첫째, 예산의 배정과 재배정의 적정성

둘째, 수입과 지출에 대한 기록과 보고

셋째, 공무원의 정원과 그에 대한 봉급의 통제

넷째, 국고채무부담행위의 통제

이러한 목적과 한계 내에서 잘 집행하였는지 의회는 결산심사 과정을 통해 확인한다.

2) 신축성의 유지

예산 신축성의 유지는 입법부의 의도대로 예산을 집행하되 경제와 사회변화 및 예측할 수 없는 사고에 대비하여 행정부가 융통성 있게 예산을 사용하는 것을 말한다.

우리나라에서 **예산의 신축성**을 유지하기 위한 여러 방법이 실행되고 있는데 이러한 제도에는 계속비, 예비비, 이월, 국고채무부담행위, 예산의 이용과 전용, 이체, 수입대체경비, 추가경정예산제도를 두고 있다.

① 이용

예산의 이용과 전용은 예산집행을 **탄력적**으로 **운용**하므로 효율성과 적정성을 도모하려는 제도인데 국가재정법이 정하는 목적 외 예산사용금지의 예외적인 제도이다. 예산의 이용은 입법과목인 장·관·항 과목을 변경하는 경우에 해당한다.

세입예산의 이용은 입법과목의 신설이나 변경을 통해 추가경정예산에 의하여 할 수 있으나 실제로는 세입징수결정을 할 때에 과목을 신설하여 운용한다.

세출예산에서 입법과목의 신설이나 변경을 할 경우에는 추가경정예산이나 국가재정법에 의한 이체, 예산총칙에 규정된 범위 안에서 이용이 가능하다.

국가재정법 제47조를 보면 각 중앙관서의 장은 세출예산이 정한 목적 이외에 경비를 사용하거나 각 기관 간, 각 장·관·항 간에 상호 이용할 수 없다고 정하고 있고 예산집행상 필요시 미리 예산으로서 **국회의 의결**을 얻었을 때 **기획재정부장관 승인**을 얻어 이용할 수 있다고 규정하고 있는데 이용 대상은 다음과 같다.

가. 공무원 기본급 및 수당, 기타직 공무원 보수
나. 공공요금 및 제세, 급량비, 복리후생비, 직급보조비
다. 배상금과 국선 변호료, 법정보상금
라. 국공채원리금 및 재정차관원리금 상환금과 금리변동으로 인한 이자지출 경비
마. 환율변동으로 인한 원화경비 부족액
바. 기업회계의 조작비, 체신예금 지급이자
사. 재해대책비
아. 반환금
자. 선거 관련 경비 등이 있다.

② 전용

전용은 각 세항·목 사이의 상호 융통하는 것을 말하는데 국가재정법 제46조를 보면 각 중앙관서의 장은 대통령이 정하는 바에 의하여 각 세항 또는 목의 금액을 전용할 수 있다고 규정하고 있다.

기획재정부장관이 전용을 승인 한 때에는 전용명세서를 당해 중앙관서의 장 및 감사원에 송부하여야 한다.

세입과목에서 행정과목인 목은 행정부의 재량에 의해 운용되기 때문에 신설이나 변경도 재량적이나 실제로는 과목을 신설하여 운용한다.

세출과목에서 행정과목인 세항과 목은 전용과 예비비지출결정, 세출예산의 이월, 수입대체경비초과지출, 수입금 마련 지출에 의해 세출과목 및 변경이 가능하다. 그러나 공공요금이나 급여금, 상여금, 차관상환금 등은 전용할 수 없다.

전용이 가능한 내용을 보면 다음과 같다.

가. 일반회계나 특별회계의 기본급과 수당
나. 일반회계나 특별회계의 복리후생비
다. 민간경상이전 중 연금지급
라. 보상금이나 배상금
마. 공기업의 경상전출금
바. 양곡매입비
사. 이외에도 차입금 이자, 비금융기업 자본전출금, 예탁금, 예수금 원리금 상환, 전대차관 원리금 상환, 감가상각비, 당기순이익, 반환금 등이 있다.

③ 이체

이체란 정부조직 등에 관한 법령의 제정이나 개정 또는 폐지로 인하여 그 직무와 권한의 변동이 있을 때 조직 간이나 부처 간에 예산을 주고받는 것을 말한다. 따라서 이체과정에서 이용과 전용을 수반한다.

④ 수입대체경비

수입대체경비란 정부의 지출이 직접 수입을 초래하는 경우 그 지출경비를 수입대체경비라고 한다. 수입대체경비는 등기소에서 토지나 가옥의 등본이나 초본을 발행할 경우 소비자인 국민은 요금을 내야 한다. 그리고 여권의 발급이나 구청에서 도시계획확인원 등의 서류를 발급할 때 내는 비용은 수입대체경비이다.[2)]

수입대체경비는 수입의 범위 내에서 직접 지출할 수 있도록 되어 있으며 지출하고 남는 경비는 세입예산으로 납입시켜야 한다.

---

2) 국가재정법 제53조를 보면 수입대체경비는 용역 및 시설을 제공하여 발생하는 수입과 관련되는 경비로서 대통령령이 정하는 경비(이하 '수입대체경비'라 한다)에 있어서는 그 수입이 예산을 초과하거나 초과할 것이 예상되는 경우에는 그 초과수입을 대통령령이 정하는 바에 의하여 당해 초과수입에 직접 관련되는 경비 및 이에 수반되는 경비에 초과 지출할 수 있다.

제2절 예산집행 과정

정부의 예산 지출은 의회에서 예산이 확정되었다고 해서 바로 지출할 수 없고 일정한 과정을 거쳐 예산이 배정되어야 가능하다. 예산배정은 예산을 계획하고 신청한 각 부처가 사업을 추진할 수 있도록 자금을 할당하는 일을 말하는데 그 과정은 다음과 같다.

1. 부처의 예산배정요구서 제출

의회로부터 예산이 의결되어 성립하면 각 중앙관서의 장은 사업운영계획 및 이에 의한 세입세출예산·계속비와 국고채무부담행위를 포함한 **분기별 예산배정 요구서** 및 **월별 세입징수계획서**, **월별 지출계획서**를 기획재정부장관에게 제출하여야 한다.

2. 기획재정부의 분기별 예산배정계획 작성

기획재정부장관은 중앙관서의 장이 제출한 예산배정요구서에 의거하여 월별 자금계획서를 작성하고, 이어 **분기별 예산배정계획**을 작성한 다음 국무회의의 심의를 거쳐 대통령의 승인을 얻는다.

3. 예산의 배정

대통령의 승인을 얻으면 기획재정부장관은 예산배정계획에 의거하여 중앙관서의 장에게 예산을 배정(월별, 분기별)하고 **감사원**과 **한국은행**에 통지한다.

그리고 **기획재정부장관**은 중앙관서의 장에게 월별 지출한도액을 통지하고 한국은행에도 통지한다.

그리고 기획재정부장관은 필요한 경우에 대통령령이 정하는 바에 의하여 회계연도 개시 전에 예산을 배정할 수 있다.

4. 예산의 재배정

기획재정부장관으로부터 예산을 배정받은 각 중앙관서의 장은 배정받은 범위 내에서 예산재배정계획을 작성하고 이에 따라 하부기관에 예산을 재배정하여야 한다.

5. 예산의 지출

예산이 중앙관서에 배정되었다고 해서 바로 지출할 수 있는 것은 아니고 다음과 같은 절차를 통해 이루어져야 한다.

1) 지출원인행위

배정받은 예산을 지출하기 위해서는 지출원인행위를 하여야 하는데 각 중앙관서의 장은 대통령령이 정하는 바에 의하여 소속 공무원에게 위임하여 지출원인행위를 하게 할 수 있는데 이를 **재무관**이라 한다.

2) 지출

각 중앙관서에 배정된 예산의 지출은 재무관에 의해 지출원인행위를 하여야 지출관에 의해 자금을 지출할 수 있다.

이상에서 설명한 예산집행 과정을 그림으로 요약하면 <그림 11－1>과 같다.

그림 11-1 예산의 배정과정

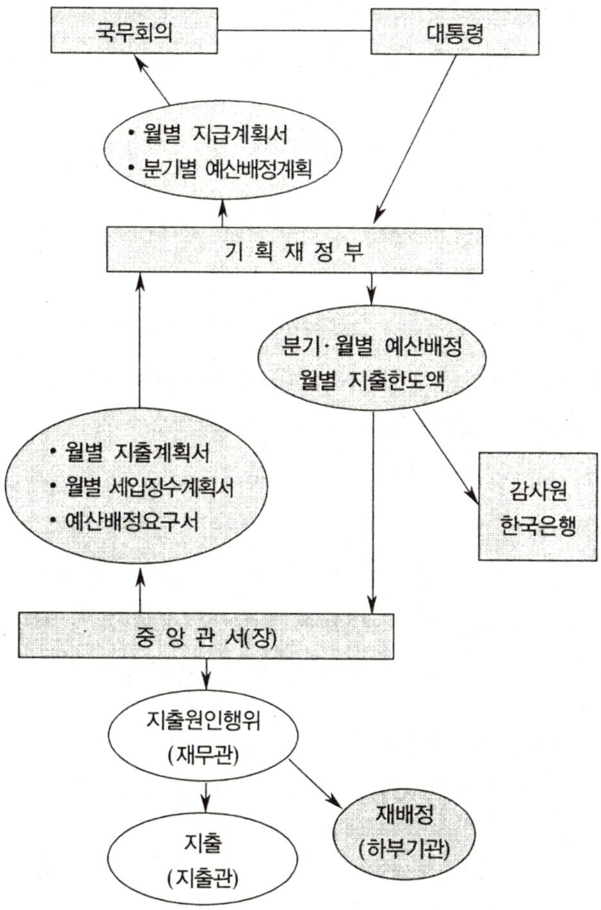

6. 세계잉여금

1) 세계잉여금의 의미와 발생원인

세계잉여금이란 회계연도 세입·세출의 결산결과 생긴 잉여금(남는 돈)으로 1회계연도 동안 수입된 세입액에서 지출된 세출액을 뺀 잔액을 말한다. 잉여금이 생기는 원인을 구체적으로 살펴보면 다음과 같다.

첫째, 전년도보다 경기가 좋아져 국민들의 수입이 증가하고 이에 따라 세금이 더 걷혔을 때 발생한다.

둘째, 세외수입 및 관세수입이 증가했을 때 발생한다.

셋째, 이월액(명시이월이나 사고이월 포함)이 생겼을 때 발생한다.

2) 세계잉여금의 처리

세계잉여금이 발생하였을 때에는 중앙관서의 자의대로 사용할 수가 없고 정한 규정에 따라 처리하여야 한다.

첫째, 명시이월비나 연도 내에 지출원인행위를 하고 불가피한 사유로 인하여 연도 내에 지출하지 못한 경비와 지출원인행위를 하지 아니한 그 부대경비, 지출원인행위를 위하여 입찰공고를 한 경비 중 입찰공고 후 지출원인행위까지 장기간이 소요되는 경우로서 대통령령이 정하는 경비, 공익·공공사업의 시행에 필요한 손실보상비로서 대통령령이 정하는 경비, 경상적 성격의 경비로서 대통령령이 정하는 경비 등은 다음 연도의 세입에 이입하여야 한다.[3)]

둘째, 세계잉여금 중에서 다른 법률에 의한 것 이외의 잔액은 국무회의의 심의와 대통령의 승인을 얻은 후 다음의 용도에 사용가능하다.

① 국채 또는 차입금의 원리금 상환
② 국가배상법에 의하여 확정된 국가배상금이나 지방교육재정 교부금 정산

그러나 위 두 가지 경우를 공제한 잔액은 다음 연도의 세입에 이입하여야 한다.

셋째, 일반회계 세계잉여금처리에 관한 특례 규정으로 기획재정부장관이 사용할 수 있는 경우가 있다.

① 일반회계 세계잉여금은 국무회의의 심의를 거쳐 대통령의 승인을 얻어 양곡증권정리기금법에 의한 부채의 상환이나 재정융자 특별회계법에 의한 재정융자 특별회계의 차입금 원리금 상환으로 사용할 수 있다.
② 국채법에 제3조 제1항 본문의 규정에 의하여 발행한 국채의 원리금 상환에 사용할 수 있다.

---

3) 국가재정법 제90조.

1997년부터 2000년까지 그리고 2009년 우리나라에 발생한 세계잉여금의 규모와 사용내역을 보면 <표 11－1>과 같다.

표 11－1 세계잉여금 처리현황 (단위 : 억원)

내 역	1997	1998	1999	2000	2007	2009
－세입초과	△18,376	△25,372	△2,178	24,478	168,413	36,087
• 국세	△15,334	△4,193	26,814	131,845		
• 세외수입	△3,042	△21,179	△28,992	△107,367		
－세출불용	22,523	31,574	35,643	16,077	14,985	37,842
세계잉여금계	4,147	6,202	23,724	40,555	153,428	36,087
<처리내역>						
－채무상환	－	－	16,098	－	20,852	14,394
• 국고채권상환	－	－	－	－		
• 산업부흥채권상환	－	－	－	－		
• 한은차입금상환	－	－	－	－		
• 재정증권이자	－	－	－	－		
• 외평기금 결손보전	－	－	－	－		
• 비료계정채무상환	－	－	－	－		
－공적자금상환	－	－	－	－	29,788	
－지방교부 · 교부금				－	54,133	7,864
－추경재원	－	6,202	7,623	40,555	－	－
－익익년도세입재원	4,147	－	3	－	－	
－기타	－	－	－	－	48,655	13,829

자료 : 기획예산처 2002년, 기획재정부 2007, 2010년의 결산서

제12장

예산결산과 회계검사

제12장 예산결산과 회계검사

제1절 예산결산

1. 예산결산의 개념

결산이란 정부나 지방자치단체가 1회계연도 동안에 집행한 세입과 지출을 총망라하여 계산하고 기록하는 것을 말하며 회계검사는 집행한 세입과 지출의 결과를 확인하고 검증하므로 책임성과 타당성을 확보하고 나아가 개선을 꾀하고자 하는 사후적 행위를 말한다.

2. 예산결산의 기능

예산결산의 기능은 예산의 수입과 지출을 담당한 정부의 책임성을 확보해주는 기능을 한다. 현대 행정 우위의 예산원칙에 의하면 예산은 행정부에 계획과 책임의 원칙이 있다.

이는 행정부가 계획하여 추진하므로 1회계연도 동안 그 책임을 벗어날 수 없으며 집행 후 그 결과에 대한 책임을 의회의 결산을 통해 벗어나게 해 주는 역할을 한다.

3. 결산의 과정

1) 세입·세출의 수납과 지출마감기한

예산을 **결산**하기 위해서는 먼저 세입과 지출의 출납사무가 완결되어야 한다. 세입과 지출사무의 완결은 첫째, 세입금을 수납기한 내에 수납을 마쳐야 하고 둘째, 세출금의 지출을 지급기한 내에 마쳐야 한다. 각 중앙관서의 세입금 수납기한은 매 회계연도 말(12월 31일)까지이고 한국은행의 세입금 또한 그 회계연도 말일까지 수납하여야 하나 다음의 경우에는 다음 연도 1월 15일까지 수납할 수 있다.

① 출납공무원이 그 수납한 세입금을 납입하는 경우
② 체신관서가 그 수납한 세입금을 납입하는 경우
③ 정부계정 상호 간의 국고금대체에 의하여 세입금을 수납하는 경우
④ 지방세에 부가되어 징수된 세입금을 이체하는 경우

세출금 지출의 지급기한은 회계연도 말일까지이나 정부계정 상호 간의 국고금대체를 위한 지출이나 기획재정부장관이 정하는 기관에 지급을 위탁한 자금의 정산지출은 다음 연도 1월 15일까지 할 수 있다.

2) 세입·세출의 완결

세입·세출의 완결은 **재정경제부 장관**이 관리하는 전년도의 총 세입부 및 총 세출부를 완결하며 마감하는 것을 말하는데 다음 연도 2월 10일까지 완결하여야 한다. 이때 감사원과 기타 공무원의 입회하에 마감하여야 한다.

3) 결산서 작성

① 중앙관서의 결산서 작성

현재 우리나라의 **예산기관**은 **기획재정부**이고 **결산기관** 또한 **기획재정부**이다.

결산을 하기 위해 각 중앙관서의 장은 대통령령이 정하는 바에 의하여 매 회계연도마다 그 소관에 속하는 **세입·세출의 결산보고서**, 계속비결산보고서

및 국가의 채무에 관한 계산서를 작성하여 다음 연도 **2월 말**일까지 **기획재정부 장관**에게 제출하여야 한다.[1)]

그리고 중앙관서의 장은 **세입징수관**으로 부터 **세입징수액계산서**를 받고, **지출관**으로부터 **지출계산서**를 받아 이를 **감사원**에 제출하여야 한다.

② 세입·세출결산서 작성

기획재정부는 중앙관서에서 올라온 세입·세출의 결산보고서에 의하여 **세입·세출의 결산**을 작성하여 국무회의의 심의를 거쳐 대통령의 승인을 얻어야 한다. 이때 다음 사항을 명백히 하여야 한다.

첫째, **세입**

가. 세입예산액

나. 이체 등 증감액

다. 세입예산현액

라. 징수 결정액

마. 수납액

바. 불납결손액

사. 미수납액

둘째, **세출**

가. 세출예산액

나. 전년도 이월액

다. 예비비사용액

라. 전용 등 증감액

마. 제41조 제1항 단서의 규정에 의한 초과 지출액

바. 세출예산현액

사. 지출액

아. 다음 연도 이월액

자. 불용액

---

1) 국가재정법 제58조.

기획재정부 장관은 대통령의 승인을 받은 **세입·세출결산**에 각 **중앙관서**에서 보고한 **세입·세출결산보고서, 계속비결산보고서** 및 **국가의 채무**에 관한 계산서를 첨부하여 이를 다음연도 4월 10일까지 **감사원**에 제출하여야 한다.2)

③ 감사원의 검사

감사원은 기획재정부로부터 올라온 세입·세출결산서를 한국은행에서 올라

그림 12-1 예산의 결산과정

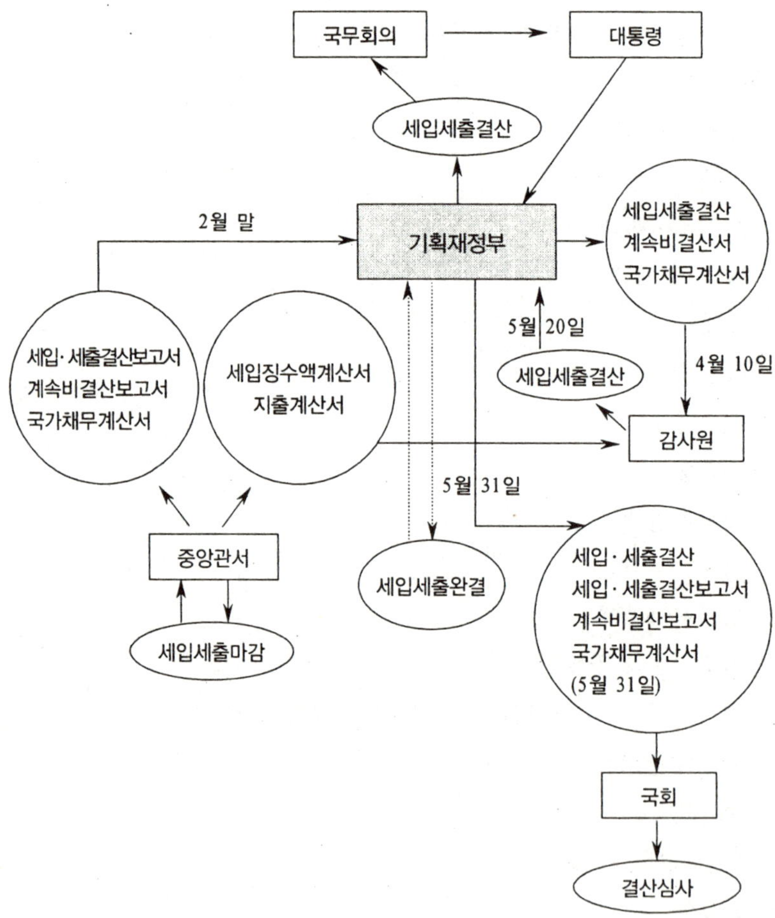

2) 국가재정법 제59조.

온 국고출납계산서와 대조하며 검사하고 결산검사보고서를 작성하여 다음연도 5월 20일까지 **기획재정부 장관**에게 **송부**하여야 한다.[3] 그리고 동시에 감사원은 국회에 **결산검사보고서**를 제출한다.

정부는 감사원으로부터 결산검사보고서를 송부받은 다음 세입·세출결산보고서, 계속비결산보고서, 국가의 채무에 관한 계산서, 예비비사용총괄표가 첨부된 세입·세출결산을 매 회계연도마다 **5월 31일**까지 **국회**에 제출한다.[4]

이상에서 설명한 결산의 과정을 간단히 그림으로 요약하면 <그림 12-1>과 같다.

4. 국회의 결산심사

기획재정부는 감사원을 거쳐 온 세입·세출결산을 세입·세출결산보고서, 계속비결산보고서, 국가의 채무에 관한 계산서를 첨부하여 매 회계연도 5월 31일까지 국회에 제출하면 국회는 도착한 결산을 정기국회 예산심의 시기에 같이 심사하는데 심의기간이 짧아 깊이 있는 심의가 되지 않고 있다.

제2절 회계검사

회계검사는 정부가 1회계연도 동안에 집행한 세입과 지출의 결과를 확인하고 검증하므로 책임성을 확보하고 나아가 개선을 꾀하고자 하는 사후적 행위로서 결산의 다음 단계이며 국회의 결산심의의 전 단계이다.

회계감사는 의회가 의결한 의도대로 집행되었는지 검사하기 때문에 합법성에 중점을 둔 감사이다.

우리나라에서 회계검사는 감사원에서 담당하고 있는데 대통령 직속기관이다.

---

3) 국가재정법 제60조.

4) 국가재정법 제61조. ; 헌법 제99조에 의하면 국가의 세입·세출의 결산, 국가 및 법률이 정한 단체의 회계검사와 행정기관 및 공무원의 직무에 관한 감찰을 하기 위하여 대통령 소속하에 감사원을 두어 국회에 보고하도록 되어 있다.

1. 감사원의 조직

감사원은 정부예산의 회계검사 업무를 맡아보는 기관으로 1948년 7월 17일 제정된 헌법에 의해 설치된 대통령 직속기관이며 1948년 9월 4일에 개원하였다. 그리고 공무원의 직무감찰을 위해 1948년 8월 28일 감찰위원회를 두었다. 그리고 감찰위원회는 1956년 11월 사정위원회로 개명되었다가 1961년 1월 감찰위원회로 다시 개명되었다.

1963년 3월 20일 정부조직개편에 의해 정부회계검사를 담당한 심계원과 직무감찰을 하는 감찰위원회를 통합해 감사원으로 출발하여 오늘에 이르고 있다.

2006년 현재 감사원은 3실, 3본부, 6국, 2판, 1부, 1단, 8심의관으로 구성되어 있으며 조직은 <그림 12－2>와 같다.

정부예산의 결산업무는 기획관리실의 결산담당관이 담당하고 있는데 기획관리실에서는 결산 이외에도 감사계획의 수립과 조정 및 감사제도 및 정부회계제도 개편 업무를 관장한다.

그림 12－2 감사원의 조직

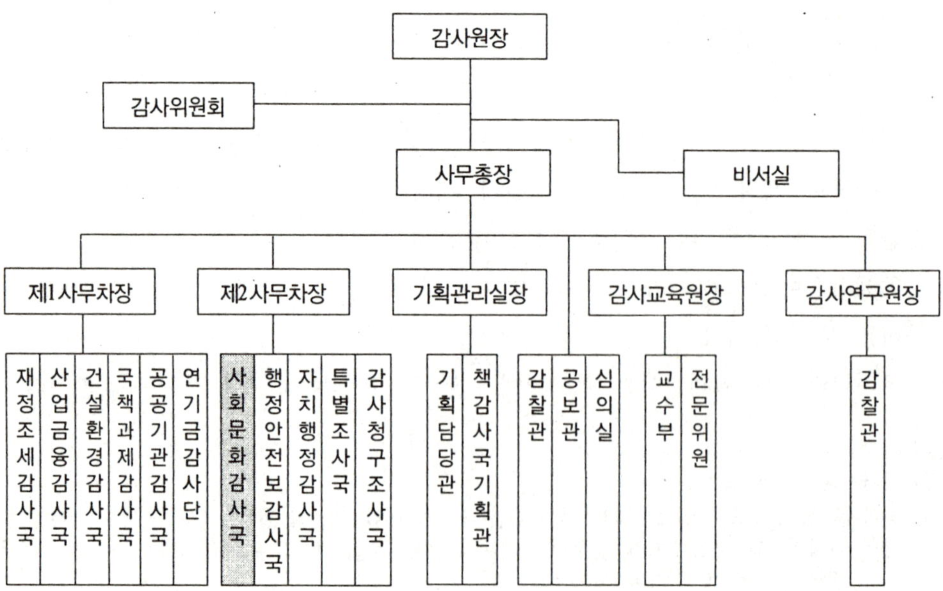

제1사무차장은 재정과 조세 및 건설, 공공기관, 기금에 관련된 감사를 실시하고, 제2사무차장은 사회복지와 행정안보 및 자치행정에 관련된 감사업무를 관장한다. 그리고 감찰관은 직원의 복무 업무를 담당하고, 심의실은 감사원법과 행정소송 및 행정심판과 법률해석을 담당한다.

1) 감사원장

감사원은 헌법 제97조에 의거 설치한 대통령 직속기관으로 감사원장을 포함한 7인의 감사위원으로 구성한다.

감사원장은 국회의 동의를 얻어 대통령이 임명하는데 감사원을 대표하며 소속공무원을 지휘·감독한다.

감사원장의 임기는 4년이며 1차에 한하여 중임할 수 있다.[5)]

2) 감사위원회

감사위원회는 감사원장의 자문에 응하기 위한 자문기관으로서 감사원의 감사정책 및 주요감사계획에 관한 사항이나 결산확인, 변상책임의 판정, 징계 및 문책처분, 시정 등의 요구나 개선에 관한 사항 등을 결정하는 일을 한다.

감사위원은 원장의 제청으로 대통령이 임명하며 임기는 4년, 1차에 한하여 중임할 수 있고 정년은 65세이다.

3) 사무처와 사무총장

감사원장의 지휘·감독하에 사무처를 설치하여 회계검사와 공무원의 직무 감찰, 심사결정 및 감사원에 관한 행정사무를 처리한다.[6)]

사무처에 정무직으로 사무총장 1인, 별정직으로 사무차장 2인을 두는데 감사위원회의의 의결을 거쳐 원장의 제청으로 대통령이 임면한다.

---

5) 대한민국헌법 제98조 제2항.

6) 감사원법 제16조 제1항.

사무총장은 감사원장의 명을 받아 사무처의 사무를 정리하고 소속 직원을 지휘·감독하며, 사무차장은 사무총장을 보좌하고 사무총장이 사고가 있을 때에는 그 직무를 대행한다.

2. 감사원의 기능

감사원의 기능은 국가의 세입·세출의 결산, 국가 및 법률이 정한 단체의 회계검사와 행정기관 및 공무원의 직무에 관한 감찰을 주로 한다.[7] 감사원의 기능과 역할을 구체적으로 살펴보면 다음과 같다.

1) 결산의 확인 및 회계검사

감사원은 회계검사의 결과에 의하여 국가의 세입·세출의 결산을 확인하는 기관이다.[8]

회계검사의 대상은 다음과 같다.

첫째, 국가의 회계

둘째, 지방자치단체의 회계

셋째, 한국은행의 회계와 국가 또는 지방자치단체가 자본금의 2분의 1 이상을 출자한 법인의 회계

넷째, 다른 법률에 의하여 감사원의 회계검사를 받도록 규정된 단체 등의 회계이다.

이상은 감사원의 필수적 검사사항이고, 선택적 검사사항으로 감사원이 필요하다고 인정한 때나 국무총리의 요구가 있는 때에 검사할 수 있다.

2) 직무감찰의 범위

정부예산의 세입과 세출에 대한 검사 외에 또 하나의 중요한 기능이 공무원

---

7) 헌법 제97조.

8) 감사원법 제21조.

들의 직무를 감찰하는 일이다.

첫째, 정부조직법 및 기타 법률에 의하여 설치된 행정기관의 사무와 그에 소속한 공무원의 직무를 감찰한다.

둘째, 지방자치단체의 사무와 그에 소속한 지방공무원의 직무를 감찰한다.

셋째, 국가회계와 한국은행 회계, 국가나 지방자치단체가 자본금의 2분의 1 이상을 출자한 법인에 소속한 임원 및 직무를 감찰한다.

넷째, 국가나 지방자치단체가 위탁하거나 대행하게 한 사무와 기타 법령에 의하여 공무원의 신분을 가진 자에 대한 직무를 감찰한다.

3) 심사청구

심사청구란 감사원의 감사를 받는 자의 직무에 관한 처분, 기타 행위에 관하여 이의가 있을 때 감사원에 그 심사의 청구를 하므로 구제받을 수 있도록 한 제도이다.

심사청구는 청구취지와 이유를 기재한 심사청구서로 하되 청구의 원인이 되는 처분, 기타 행위를 행한 기관의 장을 거쳐 이를 제출하여야 한다.[9]

심사청구를 할 경우 이해관계인은 심사청구의 원인이 되는 행위가 있는 것을 안 날부터 90일, 그 행위가 있은 날부터 180일 이내에 심사의 청구를 하여야 한다.

심사청구를 받은 감사원은 심리결과 심사청구의 이유가 있다고 인정할 때에는 관계기관의 장에 대하여 시정 및 기타의 필요한 조치를 요구하며 심사청구의 이유가 없다고 인정한 때에는 이를 기각하고 7일 이내에 심사청구대상자와 관계기관의 장에게 통지하여야 한다.

4) 재심의청구

감사원은 감사의 결과에 따라 법률이 정하는 바에 의해 변상을 하도록 판정

9) 감사원법 제43조.

할 수 있는데 이러한 판정이 위법 또는 부당하다고 생각될 때 본인·소속장관·감독기관의 장은 변상판정서를 받은 날로부터 3개월 이내에 감사원에 재심의를 청구할 수 있다.

재심의청구는 재심의청구서로 하여야 하며 감사원이 재심의청구를 수리하였을 때에는 특별한 사유가 없는 한 수리한 날부터 2개월 이내에 이를 처리하여야 한다.

5) 감사결과의 처리

감사원은 감사결과에 따라 변상, 시정, 개선, 권고, 고발조치를 취할 수 있는데 다음과 같다.

첫째, 감사원은 감사결과 **변상책임**이 있다고 인정될 때에는 변상책임자·변상액 및 변상의 이유를 명백히 한 변상판정서를 소속장관·감독기관의 장에게 송부하여야 한다.

둘째, 감사원은 감사결과 위법 또는 부당하다고 인정되는 사실이 있을 때에는 소속장관·감독기관의 장 또는 당해 기관의 장에게 **시정, 주의** 등을 요구할 수 있다.

셋째, 감사원은 감사결과 법령상, 제도상 또는 행정상의 모순이 있거나 기타 개선할 사항이 있다고 인정할 때에는 국무총리·소속장관·감독기관의 장에게 법령등의 제정·개정 또는 폐지를 위한 조치나 제도상 또는 행정상의 **개선**을 요구할 수 있다.

넷째, 감사원은 감사결과 행정운영 등의 경제성·효율성 및 공정성 등을 위하여 소속장관·감독기관의 장에게 개선을 **권고** 또는 통보할 수 있다.

다섯째, 감사원은 감사의 결과 범죄혐의가 있다고 인정할 때에는 이를 수사기관에 **고발**하여야 한다.

여섯째, 감사원은 감사에 불응하거나 기타 다른 사유의 벌칙이 해당된다고 인정할 때에는 징역 또는 벌금 처벌을 할 수 있다.

3. 감사의 종류

Alvin Toffler의 말처럼 현대사회는 산업사회를 거쳐 정보화 사회로 접어들면서 사회의 변화가 더욱 빠르고, 다원화되어 가고 있다. 그리고 정보사회를 이끌어 가는 정부는 해야 할 일이 아주 많아졌고, 이를 뒷받침하기 위해 준 입법권과 준 사법권까지 갖게 되어 그 재량권이 커지게 되었다.

재량권의 확대는 이를 담당하고 있는 행정 관료들의 책임수행과정에서 책임을 벗어난 권한 남용의 우려가 크다고 할 수 있다. 따라서 적절한 내부·외부의 감사를 통해 공무원을 적절히 통제하므로 행정책임을 확보하여야 한다.

감사는 그 감사의 주체나 시대, 방법에 따라 여러 유형으로 구분할 수 있는데 주체에 따라 내부감사와 외부감사로 구분할 수 있다.

1) 내부감사

내부감사는 정부가 국가의 목표를 효율적이고 효과적으로 수행하기 위해 조직 내부 기관에 의한 내부통제의 방법으로서 대통령, 감사원, 국무총리, 행정자치부, 중앙부처, 상급기관, 기관 자체에 의한 것으로 구분할 수 있다.

① 대통령에 의한 감사

대통령은 행정수반으로서 국정 전반에 대한 통할과 통제를 한다. 총리와 각 국무위원, 각 기관의 장을 임명하는 일이나, 총리나 중앙부처장의 명령이나 처분이 위법·부당시 중지나 취소를 행하거나, 국군통수권 및 긴급조치권 등 전반에 걸쳐 영향을 미친다. 그리고 대통령을 보좌하는 비서실이 있어 그 기능의 일부를 담당하기도 한다. 사실 비서실은 대통령의 정책결정에 도움이 되도록 자료나 정보를 수집하는 역할이 본 임무인데 우리나라에서는 이런 역할을 넘는 권한을 행사하고 있다.

② 감사원에 의한 감사

감사원은 정부의 예산·결산에 대한 회계검사와 공무원의 직무감찰을 행하는 최고의 권위 있는 감사기관으로 대통령 직속으로 되어 있는데 제12장 제1절에서 설명하였다.

③ 국무총리에 의한 감사

국무총리에 의한 감사는 주로 국무조정실에서 행하게 되는데 심사평가기능을 통해 감사역할을 수행한다. 심사평가에 대한 자세한 설명은 바로 이어지는 제13장에서 자세히 설명한다.

④ 행정자치부에 의한 감사

행정자치부에 의한 감사는 원래 총무처에 의한 감사를 의미하였는데 총무처가 1998년 3월 이후부터 행정자치부에 통합되었다. 따라서 행정자치부를 통해 이루어지고 있는데 하부기관에 대하여 일반감사나 특별감사, 정기·수시감사, 서면·실지감사, 사전·사후감사 등을 실시하고 있다.

⑤ 중앙관서와 상급기관에 의한 감사

중앙관서에 의한 감사는 각 18개 부처별로 소속 하부기관을 감사를 통해 통제하는 것으로 일반감사나 특별감사, 정기·수시감사, 서면·실지감사, 사전·사후감사 등을 실시하여 중앙관서의 목표를 효율적으로 달성할 수 있도록 하고 있다.

상급기관에 의한 감사는 위에 있는 기관이 아래에 있는 기관을 감사하는 방법이다.

⑥ 기관자체감사

기관자체감사는 기관자체 내에 감사과나 감사업무를 당당하는 부서를 두어 자체적으로 통제하므로 조직의 목표달성에 능률성과 책임성을 확보하고 있다.

2) 외부감사

외부감사는 행정조직 외부에 의한 감사를 통해 행정부의 책임성과 효율성을 확보하도록 하는 방법인데 사법부, 입법부, 언론, 국민, 회계검사원(GAO)에 의한 감사가 있다.

① 사법부에 의한 감사

사법부에 의한 감사는 헌법이나 법률에 의하여 잘못이 있을 때 이를 판결하는 제도로서 사후통제에 해당한다. 예를 들면 행정소송의 심판이나 명령, 규칙, 처분의 심사 등을 통해 이루어진다. 따라서 시간과 비용이 많이 들며 행정의 전문화와 준 사법권의 부여로 인하여 사법부에 의한 외부감사의 어려움이 있다.

② 입법부에 의한 감사

입법부에 의한 감사는 국민의 대표자로서 대통령의 고급공무원 임명에 대한 동의권 및 탄핵소추권, 기채동의권, 국정감사, 국정조사, 예산안의 심의, 결산심의, 법률안의 제정과 개정 등 많은 분야에 걸쳐 통제하고 있다.

③ 언론에 의한 감사

언론에 의한 감사는 많은 사람들이 관심이 있는 문제나 이슈화된 문제에 대하여 신문이나 방송을 통해 널리 알리고 공개하므로 행정을 담당한 공무원들을 자각시키고, 권리남용이나 부정을 하지 못하도록 분위기를 환기시키는 역할을 통해 이루어진다.

④ 국민에 의한 감사

국민에 의한 감사는 대중에 의한 감사라고 할 수 있는데 정당, 이익단체, 선거 등을 통해 이루어진다.

정당은 국민의 여론을 정치와 행정에 반영하므로 차기정권획득을 꾀하고, 이익집단은 개인이 자기의 이해관계에 따라 집단에 소속하여 이익을 쟁취하고자 하며, 선거는 공무를 담당한 사람을 직접 선출하므로 국민의 의사에 따라 국가를 다스리도록 하는 역할을 한다.

⑤ 회계검사원(GAO)에 의한 감사

회계검사원은 미국의 경우에 해당되는데 예산사용의 경제성과 능률성 및 효과성, 회계검사의 업무를 처리하고 있다.

3) 옴부즈맨 제도

옴부즈맨(Ombudsman) 제도는 1809년 스웨덴에서 처음 창설된 것으로 입법부나 사법부가 행정통제(감사)기능을 원만하게 수행하지 못하자 행정통제의 효율화를 기하고 국민의 권익을 보호하고자 창설하였다.

옴부즈맨 제도는 입법, 행정, 사법의 어느 부처의 영향을 받지 않아 제4부로 불린다. 임원은 10명 정도이며 대부분 의회에서 선출하고 4년 정도의 임기를 가지고 있다. 이 임원들은 위원회 스스로 잘못된 사항이라고 판단되면 어느 사항이라도 조사할 수 있으며, 국민의 요구에 의해서 조사권을 발동하기도 한다. 그러나 조사하여 권고할 뿐 법적 구속력은 없다.

4) 기타 감사

이외에도 예산의 지출이나 행정업무의 시행이 있기 전에 행하는 **사전감사**와 후에 하는 **사후감사**가 있고, 서류나 조서, 계산서 등을 통해 이루어지는 **서면감사**, 직접 현장에 나가 조사하는 **실지감사**가 있다.

그리고 회계검사를 통해 의회가 의도한 대로 합법적으로 이루어졌는지 감사하는 **합법성 감사**(과거에는 주로 합법성 감사), 업무가 최소의 비용으로 최대의 생산을 가져오도록 효율적으로 이루어지고, 동시에 목표에 대한 도달의 정도가 효과적인지 감사하는 **성과감사**가 있다.

제3절 외국의 회계검사기관

1. 미국의 회계검사기관

미국의 회계검사는 회계검사원(GAO: General Accounting Office)에서 담당하고 있다. 초창기 미국에는 회계검사원이 없었고 재무성에 회계검사관(1789. 9.)이 회계업무를 담당하였다. 그리고 1921년 국가재정법(Budget and Accounting Act)이 제정되면서 회계검사원(GAO: General Accounting Office)을 창설하였다. 또한 의회에 예산위원회(Budget Committee)와 의회예산처(CBO: Congressional Budget Office)를 신설하였다.

미국의 회계검사원은 의회 직속기관으로 주로 예산사용에 있어 경제성과 능률성 및 효과성(성과)을 검사하며 부분적으로 회계검사와 비용편익 분석의 역할을 한다.

2. 영국의 회계검사기관

영국의 회계검사는 회계검사원(Exchequer and Audit Department)에서 담당하고 있다. 회계검사원은 1866년 회계검사원법의 제정에 의해 설립된 단독제기관으로 종신직인 회계검사원장이 이끌어가고 있다. 회계검사원의 기능은 국가의 수입과 지출에 관한 회계검사와 성청의 국고금 통제 역할을 한다.

3. 일본의 회계검사기관

일본의 회계검사기관은 독립기관인 회계검사원에서 담당하고 있다. 회계검사원은 일본 헌법 제90조에 의거 설치된 헌법기관으로 3명의 합의제 검사관제도로 운영된다. 3명의 검사관은 양원의 동의를 얻어 임명하는데 내각에 대해 독립된 지위를 가지고 있다.

회계검사원은 국가의 수입과 지출의 결산검사와 회계검사원법에 정하여진 기관의 회계검사 및 검사결과의 의회에 보고 등의 역할을 하고 있다.

제4절 심사평가제

1. 심사평가의 의의와 목적

급변하는 현대사회에서 정부가 해야 할 일은 점차 복잡 다양해지고 있다. 따라서 많은 예산을 필요로 하는데 자원과 예산은 한정되어 있어 국가목표를 이루려하는 여러 중앙관서들의 욕구를 충족시킬 수 없다. 따라서 최소의 비용으로 최대의 생산을 가져 올 수 있도록 능률성과 효과성 있는 사업에 자원을 배분하는 방법을 고려하여야 할 것이다. 동시에 목표 달성을 위한 대안 분석과 평가 및 기술을 개발하므로 예산절약과 효과적 자원관리를 이루기 위해 심사평가제도가 필요하다.

우리나라에서 심사분석이 처음으로 실시된 것은 제3공화국 시기인 1962년 국무총리 기획조정실이다. 그리고 1981년 11월 경제기획원에 심사분석국이 설치되어 심사분석이 본격적으로 실시되었다.

2. 심사평가기관

우리나라의 심사평가기관은 크게 대통령실과 국무총리 국무조정실, 각 부처 기획관리실로 구분할 수 있다.

1) 대통령실

대통령은 행정수반이자 국정운영의 최종 책임자로서 국가 전반적인 심사평가에 직접·간접으로 영향을 미치고 있다.

그리고 비서실은 대통령의 명을 받아 수시로 간접적 개입을 하는데 정무수석, 민정수석, 경제수석, 외교안보수석, 교육과학문화수석, 국정기획수석, 사회정책수석, 총 일곱 수석들이 분야별로 관장하여 개입하고 있다.

2) 총리 국무조정실

국무조정실은 각 부처에서 보고된 자료를 종합정리하고 있으며 특히 대통령 공약사항을 부처별－분야별－사업별－연번호별로 코드화하여 관리하고 있다.

3) 부처 기획관리실

정부의 각 부처에서 심사평가를 담당하고 있는 곳은 기획관리실이다. 기획관리실은 일반적으로 기획관리실장하에 기획예산담당관과 행정관리담당관이 있어 그에 관련된 업무를 처리한다.

기획관리실은 총리 국무조정실로부터 심사평가지침을 받아 이에 의하여 심사평가보고서를 작성하여 국무조정실로 수시로 보고한다.

그리고 1년 동안 추진할 현안문제에 대해서는 차관회의를 거쳐 국무회의의 심의 후 대통령의 재가를 받아 각 부처에 내려 보내면 부처는 이에 의거하여 계획을 세운다.

제13장

정부회계

제13장 정부회계

제1절 정부회계

정부회계는 정부가 국민으로부터 조세를 통해 수입을 이루고, 지출을 하는 경제활동을 측정하고 기록하는 일련의 기술적 활동이다.

회계는 거시회계와 미시회계로 구분하여 생각할 수 있는데 거시회계는 국민소득과 고용, 저축, 투자, 통화 등의 요인 등 국가경제 전체의 입장에서 경제활동을 평가하고 감독하기에 용이한 회계를 말하는데 국민소득회계나 투입산출회계, 국제수지회계 등이 있다. 그리고 미시회계는 경제주체인 정부, 가계, 기업의 조직단위에 대한 회계를 말한다. 따라서 정부회계는 미시회계의 입장에서 고려되는데 근본적으로 기업회계나 가계와 큰 차이가 없다. 이를 그림으로 표시하면 <그림 13－1>과 같다.

그림 13－1 회계의 구분

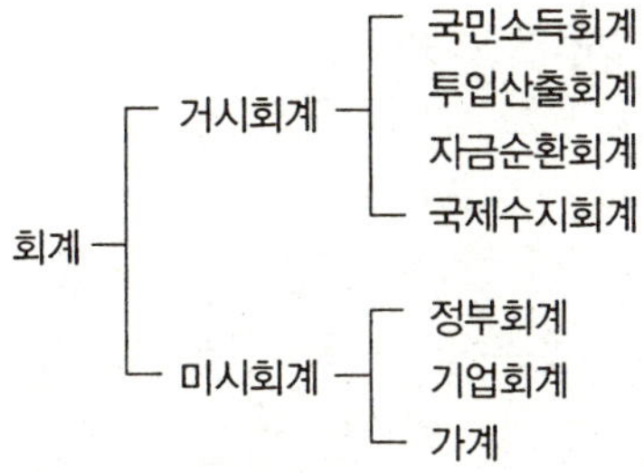

1. 정부회계의 목적과 특징

1) 정부회계의 목적

정부회계의 목적은 정부조직의 경제적 거래와 사건을 기록, 분류, 평가하고 보고하는 기술로 통제를 목적으로 하는데 구체적으로 제시하면 다음과 같다.

첫째, 공무원들의 부정과 오류를 방지한다.

둘째, 고객들에게 투자를 위한 정보를 제공한다.

셋째, 정부조직의 효과와 효율성을 평가하기 위함이다.

넷째, 정부의 각 조직이 국민에 대한 책임성과 투명성을 확보하기 위함이다.

2) 정부회계의 특징

정부 재무회계는 회계에 대한 일련의 기술적 활동으로서 다음과 같은 특징을 지닌다 할 수 있다.

첫째, 정부 재무회계는 기업처럼 영리를 목적으로 하지 않는다.

둘째, 정부 재무회계는 수입과 지출이 균형을 이루되 단년주의이다.

셋째, 발생되는 이익은 고유목적이나 공공목적으로 사용된다.

넷째, 특수사업목적을 위해 특별회계를 둔다.

다섯째, 정부 재무회계는 자본을 개인이 소유하지 않는다.

이상과 같은 특징을 가진 정부회계이지만 회계를 기록하는 기술에서는 기업이나 가계와 같기 때문에 그 본질적 방법만을 살펴보기로 한다.

제2절 단식부기와 복식부기

부기란 기업이나 가계가 소유한 현금이나 물품 및 채권과 채무, 자본의 증감 변화상태를 일정한 원칙과 기준에 따라 기록하고 계산을 통해 결과를 명확히 밝히는 기술적인 방법을 말한다. 부기를 하는 목적은 일정한 시점에서 재무의 상태를 파악하고 그 기간 동안 이룬 성과가 어느 정도인지 파악하기 위해서 필요하다. 그리고 과세의 자료로 사용되며 장래의 경영방침을 수립하는 자료를 제공해준다. 부기에는 단식부기와 복식부기가 있다.

1. 단식부기

단식부기(single entry bookkeeping)란 단순히 재산의 변동사항만을 기록·계산하는 방법을 말한다. 따라서 단식부기는 일정한 원칙이 없이 그저 간단하게 기록하고 그를 계산하는 것을 말한다. 따라서 이익이나 손실이 있을 경우 그 원인을 파악하기 힘들다.

2. 복식부기

복식부기(double entry bookkeeping)는 기업회계라고 불리는데 어떤 조직의 재원변동에 관하여 재원의 원천과 운용형태별로 일정한 원칙에 따라 2원적 구조로 기록하고 계산, 정리하는 방식을 말한다. 2원적 구조는 **차변(좌측)**에 자금이 얼마나 있으며 그 운용형태는 어떠한지(**자산**)를 나타내고, **대변(우측)**에 자산과 자금의 조달원천이나 취득원인(**자본**)을 나타낸다. 그리고 차변인 자산(assets)과 대변인 자본이 같다.

자산을 나타내는 것에는 현금, 은행예금, 상품, 외상매출, 비품, 건물, 토지 등이 있고, **대변**에는 부채(liabilities)와 자본(capital)이 있는데 부채에는 차입금과 외상매입이 있다.[1] 이는 어떤 조직의 일정한 시점에서 재무상태를 나타내는 것으로 **대차대조표**라고 한다.

---

1) 어떤 조직의 자산과 부채 및 자본을 대차대조표로 나타내는 것을 **재무상태**라고 한다. **자산**은 어느 조직이 소유하고 있는 현금이나 금융기관에 예입해둔 예금, 타인에게 빌려준 대여금, 팔기 위해 만들어 놓은 상품, 외상으로 판 외상매출금, 각종 비품과 토지, 건물 등이 해당된다. **부채**는 남에게 갚아야 할 의무가 있는 것으로 외상매입금이나 남에게 빌린 현금 등이 해당된다. 마지막으로 **자본**은 자산에서 부채를 제외시킨 모든 것을 말한다.

표 13－1 대차대조표의 좌우항목

차 변(자산)	대 변(부채와 자본)
현금, 은행예금	차입금
상품, 외상매출, 대여금	외상매입
비품	
건물	자본금
토지	

이를 간단히 나타내면 <표 13－1>과 같다.

<표 13－1>에서 자산－부채＝자본의 등식이 성립한다.

따라서 경제활동을 하기 시작한 처음과 활동을 끝낸 후의 대차대조표를 보면 그 조직의 순손실과 순이익이 얼마인지 바로 알 수 있다.

표 13－2 기초·기말 대차대조표

시작시 차변	시작시 대변		영업 후 차변	영업 후 대변
현금, 은행예금 상품, 외상매출 대여금 비품 건물 토지	차입금 외상매입 자본금	⇒ 활동 전과 활동 후의 성과비교	현금, 은행예금 상품, 외상매출 대여금 비품 건물 토지	차입금 외상매입 자본금

<표 13－2>에서 보듯이 어떤 조직, 또는 정부의 활동 전과 활동 후 대차대조표를 보면 그 순이익과 순손실을 바로 알 수 있다.

실제로 어느 작은 ㅇㅇ공기업의 201×년 현재 재무상태가 <표 13－3>과 같이 대차대조표로 표시되었다고 하자.

대차대조표에서 차변과 대변의 합계액은 같아야 하며 동시에 자산－부채＝자본이 되어야 한다.

<표 13－3>에서 차변과 대변은 같아야 하기 때문에 당기순이익은 230,000,000원에서 213,000,000원을 차감한 17,000,000원이 된다. 그리고 자본을 구하려면 230,000,000원에서 부채인 외상매입금 40,000,000원과 차입금 3,000,000원을 빼

표 13 - 3 대차대조표(예시)

차 변		대 변	
자산	금액	부채 및 자본	금액
현금	150,000,000	외상매입	40,000,000
외상매출	45,000,000	차입금	3,000,000
상품	30,000,000	자본금	170,000,000
대여금	4,000,000	당기순이익	(?)
비품	1,000,000		
	230,000,000		213,000,000

면 되므로 187,000,000원이 된다.

대차대조표는 일정한 어느 시점에서 어느 공기업의 재무상태가 어떠한지 표시해주는 재무제표이다. 그러나 대차대조표는 일정한 기간 동안 공기업의 종합적인 성과를 알아볼 수 있도록 나타내 주지는 못한다.

따라서 일정기간(월별 또는 분기별) 동안 기업운영을 위해 사용한 비용항목과 그로 인하여 얻은 수익항목을 나타내 줄 수 있는 재무제표가 필요하다. 이러한 방법에 맞도록 구성된 것이 **손익계산서**이다.

손익계산서는 차변에 비용(expense)을 기록하고 대변에 수익(revenue)을 기록한다.

수익에는 물품의 매매나 제조를 통해 얻는 **영업수익**이나 운반을 통해 얻는 **운송수입**, 그리고 이자나 유가증권이자, 배당금, 수입집세, 매입할인, 잡수입 등과 같은 **영업외수입**, 자산이나 토지 등을 매각하여 얻는 **특별수입**이 있다.

비용은 수익을 위해 소비하거나 지출된 재화와 용역을 말하는데 매매한 상품을 만드는데 쓰인 **매출원가**, 판매나 관리에 사용된 **판매비 · 일반관리비**, 지급이자나 사채이자, 유가증권처분손실, 매출할인과 같은 **영업외비용**, 투자자산 처분손실이나 고정자산 처분손실과 같은 **특별손실**, **법인세** 등이 있다.[2)]

손익계산서를 간단히 나타내면 <표 13 - 4>와 같다.

---

2) 윤성식 · 김수영, 전게서.

표 13-4 손익계산서

차 변(비용)	대 변(수익)
매출원가	영업수익
판매비	운송수입
일반관리비	보관수입
지급이자, 사채이자	유가증권이자수입
유가증권 처분손실	배당금
매출할인	수입집세
투자자산 처분손실	매입할인
고정자산 처분손실	잡수입
법인세 등	자산, 토지 매각 수입

<표 13-4>에서 보는 바와 같이 차변에는 매출원가나 판매비 및 일반관리비, 지급이자, 유가증권 처분손실, 매출할인, 투자자산 처분손실, 법인세 등이 기록하고 우변에는 영업수입, 운송수입, 보관수입, 유가증권이자수입, 배당금, 수입집세, 매입할인, 잡수입 등 수입된 이윤을 기록한다. 위의 양식에 의한 손익계산서를 간단한 예와 좀 더 복잡한 예로 제시하면 <표 13-5>와 같다.

<표 13-5>의 손익계산서는 좀 간단한 예시를 기술한 것이며 좀 복잡한 것은 <표 13-6>을 보자.

<표 13-5>와 <표 13-6>에서 보면 차변과 대변의 합은 같아야 된다. 그리고 비용+손익=수익의 등식이 성립한다.

표 13-5 손익계산서(예시)

차 변		대 변	
비용	금액	수익	금액
급료	5,000,000	물품 판매이익	9,130,000
건물 임차료	200,000	수입집세	150,000
지급이자	80,000		
당기순이익	4,000,000		
	9,280,000		9,280,000

표 13－6 손익계산서(예시)

차 변		대 변	
비용	금액	수익	금액
분기초 상품재고액	420,000	당기매출액	2,250,000
당기매입액	1,560,000	분기말 상품재고액	400,000
매출총이익	670,000		
	2,650,000		2,650,000
봉급	130,000	매출총이익	675,000
토지임대료	70,000		
소모품비	16,000		
보험료	8,000		
감가상각비	110,000		
영업이익	341,000		
	675,000		675,000
유가증권손실	40,000	영업이익	340,000
당기순이익	346,000	수입집세	20,000
		수입이자	26,000
	386,000		386,000

손익계산서는 일정한 기간 동안 발생한 비용과 수익을 표시하고 이를 통해 일정기간 동안의 손익을 표시하기 때문에 다음과 같은 원칙이 성립된다.

첫째, 총액주의 원칙으로 비용과 수익을 기록할 때에는 일부를 기록하거나 서로 상계하여 그 차액만을 기록해서는 안 되며 총액을 모두 기록하여야 한다.

둘째, 구분계산의 원칙으로 비용과 수익을 기록할 때에는 <표 13－6>과 같이 그 성격에 따라 몇 개의 집단으로 구분하여 계산하는 것이 좋다.

셋째, 발생주의와 현금주의 원칙으로 발생주의는 손익의 발생 시점을 기록하는 방식이고 현금주의는 현금을 직접 주고받는 시점을 손익발생시기로 기록하는 방식인데 서로 대치되는 원리이다.

발생주의와 현금주의 방식의 회계에 대해서는 다음 절에서 설명한다.

제3절 현금주의와 발생주의 회계

정부회계는 예산사용에 대한 책임 한계를 분명히 하고 차기의 예산이나 정책 결정을 위한 기초자료를 제공한다고 할 수 있다. 현재 우리나라의 정부회계는 법률에 의해 지나치게 구속되어 있고, 단식부기의 회계인 현금주의 방식을 취하고 있다. 따라서 현금주의와 발생주의 회계에 대하여 알아본다.

1. 현금주의 회계

현금주의 회계란 정부나 기업 및 가계가 재화나 용역을 거래하는데 있어 현금을 직접 주고받는 시점을 손익발생의 시기로 인식하는 단식부기방식을 말한다.

예를 들면 철판을 생산하는 ‘A’기업이 철판의 일부를 10월 1일자로 팔았다고 하자. 그리고 철판 판매대금을 10월 10일자로 받았다고 해보자. 이때 수입은 현금이 직접 내 손에 들어온 10월 10일이 된다. 이렇게 수입은 현금이 내 손이 직접 들어온 날이며 지출은 통장이나 보유하고 있는 현금을 다른 사람에게 넘겨준 날을 지출일로 기입하는 회계방식이다.

현재 우리나라는 현금주의 방식을 취하고 있으나 국가재정법에 회계연도를 12월 31일, 수입은 납입고지서 발행연도를 확정하는 발생주의를 인정하고 있다.

이렇게 현금의 유입과 지출된 날짜를 중심으로 기록하는 현금주의 방식은 장점도 있지만 단점도 있다.

현금주의 방식의 **장점**은 다음과 같다.

첫째, 현금주의는 원가평가에 있어 기술적으로 쉽고 계산이 간편하다.

둘째, 기업과 같은 수익을 중요시하는 조직보다 다수의 이익을 위해 공익을 추구하는 조직 및 그러한 곳의 경리를 간결하고 명료하게 기록할 수 있어 적당하다.

현금주의 방식의 **단점**은 다음과 같다.

첫째, 현금주의 방식으로 기록하게 되면 실제현금수입과 지출이 없는 미수수익이나 미지급비용은 그 회계연도에 계상되지 않고 현금이 들어오고 나가는 시점으로 처리된다. 따라서 이월액이 너무 많아져 곤란하다. 예를 들면 물품을 12월 20일자로 외상매출하고 다음해 1월 15일에 현금이 수입되었다면 현금이 수입된 다음해 1월 15일이 되어서야 수입으로 잡히게 되므로 매출한 12월 20일에는 기록되지 않고 이월된다.

둘째, 회계연도별 일정기간 내 수입과 지출이 명확히 파악이 안 되며 특정 부처에서 실제로 발생한 경제적 사건이나 정부가 제공하는 서비스와 현금수취에 따른 기간수익 측정에 차이가 난다. 즉, 여러 회계연도에 걸쳐 이익이 발생하게 된다.

셋째, 정부의 경우 정부의 자산가치 파악이 힘들다. 즉, 현금주의 방식에 의거 물품별(품목별)로 열거·기록하는 현 회계제도는 거대해지는 정부기관의 자산이나 부채, 수지결과를 일목요연하게 제시하지 못한다.

현재 우리나라는 정부기관별, 기금별 회계실체의 재무상태를 나타내는 대차대조표가 통합적으로 실시되지 못하고 자산과 부채 개념이 바르게 정립되어 있지 않다. 이로 인해 국가나 지방자치단체의 자산이 공공적 의미에서 합리적으로 관리가 안 되고 있다.

이러한 예를 들면 다음과 같다.

① 유가증권은 협금출납부와 유가증권수납부에 기록된다.
② 미수납은 채권관리장부에 기록이 되고, 소모품과 재고자산, 비품은 물품관리부에 기록되고 있다.
③ 차입금과 공공채는 차입금계산장부에 기록을 하고 있는데 이러한 기록방식은 비합리적이다.

2. 발생주의 회계

발생주의는 현금을 받고, 현금을 지출하는 것에 관계없이 손익의 발생사실에 입각하여 수익과 비용을 인식하고 그 손익을 기록·계산하는 방식을 말한다.

여러 나라의 회계제도를 보면 대부분의 나라들이 현금주의 회계제도를 택하고 있고 발생주의 회계를 취하고 있는 나라는 호주뿐이다. 그리고 영국과 미국 등 발생주의 회계를 부분적으로 취하는 나라들이 증가하고 있다.

발생주의 방식의 **필요성**을 보면 다음과 같다.

첫째, 신용거래와 사회의 복잡화로 인해 거래의 조건이나 자산과 자본구성이 복잡하다. 따라서 현금을 직접 주고받을 수 없는 상황이 많고, 이로 인해 수익 및 비용의 발생시기가 현금의 주고받는 시기와 일치하지 않는다.

우리 주변에서 가장 가까운 예로 카드를 이용하여 백화점에서 물건을 구입하거나 버스·지하철을 이용하고, 대금은 매월 일정한 날에 지불하는 예를 들 수 있다. 이 경우 우리는 거래행위는 먼저 일어나고 현금지불은 후에 일어나 서로 일치되지 않는다.

둘째, 현대 정부는 공기업과 정부자산(토지나 기계, 건물 등)의 증가로 인해 현금주의에 의한 기간 손익 산정이 불가능하므로 발생주의가 필요하다.

발생주의 방식의 **장점**은 다음과 같다.

첫째, 복식부기를 통한 자산가치가 파악이 쉽다. 즉 날로 복잡하고 거대해지는 정부기관의 자산, 부채, 수지결과를 일목요연하게 제시해 준다.

둘째, 정부회계 상호 간 회계제도의 통일화와 비교가능성을 높이고 명료하게 해준다.

셋째, 통합적인 회계를 통한 재정목적이 서로 다른 정부회계법규로 인한 자산, 부채, 재산, 잉여금 등 다기화를 막고 전반적 효과성이나 효율성 측정이 용이하다. 예를 들어 정부회계에서 현재 미수납은 채권관리장부에 기록이 되고, 소모품과 재고자산, 비품은 물품관리부에 기록되고 있는데 모두 하나의 장부에 통일적으로 기록·관리할 수 있다.

넷째, 발생주의 방식을 사용하게 되면 성과에 대한 정보나 과세의 기초자료를 쉽게 제공해 준다.

다섯째, 발생주의 방식을 사용하면 그 조직의 현금조성능력이 어느 정도인지 추정하는 데 도움이 된다. 예를 들면 대차대조표상의 대변에는 차입금이나 외상매입 같은 부채가 표시되는데 이는 자기의 순자본에 타인의 자본을 끌어들일 수 있는 자금 동원능력을 나타낸다.

발생주의 방식의 **단점**은 다음과 같다.

첫째, 원가를 배분할 때 등 작성자의 주관이 개입되기 쉽다

둘째, 대체적 회계처리방법이 많이 허용되어 회계자료의 공기업 간, 지방정부 간, 부처조직 간 비교가 어렵다.

셋째, 일정기간을 기준으로 하여 정부활동에 따라 나타나는 상호 관련 있는 수익과 비용을 한정하고 대응시키는 과정에서 수익은 현금주의에 의해 파악되고 비용은 발생주의에 의해 파악되는 손익계산서상의 대응이 불완전하다.

제14장

계정과목의 회계처리

제14장
계정과목의 회계처리

제1절 재무회계의 계정과목

앞에서 우리는 재무회계의 기본 개념을 배웠다. 본 장에서는 재무회계의 실무라 할 수 있는 계정과목의 회계처리 원리에 입각하여 분개하는 방법과 대차대조표 및 손익계산서를 작성하는 방법을 알아보자.

계정과목의 회계처리를 하기 위해서는 현금이나 물품, 채권, 채무, 자본의 증감의 변화 상태를 일정한 원칙과 기준에 따라 기록하는 일련의 기술인 부기가 필요하다.

부기는 일정 시점에서 재무상태를 파악하고 그 성과를 측정하기 위하여 필요한데 먼저 부기에서 분개하는 기본 원리를 알아본다.

1. 거래와 분개

정부조직이나 기업조직에서 일련의 거래가 발생했을 때 그 거래 사실을 자산·부채·자본·수익·비용에 따라 좌변과 우변으로 구별하여 기입하는 것을 분개(journalizing)라고 한다.

그리고 거래가 발생하면 좌변의 자산이나 우변의 부채항목과 자본에 필연적인 증감의 변화를 가져온다. 이때 어느 항목이 얼마만큼 증가나 감소하였는지 확실히 알 수 없으므로 이들의 변화를 바르게 알기 위하여 계산단위별로 과목을 정해 놓는데 이를 계정(account)과목이라 한다.

2. 계정과목

분개를 바르게 잘하기 위해서는 계정과목을 잘 이해하고 있어야 한다. 계정과

표 14-1 계정과목표

큰 계정	중간 계정	큰계정	중간 계정
유동자산	현금과 예금	이연자산	창업비
	매출채권		개업비
	단기채권		신주발행비
	유가증권		사채발행비
	기타 당좌자산		연구개발비
	선급금과 비용	유동부채	매입채무(당좌, 어음)
	재고자산		단기채무(외상매입, 차입)
투자자산	장기성예금		미지급금(어음, 선수금, 예수금)
	특정현금과 예금		충당금(납세, 퇴직금, 상여금,
	투자유가증권		수선금, 판매보증, 공사보증)
	장기대여금		우발채무(보증, 할인, 선물)
	투자부동산		정리계정
	보증금	고정부채	고정부채(사채, 장기차입)
유형자산	토지	자본금	자본금
	건물		자본잉여금
	구축물		이익잉여금
	기계		자본조정
	선박	수익	영업수익
	차량운반구		영업 외 수익
	비품		특별이익
	공구와 기구	비용	매출원가
무형자산	영업권		판매비 및 관리비
	공업소유권		영업 외 비용
	광업권		특별손실
	어업권		
	기타 무형자산		

목을 정할 때에는, 경영성과를 평가할 수 있고 계산의 내용이나 기능을 잘 알 수 있도록 결정하여야 한다.

이러한 원리에 의해 회계학에서 설정해 놓은 계정과목을 살펴보면 <표 14－1>과 같다.[1]

계정과목에서 중간계정을 다시 세분하여 구체적인 계정으로 나누면 계정과목 수는 230개 이상이 된다.

제2절 분개의 실제

이제 계정과목의 분류에 따라 조직에서 일어난 실제의 거래사실을 분개하여 보자. 분개는 좌변과 우변을 중심으로 구분하기 때문에 T분개라고 부른다.

1. 단일거래사실의 분개

우선 어떤 하나의 거래사실이 있을 때 어떻게 분개하는지 살펴보자. 제13장에서도 살펴보았지만 다시 차변과 대변과목의 내용을 확실히 기억하고 배우도록 하자.

표 14－2 대차대조표의 좌우항목

차 변(자산)	대 변(부채와 자본)
현금, 은행예금	차입금
상품, 외상매출, 대여금	외상매입
비품	
건물	자본금
토지	

1) 이길영, 「신회계원리」(서울 : 삼영사, 1997).

<표 14－2>의 차변과 대변의 계정과목을 잘 기억하고 다음과 같은 거래사실에 대하여 분개하도록 하자.

거래사실 1) 오륜동 사무소에서 필기용구 10개를 20,000원을 주고 매입하다.

우선 필기용구는 소모품(물품)이라고 하고, 현금으로 구입하였으므로 거래사실 1) 물품 20,000, 현금 20,000이라고 정리할 수 있다.

여기에서 물품은 상품과 같이 차변(좌변)이므로 왼쪽에 기입하고, 현금이 빠져 나갔으므로 20,000원은 대변(우변)에 기록한다.

T분개 결과

물품			현금	
현금 20,000				물품 20,000

＊T분개 설명

물품은 차변과목으로 T분개에서 위 제목으로 올라갔으므로 좌변에는 현금이라는 이름으로 20,000을 기록한다. 그리고 대변과목에는 현금이 T분개 제목으로 기록되었으므로 물품 20,000이라고 기록한다.

처음이라서 차변과 대변의 구분항목에 혼돈이 생길 것이나 차츰 익숙해지면 쉽게 느껴질 것이다.

거래사실 2) 동사무소 직원 5명에게 봉급으로 12,500,000원을 지급하다.

거래사실 2) 봉급 12,500,000 현금 12,500,000

T분개 결과

봉급			현금	
현금 12,500,000				봉급 12,500,000

＊T분개 설명

봉급은 차변과목인데 T분개의 제목으로 올라갔으므로 좌변 칸에 현금이라는 이름으로 12,500,000을 기록한다. 그리고 대변과목에는 현금이 T분개 제목으로 기록되었으므로 봉급 12,500,000이라고 기록한다.

거래사실 3) 내고향 연계 상품 204,000원(원가 200,000)을 현금으로 판매하다.

거래사실 3) 현금 200,000　　제좌　상품 200,000
　　　　　　　　　　　　　　　　이익 4,000라고 정리한다.

T분개 결과

현금

제좌 204,000 (현금, 이윤)	

상품

	현금 200,000

이윤

	현금 4,000

* T분개 설명

현금을 받고 물건을 팔았으므로 현금수입이다. 현금수입은 차변과목인데 T분개의 제목으로 올라갔으므로 좌변 칸에 제좌(상품과 이윤)라는 이름으로 204,000라고 기록한다. 그리고 대변과목에는 상품이 T분개 제목으로 기록되었으므로 현금 200,000이라고 기록하고 역시 대변과목에 이윤이 제목으로 올라갔으므로 현금 4,000이라고 기입한다.

* 참고 설명) 원가 200,000원짜리 물건을 4,000원 이윤을 붙여 판매하여 현금으로 받으면 차변에는 현금수입 204,000원이 기록되지만 대변에는 상품원가 200,000원과 판매이윤 4,000원의 2가지 사실을 기록하여야 한다. 이런 경우는 **제좌**라고 한다. 차변과 대변과목의 기록시 1 : 1 상황이 아닐 때, 1 : 2 또는 1 : 3 등일 경우 제좌라고 한다.

2. 복수거래사실의 분개

이제부터는 어떤 조직에서 일정기간에 걸쳐 일어나는 거래사실을 T분개하고 총 분개장을 작성하는 방법을 배우도록 하자. 여기에서는 '미주상회'에서 9월 한 달 동안 일어난 거래사실을 예로 설명한다.

예시 1

다음은 '미주상회'에서 9월 한 달 동안 일어난 거래 내역이다. 일별로 분개하고 총 분개장과 함께 계정 집계표(시산표)를 작성하여라.

① 9월 3일 현금 4,000,000원을 가지고 영업을 개시하다.
② 9월 9일 에어컨을 950,000원에 삼성에서 현금으로 매입하다.
③ 9월 12일 벽시계를 10,000원에 현대 상회에 외상으로 매출하다.
④ 9월 15일 선풍기를 8,000원에 대우에서 외상으로 매입하다.
⑤ 9월 18일 현대 상회에서 외상매출금 중 7,000원을 현금으로 회수하다.
⑥ 9월 24일 대우에 외상매입금 중 5,000원을 현금으로 지급하다.
⑦ 9월 28일 사무원 봉급으로 200,000원을 현금으로 지급하다.

1) 거래사실 요약

위의 거래 내역을 차변과 대변으로 T분개하기 위해 간단히 정리하면 다음과 같다.

현금	4,000,000	자본금	4,000,000
상품	950,000	현금	950,000
외상매출금	10,000	상품	10,000
상품	8,000	외상매입금	8,000
현금	7,000	외상매출	7,000
외상매입금	5,000	현금	5,000
급료	200,000	현금	200,000

2) 분개

위의 거래사실의 요약표를 보고 각각 항목별로 T분개를 해보자.

1현금	
자본금 4,000,000	

1자본금	
	현금 4,000,000

2상품	
현금 950,000	

2현금	
	상품 950,000

3외상매출	
상품 10,000	

3상품	
	외상매출 10,000

4상품	
외상매입 8,000	

4외상매입	
	상품 8,000

5현금	
외상매출 7,000	

5외상매출	
	현금 7,000

6외상매입	
현금 5,000	

6현금	
	외상매입 5,000

7급료	
현금 200,000	

7현금	
	급료 200,000

3) 총 분개장(총 계정원장)

총 분개장은 위에서 각각 분개한 내용을 현금이면 현금끼리, 상품이면 상품끼리 같은 계정과목으로 된 거래사실을 모으는 것을 말한다.

현금			
1자본금	4,000,000	2상품	950,000
2외상매출	7,000	6외상매입	5,000
		7급료	200,000
	4,007,000		1,155,000

상품			
2현금	950,000	3외상매출	10,000
4외상매입	8,000		
	958,000		10,000

현금

차변		대변	
1자본금	4,000,000	2상품	950,000
2외상매출	7,000	6외상매입	5,000
		7급료	200,000
	4,007,000		1,155,000

상품

차변		대변	
2현금	950,000	3외상매출	10,000
4외상매입	8,000		
	958,000		10,000

외상매출

차변		대변	
3상품	10,000	5현금	7,000
	10,000		7,000

외상매입

차변		대변	
6현금	5,000	4상품	8,000
	5,000		8,000

자본금

차변		대변	
		1현금	4,000,000
			4,000,000

급료

차변		대변	
7현금	200,000		
	200,000		

계정과목별로 총 분개장이 완성되면 하단에 차변과 대변의 합계금을 구하여 기록하도록 한다.

4) 시산표

시산표는 총 분개장을 계정과목으로 총 집계하여 정리하는 표로서 중앙에 계정과목을 쓰고 좌우로 차변과 대변을 기록하는 경우도 있고, 맨 좌측에 계정과목을 기록하고 이어 우측에 차변과 대변을 기록하는 방법도 있다.

표 14-3 시산표(계정집계표)

차변	계정과목	대변
4,007,000	현금	1,155,000
958,000	상품	10,000
10,000	외상매출금	7,000
5,000	외상매입금	8,000
	자본금	4,000,000
200,000	급료	
5,180,000		5,180,000

시산표가 작성이 되면 총 분개장에서와 같이 하단에 합계를 구하는데 차변과 대변의 합이 일치되어야 한다.

5) 손익계산서

손익계산서는 정부기관이나 사기업에서 일정기간 동안 발생한 손익의 정도가 얼마인지 나타낸 표를 말하는데 <표 14-3>의 시산표 자료를 가지고 손익계산서를 작성해보자.

표 14-4 손익계산서

차변	계정과목	대변	손익계산서	
			차변	대변
4,007,000	현금	1,155,000		
958,000	상품	10,000		
10,000	외상매출금	7,000		
5,000	외상매입금	8,000		
	자본금	4,000,000		
200,000	급료	→	관리비 200,000	손실 200,000
5,180,000		518,000	200,000	200,000

* 거래사실에 단순한 매출만 나타냈으므로 대변의 이익은 없다.

표 14-5 완성된 손익계산서

손익계산서			
차변		대변	
관리비(급료)	200,000	당기순손실	200,000
	200,000		200,000

6) 대차대조표

대차대조표는 일정한 어떤 시점에서 정부조직이든 사기업 조직이든 재무상태가 어떠한 상태인지를 나타내주는 표인데 시산표를 통해 작성해보자.

표 14－6 대차대조표

차 변		대 변	
현금	2,852,000	외상매입	3,000
상품	948,000	자본	4,000,000
외상매출	3,000		
당기순손실	200,000		
	4,003,000		4,003,000

대차대조표는 <표 14－6>에서 알 수 있듯이 시산표에서 각 계정과목 간의 좌변과 우변의 차액을 구하여 차변, 대변의 계정과목 위치에 기입하면 완성되는데 역시 좌우변의 합이 같아야 된다.

3. 복수거래와 손익계산서

지금까지의 거래사실의 분개에서는 손익이 없는 문제를 가지고 생각하였다. 이제는 거래를 통해 이윤이 발생하는 거래 관계를 분개한 후 대차대조표와 손익계산서를 작성하는 방법을 학습하도록 하자.

다음은 기획재정부 산하 '조달청 서비스 센터'에서 6월 한 달 동안 거래한 내역이다. 거래사실을 분개한 뒤 시산표를 작성 후 대차대조표와 손익계산서를 작성하여라.

① 6월 5일 2/4분기 예산 배정금 40,000원(이 중 미배정금 2,000원은 차입함), 건물 60,000원을 출자하여 강동구에 서비스 업무를 시작하다.

② 6월 8일 국민은행에 현금 7,000원을 예입하다.

③ 6월 9일 현대전자에서 선풍기 1대를 30,000원에 구입하고 이 중 8,000원은 현금지급하고 잔액은 외상으로 구입하다.

④ 6월 10일 책상을 3,000원에 구입하고 대금은 현금으로 지급하다.

⑤ 6월 19일 길동초등학교에 복사지를 10,000원(원가 7,000원)에 공급하고 대금은 외상으로 하다.

⑥ 6월 20일 천호동사무소에 복사지를 25,000원(원가 20,000원)에 매출하고 대금 중 15,000원은 현금으로 받고 잔액은 외상으로 하다.

⑦ 6월 27일 길동초등학교의 외상매출금 중 7,000원을 현금으로 회수하다.

⑧ 6월 29일 국민은행에서 이자 300원을 받다.

⑨ 6월 30일 전기요금 1,500원을 현금으로 지급하다.

1) 거래사실 요약

기획재정부 산하 '조달청 서비스 센터'의 거래 내역을 차변과 대변으로 T분개를 위해 간단히 정리하자.

제좌 현금	40,000	건물	60,000	제좌 차입금	20,000	자본금	80,000
저금			7,000	현금			7,000
상품			30,000	제좌 현금	8,000	외상매입	22,000
상품			3,000	현금			3,000
외상매출			10,000	제좌 상품원가	7,000	판매이익	3,000
제좌 현금	15,000	외상매출	10,000	제좌 상품	20,000	판매이익	5,000
현금			7,000	외상매출(외상회수금)			7,000
현금			300	이자수입			300
관리비(공공요금)			1,500	현금			1,500

2) 분개

위에서 정리된 거래사실의 요약표를 보고 각 항목별로 T분개를 해보자.

표 14－7 분개표

일자	적요	차변	대변
6. 5.	계좌 (현금)	40,000	
	(건물)	60,000	
	제좌(차입금)		20,000
	(자본금)		80,000
6. 8.	저금	7,000	
	현금		7,000
6. 9.	상품	30,000	
	제좌(현금)		8,000
	(외상매입)		22,000
6. 10.	상품	3,000	
	현금		3,000
6. 19.	외상매출	10,000	
	제좌(상품)		7,000
	(이윤)		3,000
6. 20.	제좌 현금	15,000	
	외상매출	10,000	
	제좌(상품)		20,000
	(이윤)		5,000
6. 27.	현금	7,000	
	외상매출(일부회수)		7,000
6. 29.	현금	300	
	수입(이자)		300
6. 30.	관리비(공과금)	1,500	
	현금		1,500
		183,800	183,800

선풍기나 책상은 정부나 기업에서 비품으로 취급하는데 상품으로 하지 않고 비품 계정과목으로 기술하면 더 좋다.

3) 총 분개장(총 계정원장)

분개 내용을 계정과목의 거래 금액을 모아서 정리하면 다음과 같다.

현금

제좌	40,000	저금	7,000
제좌	15,000	상품	8,000
외상매출	7,000	상품	3,000
이자	300	공공요금	1,500
	62,300		19,500

상품

제좌	30,000	외상매출	7,000
현금	3,000	제좌	20,000
	33,000		27,000

외상매출

제좌	10,000	현금	7,000
제좌	10,000		
	20,000		7,000

외상매입

		상품	22,000
			22,000

저축

현금	7,000		
	7,000		

공공요금

현금	1,500		
	1,500		

자본금

		제좌	80,000
			80,000

건물

제좌	60,000		
	60,000		

이윤

		외상매출	3,000
		외상매출	5,000
			8,000

이자수입

		현금	300
			300

차입금

		제좌	20,000
			20,000

계정과목별로 총 분개장이 완성되면 하단에 차변과 대변의 합계금을 구하여 기록하도록 한다.

4) 시산표

중앙에 계정과목을 쓰고 좌우로 차변과 대변을 기록하여 집계하여 정리하자. 바르게 집계하였다면 차변의 합과 대변의 합이 일치된다.

표 14-8 시산표(계정집계표)

차변	계정과목	대변
62,300	현금	19,500
33,000	상품	27,000
20,000	외상매출금	7,000
60,000	건물	
7,000	저축	
	차입금	20,000
	외상매입금	22,000
	자본금	80,000
1,500	공공요금	
	상품판매수익	8,000
	이자수입	300
183,800		183,800

5) 손익계산서

<표 14-8>의 시산표 자료를 가지고 손익계산서를 작성해보자.

표 14－9 손익계산서

차변	계정과목	대변	손익계산서	
			차변	대변
62,300	현　　금	19,500		
33,000	상　　품	27,000		
20,000	외 상 매 출 금	7,000		
60,000	건　　물			
7,000	저　　축			
	차 입 금	20,000		
	외 상 매 입 금	22,000		
	자 본 금	80,000		
1,500	공 공 요 금(관리비)	→	관리비 1,500	
	상 품 판 매 수 익	8,000→		판매수익 8,000
	이 자 수 입	300→	당기순이익 6,300	이자 300
183,800		183,800	8,300	8,300

6월 1일부터 6월 말까지 당기순이익은 8,300원으로 나타났는데 이를 잘 정리하면 <표 14－10>과 같다.

표 14－10 완성된 손익계산서

손익계산서			
차변		대변	
관리비(공공요금)	1,500	판매수익	8,000
당기순이익	6,800	이자수입	300
	8,300		8,300

6) 대차대조표

이상을 토대로 미래 서비스 센터의 6월 말 현재 시점에서 대차대조표를 작성하여 보자.

표 14-11 대차대조표 1

차변	계정과목	대변	대차대조표	
			차변	대변
62,300	현 금	19,500	62,300	19,500
33,000	상 품	27,000	33,000	27,000
20,000	외 상 매 출 금	7,000	20,000	7,000
60,000	건 물		60,000	
7,000	저 축		7,000	
	차 입 금	20,000		20,000
	외 상 매 입 금	22,000		22,000
	자 본 금	80,000		80,000
				순이익 6,800
1,500	공 공 요 금(관리비)			
	상 품 판 매 수 익	8,000		
	이 자 수 입	300		
183,800		183,800	182,300	182,300

이상 총합 시산표에서 손익계산으로 빠져나간 계정과목을 제외한 나머지를 옮겨 적으면 된다.

표 14-12 완성된 대차대조표

손익계산서			
차변		대변	
현 금	42,800	차 입 금	20,000
상 품	6,000	외 상 매 입 금	22,000
외 상 매 출 금	13,000	자 본 금	80,000
건 물	60,000	당 기 순 이 익	6,800
예 금(저 축)	7,000		
	128,800		128,800

이렇게 완성된 대차대조표는 <표 14-13>과 같이 대-중-소의 계정과목의 분류체계로 좀 더 고급화시켜서 표현할 수도 있다.

표 14－13 대차대조표 2

손익계산서			
차변		대변	
자산		부채	
유동자산 :		유동부채 :	
○ 현금	42,800	○ 차입금	20,000
○ 상품	6,000	○ 외상매입	22,000
○ 예금	7,000		
○ 외상매출	13,000	자본 :	
유형자산 :		○ 자본금	80,000
○ 건물	60,000	○ 당기순이익	6,800
	128,800		128,800

제15장

예산개혁

제15장
예산개혁

제1절 예산제도의 개혁

1. 예산개혁의 의의

예산개혁은 예산의 편성과 심의 및 집행, 검사의 전반적 과정에 걸쳐 보다 나은 상태로 인위적으로 변화시키는 일련의 활동이라고 말할 수 있다. 예산개혁 하면 미국을 생각하게 되는데 미국은 예산의 전반적 과정에 대하여 인위적이고 합리적 절차의 방법을 도입하려는 여러 번의 시도가 있었다. 예산개혁의 목표는 예산의 능률성과 효과성, 책임성이라 할 수 있는데 이는 개혁뿐만 아니라 감사 및 심사평가와도 연계된다.

1) 예산개혁의 이념

예산개혁의 이념이란 예산개혁을 실행할 때에 삼아야 할 일련의 기준을 말한다. 따라서 예산개혁을 추진할 때에 삼아야 할 길잡이 역할을 할 뿐 추구되는 목표는 아니다.

① 효율성

효율성은 능률성이라고 하는데 최소의 비용으로 최대의 생산을 이루는 것을 말한다. 효율성은 가장 적은 노력으로 가장 많은 생산을 내는 기술적인 문제가 수반되어야 한다. 효율성은 투입자원에 대한 산출의 비를 의미하는데 이것은 평균생산비용을 낮춰 준다. 그러나 효율성의 증가는 어느 한계에 도달하면 오히려 감소한다.

② 효과성

효과성은 효율성과 함께 행정에서 빼 놓을 수 없는 주요개념이다. 효율성이 비용에 대한 생산비로 정의된다면 효과성은 생산량보다는 도달된 목표에 관심을 둔다. 따라서 효과성은 사회적 능률성으로 일컬어지며 사람들이 갖는 만족수준에 따라 달라진다. 효과성은 효용수준으로서 개인의 가치관에 따라 다르다. 그리고 시대적 상황이나 장소, 매 시간마다 마음의 상황이 변화하기 때문에 효과성도 달라진다.

③ 민주성

민주성은 예산개혁에 국민의 의사를 반영하는 것을 의미하는 적극적인 개념으로서 다음과 같은 것들이 포함되어야 한다.

첫째, 예산개혁에 국민의 참여가 허용되어야 하는데 직접참여나 간접참여 및 공청회, 제안제도, 인터넷 등 다양한 방법이 있다.

둘째, 예산개혁 과정에 많은 대중이 참여하는 민주화를 이루어야 한다.

셋째, 예산개혁이 공개적이면서 투명하게 이루어져야 한다.

④ 형평성

형평성은 신행정론자들이 주장한 개념으로 공정성과 같은 의미로 사용되는데 능력과 업적에 맞는 정당한 불평등이 고려되어야 한다. 따라서 능력과 업적이 같은 조건이라면 개인 간, 집단 간, 계층 간에 공정한 배분이 되도록 예산개혁을 하여야 한다.

2. 예산개혁의 과정

미국은 예산의 전반적 과정에 대하여 인위적이고 합리적 절차의 방법을 도입하려는 여러 개혁시도가 있었고 여러 나라들이 이를 자기나라에 적용하였다. 미국의 예산개혁 과정을 간단히 살펴보자.

1) 1921년 이전의 예산개혁

미국의 예산개혁은 크게 1921년 이전과 이후로 구분할 수 있다. 미국은 1774년 독립 후 1921년까지 근대적 의미의 예산제도가 존재하지 않았다. 이 당시에는 각 성청이 각자의 예산서를 작성하여 의회의 승인을 받아 사용하였다.

2) 1921년 이후의 예산개혁

1921년 6월 Harding 대통령은 최초의 예산교서를 통해 국가재정법을 제정 예산국을 신설하고 행정부 통제하에 예산을 편성하여 의회에 제출하였으며, 예산사용의 책임성을 확보하고자 회계검사원을 신설하였다.

1934년 Roosevelt 대통령은 New Deal 정책의 일환으로 **복식예산**을 편성하였으며 이어 1965년에는 Johnson 대통령이 **계획예산제도**(PPBS) 제도를 국방부에 도입하였고, 1973년 Nixon 대통령은 **목표에 의한 관리**(MBO)로 예산제도를 개혁하였다. 이어 1979년에는 Carter 대통령이 미국의 적자 폭을 줄이기 위해 **영기준예산**(ZBB)을 도입하였다.

제2절 품목별 예산(LIBS)

1. 품목별 예산제도의 의의

품목별 예산(LIBS: Line Item Budgeting System)은 1920～1930년대에 미국에서 크게 유행했던 예산제도로서 부정 지출과 예산의 낭비를 막기 위해 편성된 예산이다.

품목별 예산은 예산의 과목분류 장－관－항－세항－목 중에서 목(目)을 가지고 분류한 예산이다. 품목별 예산은 예산분류 중에서 가장 오래된 고전적 예산제도로 세출예산을 대상·성질에 따라 어떤 품목을 '**수량×단위원가=예산**'으로 편성하는 방법이다.

품목별 예산은 어떤 조직(누가)에서 무엇(품목)을 하는 데 얼마에 쓸 것인지에 중점을 두기 때문에 조직(기관)별 단위, 기능별 단위, 사업별 단위로 편성이 가능하다. 즉, 성과주의 예산이든지, 계획예산, 영기준예산이든 어떠한 예산이라도 마지막 단계에서는 품목별로 계산이 된다.

2. 품목별 예산항목의 구분

우리나라 품목별 예산의 분류 항목은 세출예산의 대상과 성질에 따라 **인건비**(100), **물건비**(200), **이전지출**(300), **자본지출경비**(400), **융자 및 출자**(500), **보전지출**(600), **정부내부거래**(700), **예비비**(800)의 8개 영역으로 대분류하고 있다(제3장 표 4-5 참조).

인건비(100)-기본급, 상여금, 비정규직 보수

물건비(200)-운영비, 여비, 특수활동비, 업무추진비, 복리후생비, 용역비, 시험연구비, 저장품 매입비(8개 품목)

이전지출(300)-보상금, 배상금, 출연금, 민간경상이전, 자치체경상이전, 비금융기업전출금, 해외경상이전, 차입금 이자(8개 품목)

자본지출경비(400)-기본조사설계비, 실사설계비, 토지매입비, 시설비, 감리비, 시설부대비, 자산취득비, 차관물자용역비 등(14개 품목)

융자 및 출자(500)-융자금, 출자금(2개 품목)

보전지출(600)-국내차입금, 해외차입금(2개 품목)

정부내부거래(700)-전출금, 예탁금, 감가상각비 등(6개 품목)

예비비(800)-예비비, 예비금, 반환금 기타(3개 품목)

<표 15-1>은 우리나라 품목별 예산항목 중에서 인건비와 물건비에 해당하는 품목(음영처리 부분)만 제시한 것이다.

<표 15-1>과 같이 여러 개의 품목으로 구분하여 각각에 대한 예산을 배

표 15-1 일반회계 세출예산의 품목 예시

<table>
<tr><th>성질별</th><th>품목별(목)</th><th>품목별(세목)</th></tr>
<tr><td rowspan="7">인건비 (100)</td><td rowspan="2">기본급 (101)</td><td>봉급 (01)</td></tr>
<tr><td>상여금 (02)</td></tr>
<tr><td rowspan="3">상여금 (102)</td><td>초과근무수당 (01)</td></tr>
<tr><td>정액수당 (02)</td></tr>
<tr><td>기타 수당 (03)</td></tr>
<tr><td rowspan="2">비정규직 보수 (103)</td><td>기타직 보수 (01)</td></tr>
<tr><td>일용임금 (02)</td></tr>
<tr><td rowspan="24">물건비 (200)</td><td rowspan="12">관서운영비 (201)</td><td>일반수용비 (01)</td></tr>
<tr><td>공공요금 제세 (02)</td></tr>
<tr><td>피복비 (03)</td></tr>
<tr><td>급량비 (04)</td></tr>
<tr><td>특근 배식비 (05)</td></tr>
<tr><td>운영수당 (06)</td></tr>
<tr><td>임차료 (07)</td></tr>
<tr><td>연료비 (08)</td></tr>
<tr><td>시설장비유지비 (09)</td></tr>
<tr><td>차량선박비 (10)</td></tr>
<tr><td>재료비 (11)</td></tr>
<tr><td>기타 운영비 (12)</td></tr>
<tr><td rowspan="3">여비 (202)</td><td>국내여비 (01)</td></tr>
<tr><td>국외여비 (02)</td></tr>
<tr><td>외빈초청여비 (03)</td></tr>
<tr><td>특수활동비 (203)</td><td>특수활동비 (01)</td></tr>
<tr><td rowspan="3">업무추진비 (204)</td><td>일반업무비 (01)</td></tr>
<tr><td>특정업무비 (02)</td></tr>
<tr><td>지급보조비 (03)</td></tr>
<tr><td>복리후생비 (205)</td><td>복리후생비 (01)</td></tr>
<tr><td>용역비 (206)</td><td>용역비 (01)</td></tr>
<tr><td>시험연구비 (207)</td><td>시험연구비 (01)</td></tr>
<tr><td>저장품 매입비 (208)</td><td>저장품 매입비 (01)</td></tr>
</table>

정한 것이 '20××년도 예산' 각목명세인데 국회소관 예산 중에서 기관운영비에 대한 품목별 예산을 보면 <표 15－2>와 같다.

표 15－2 국회소관 품목별 예산 총괄표 (단위 : 백만원)

장				○89년도	○88년도	증감
관	항	세항	목			
				66,742	55,933	10,809
				66,742	55,933	10,809
장 100 입법 및 선거관계				47,241	32,693	14,548
	111 국회			40,413	27,767	12,646
		1100 입법활동	101	12,228	8,137	4,091
		1101 기관운영	102	5,910	3,850	2,060
			103	93	83	10
			:	:	:	:

<표 15－1>의 품목별 분류 예시에서 101은 인건비의 기본급이고 01은 봉급, 02는 상여금을 의미한다. <표 15－2>에서 가령 101(기본급)의 경우 예산이 122억 2,800만원이다. 이는 국회 내에 근무하는 모든 공무원들의 1년 기본급 예산이다. 이를 품목별로 예산을 구성하여보자.

품목	수량		단가		횟수		예산(비용)
01(봉급)	1급 3명	×	2,300,000	×	12	=	82,800,000
	2급 5명	×	2,000,000	×	12	=	120,000,000
	3급 10명	×	2,000,000	×	12	=	240,000,000
	4급 20명	×	1,700,000	×	12	=	408,000,000
02(기타직)	1급 3명	×	2,000,000	×	12	=	72,000,000
	2급 5명	×	1,600,000	×	12	=	96,000,000
	3급 10명	×	1,400,000	×	12	=	168,000,000
	4급 20명	×	1,100,000	×	12	=	264,000,000
			..				..
							12,228,000,000원

3. 품목별 예산의 특징

품목별 예산의 특징을 보면 다음과 같다.

1) 예산편성의 기본인 품목표시 예산제도

어떠한 예산제도이든 예산편성에서 가장 마지막으로 표현되는 단위는 품목에 대한 단가와 수량이다. 품목별 예산제도는 이러한 기본 단위로 나타내는 기본 예산제도이다.

2) 입법부 우위의 예산제도

예산에 대한 전통적 관점은 예산을 담당한 사람들이 정한 규정대로 잘 집행하도록 통제하는 것이 주목적이었다. 이러한 통제는 행정부에 의해 이루어지는 것이 아니라 의회가 행정부 우위에 서서 의회의 의도하는 대로 집행하도록 하고 있다.

따라서 행정부의 예산사용에 대한 재량성이 입법부에 의해 제한된다. 이와 같은 입법부 우위의 예산원칙은 통제와 밀접하게 연계된다.

3) 통제중심 예산제도

품목별 예산은 예산의 효율성이나 효과성보다는 예산을 담당한 사람들이 법률이나 규정에 의해 잘 집행하되 부정이 일어나지 않도록 통제하고 감독하는 것이 주목적인데 품목별 예산제도는 이에 적절한 예산제도이다.

4) 정치목적에 부합된 예산제도

품목별 예산제도는 성과를 위주로 하거나 효과성을 중심으로 편성된 예산이 아니고 가장 기본 단위가 되는 품목별로 소요되는 예산에 따라 편성된다. 특히 전년도를 기준으로 점증주의적 관점에서 편성하였기 때문에 예산편성이나 의회의 예산심의 과정에서 삭감될 경우 이익집단이나 이해관계자들의 저항이 적어 정치적 목적에 유리한 예산제도이다. 즉, 의회에서의 예산삭감이 선거시 표를 획득하는데 큰 영향을 주지 않는다.

4. 품목별 예산의 장·단점

1) 품목별 예산의 장점

첫째, 지출대상(누구)에 얼마를 사용하였는지 명백하고 회계책임이 분명하다. 각 행정 부처별 또는 실, 국별로 얼마의 예산을 사용하였는지 명확히 알 수 있고, 집행액에 대한 성과도 바로 알 수 있다.

둘째, 예산편성과 결산 및 사업계획수립 등에 편리하다. 어떤 조직에서 어떤 품목을 얼마만큼 사용하는지 나타내기 때문에 사업계획을 수립하기 용이하고 결산서 작성에도 용이하다.

셋째, 예산을 가지고 어떤 물품을 얼마만큼 구입하였는지에 중점을 두기 때문에 새로운 예산제도와 연계가 용이하다.

넷째, 예산의 전용을 통한 예산사용의 신축성이 보장된다. 현재 우리나라에서는 입법과목은 의회의 심의과목이고 행정과목인 품목은 행정과목이기 때문에 행정부의 재량에 따라 전용하여 사용할 수 있다.

다섯째, 인사관리를 위하여 유용한 정보를 제공한다. 품목별 예산은 지출대상별로 편성되기 때문에 그 결과가 예산사용자의 실적이 되어 인사정보로 활용된다.

여섯째, 회계검사에 유용한 정보를 제공해 준다. 품목별 예산은 사용된 품목별로 집행내역이 기록되기 때문에 회계검사를 하는 데 편리하다.

일곱째, 품목별 예산제도는 이해하기 쉽기 때문에 의회의 예산심사와 통제 및 외부통제가 용이하다.

품목별 예산은 누가 어떤 품목을 얼마나 사용하였는지 단위별로 표시되기 때문에 예산을 심사하는 국회의원이나 예산을 보는 국민이 예산내용에 대해 이해하기 쉽다.

2) 품목별 예산의 단점

첫째, 회계책임이 명백하고 좋으나 행정의 신축성을 약하게 하여 경직성 요인이 되기 쉽다.[1] 품목별 예산을 너무 세부화하여 확정할 경우 경제 상황에 따라 융통적으로 사용하기 어렵다.

둘째, 예산을 어떠한 목적과 사업에 사용했는지 그 성과를 알 수 없다. 품목별 예산은 단순히 누가 어떤 품목을 얼마나 사용하였는지 단위별로 나타낼 뿐 그것이 사용되어 어느 정도 목표달성을 이루는지 알 수 없다.

셋째, 사업을 위한 계획이나 목표관리가 잘 되지 않는다. 품목별 예산은 산출량과 목표 도달도가 어느 정도인지 알 수 없기 때문에 이를 달성하기 위한 목표관리를 할 수 없다.

넷째, 각 행정기관을 총괄하는 총괄계정에는 부적합하다.

다섯째, 예산을 어떤 목적과 사업에 사용했는지 잘 알 수 없기 때문에 정부가 국민경제의 안정화를 위해 어떤 적극적 역할을 했는지 알 수 없다.

제3절 성과주의 예산(PBS)

1. 성과주의 예산제도의 의의

성과주의 예산제도(Performance Budgeting System)는 품목별 예산이 누가 어떤 품목을 얼마만큼, 왜 구입하였으며 그에 대한 성과는 어느 정도인지 알 수 없는 단점을 보완하기 위하여 고안된 제도이다.

성과주의 예산제도는 1919년 뉴욕시 시정연구회가 New York시 Richmond구를 대상으로 하수도, 도로청소, 도로보수사업에 대해 효과적인 통제와 성과를 높일 목적으로 실시한 것이 시발점이 되었다.

우리나라에서도 1961년부터 1963년까지 농림부의 농지개발과 조림사업, 보사

---

1) 심정근, 전게서, pp. 194～195.

부의 정신병원, 결핵사업, 건설부의 댐 건설 등에 성과주의 예산제도를 도입하였다.

2. 성과주의 예산의 원리와 특징

성과주의 예산은 누가 얼마의 예산을 사용하여 어떤 사업에 어느 정도의 성과가 있었는지 알 수 있도록 **기능별－부처별－사업계획별**로 분류 편성하는 방법이다. 이는 예산 지출의 목적(목표달성) 그 자체에 역점을 둔 편성 방법으로 **업무량×단위 원가**를 통해 사업별 **예산액**을 산출한다.

한 예로 국토해양부에서 6,500만원을 들여 교량 20m를 건설한다고 하자.

성과주의 예산의 표시
건교부 교량건설 :
총 길이 20m(업무량)×단위당 건설원가 1,250,000＝3,200,000원

품목별 예산은 20m의 다리를 건설하는 데 필요한 모든 품목을 조사한 뒤 각 품목별로 예산을 산출하는 방법이다.

품목별 예산의 예시

		품목수량		단가		
건교부 교량건설 :	철근	2,000	×	5,000	=	10,000,000
	시멘트	400	×	15,000	=	6,000,000
	모래	20톤	×	300,000	=	6,000,000
	자갈	10톤	×	300,000	=	3,000,000
	인부	200명	×	200,000	=	40,000,000
						65,000,000원

성과주의 예산은 6,500만원(건설비) 내에서 그에 사용되는 품목을 재량으로 효율성 있게 선정하여 20m의 교량건설을 능률적이고 효과적으로 달성하도록 재료의 단가를 비교해 가장 능률적인 산출이 될 수 있게 예산을 편성하는 방법이다.

따라서 성과주의 예산은 다음과 같은 **특징**이 있음을 알 수 있다.

첫째, 사업이 달성하려는 산출에 관한 정보를 기준으로 예산액을 결정할 수 있다.

둘째, 달성하려는 사업의 목적과 성과를 어디까지 정하느냐에 따라 예산액이 달라질 수 있기 때문에 관리 지향적이다.

셋째, 상급자는 달성하려는 사업의 목적과 성과를 정하고 그에 따라 예산을 관리하여야 하기 때문에 그 역할이 중요하다.

3. 성과주의 예산의 편성 과정

1) 사업의 구분

성과주의 예산은 **기능별 - 부처별 - 사업별**로 분류된다. 기능별은 방위, 교육, 일반행정, 사회개발, 경제개발 등으로 구성되어 있다. 그리고 기능은 각 부처별로 분류되고 부처에서는 그 기능수행을 위해 사업을 선정하게 된다.

기능별 분류에서 교육의 경우를 예로 들어 설명해 보자.

<그림 15 - 1>에서 교육의 경우는 교육부도 해당이 되고, 노동부에서도 직업훈련교육이 있으며, 법무부에서도 사법연수생교육이 있을 것이다. 이러한 교육은 각 해당 부처에 배정이 될 것이다. 교육의 일 중 대학교육은 교육부의 일이니 교육

그림 15 - 1 성과주의 예산 분류

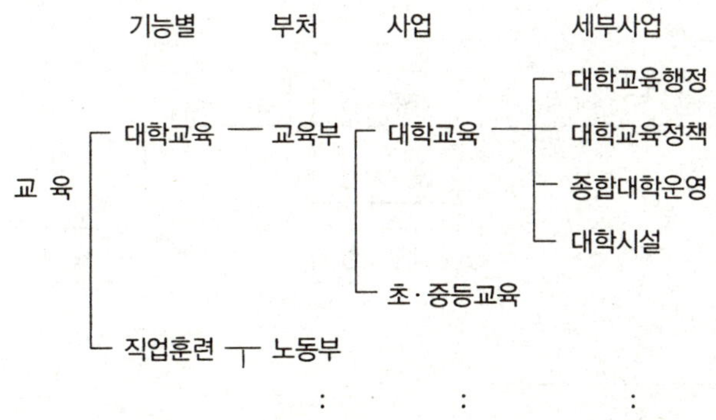

부에 연결되고 이 중 대학교육사업이 있으며 대학교육사업은 대학교육행정, 대학교육정책, 종합대학운영, 대학시설 등으로 세분화될 것이다.

이상을 간단히 하면 [교 육]－[교육부]－[대학교육]－[대학시설]과 같이 분류할 수 있다.

2) 성과단위의 구분

정부의 각 부처는 중앙예산기관으로부터 예산을 배정받아 계획한 사업을 추진한다. 이 사업은 기능별로 교육에 관한 사업, 일반행정에 관한 사업, 사회개발과 관련된 사업 등 다양하다. 그리고 각 부처 사업이 종료되면 그 성과가 어느 정도인지 측정한다. 이렇게 측정되는 성과를 성과주의 예산에서는 **성과단위**(unit of work measurement) 또는 업무측정단위, 업무단위로 부르기도 하는데 **산물단위**와 **활동(과정)단위**로 구분된다.

산물단위란 어떤 부처가 수행하는 세부사업이 마지막 성과측정 과정에서 구체적인 산물(수치)로 계량화하여 측정이 가능한 단위를 말한다. 예컨데 대학교육행정 중에서 인건비의 경우 사람 몇 명을 고용하여 봉급을 주었는지 파악할 수 있고, 교량건설 같으면 총 몇 m^2를 건설했는지 알 수 있다. 그러나 어떤 사업의 경우에는 산물로 그 성과를 표시할 수 없는 경우가 있다. 예를 들면 서무, 문서보관, TV를 통한 홍보방송 등은 산물로 표시할 수 없고 **활동단위**로 나타내야 한다.[2)]

그림 15-2 성과주의 성과단위

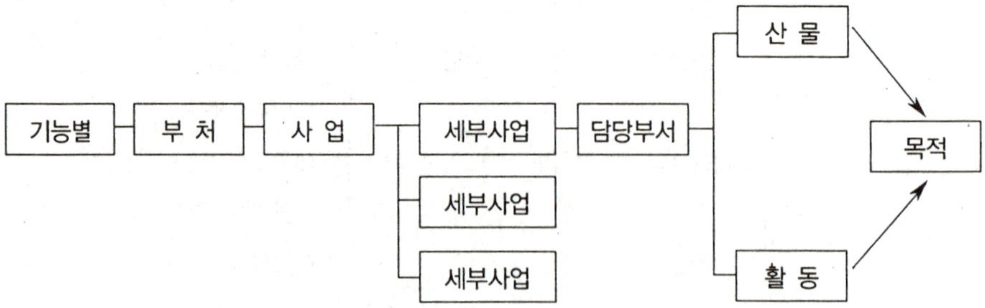

2) Burkhead, *op. cit.*, p. 148.

각 부처에서 추진하는 모든 사업은 기능별 분류 속에서 세부사업에 따라 산물과 활동으로 분류할 수 있다. 사실 성과주의 예산의 핵심은 성과단위를 산물과 활동으로 구분하는 일이다. 그리고 이 분류된 산물이나 활동에 따라 예산을 배분하면 된다. 성과주의 예산의 예를 보면 <표 15－3>과 같다.

표 15－3 미국 Los Angeles시 활동분류표

분류번호	활 동	소요 인원	급료	시간 외 근무	필요 비품	총 계
21. 10	서무					
21. 11	건축허가 및 검열					
21. 13	연관공사 허가 및 검열					
21. 14	전기공사 허가 및 검열					
21. 15	난방 및 냉방허가 검열					

자료 : Burkhad, *Government Budgeting*, p. 178.

표 15－4 한국의 성과예산 산출 분류표 소관 : 내무부 공공사업비

관	항	세항	측정단위
토목행정비	관리비	서울지방건설국	
	지방건설국비	이리지방건설국	
	토목시험소비	부산지방건설국	
토목사업비	도로사업	교량시설	km
		도로시설	km
		유지개수	도로표식 km, 개수
			노면정리 km^2
			도로포장 km^2
	치수사업	거착	m 또는 m^2
		축제	m 또는 m^2
		호안	m
		수문	개 혹은 m
	도시토목사업	공원	km^2
		도로	km^2

자료 : 재무부, 「실적예산제도」 (1961), pp. 67～68.

<표 15－3>은 미국의 경우 1953년에 Los Angeles시의 성과단위 중에서 활동단위에 대한 분류표를 나타낸 것이고, <표 15－4>는 1961년도에 우리나라에서 실시한 성과주의 예산의 산출에 대한 분류표를 나타낸 것이다.

3) 단위원가의 산정

각 부처에서 추진하는 사업에 대한 성과를 측정할 때 산물단위인지 활동단위인지 구별이 끝나면 단위원가를 계산하여야 한다. 계산하는 방법은 산출단위와 활동단위가 서로 다르다.

여기에서 단위원가란 물건을 1단위 생산하는 데 들어가는 비용의 개념으로 생각하면 된다.

① 산출단위의 원가 산정

산출단위의 원가는 매일 매일 사업을 추진해 가면서 기록된 각각의 업무단위마다 노동비, 재료비, 장비비 등의 직접비용과 간접비용 등을 계산한다. 이렇게 구한 것이 **총 업무단위(업무량)**이고 여기에 **단위비용(단위원가)**을 곱하면 **예산액**이 되는데 이 방법을 원가계산법이라 한다.

산출단위의 원가를 계산하는 방법으로 **업무량법**이 있는데 이는 단위당 원가나 인건비 등을 고려하지 않고 **업무량**으로 파악하여 예산을 배정하는 방법이다. 즉, 업무량이 증가하면 증가한 만큼 예산을 더 배정한다.

② 활동단위의 원가 산정

산출에 의해 계산이 불가능한 사업은 그 사업을 위해 활동하는 인력이 가장 중요한 요소가 된다. 따라서 **단위 원가**는 **인건비**로 계산하는데 이를 **인원비율법**이라 한다. 이 경우에는 인건비의 단위원가 산정근거가 문제가 되는데 그와 비교될 수 있는 어느 표준조직의 인건비를 적용하여 그와 비슷하게 정하면 된다.

그러나 사실 인구비례, 또는 지수를 추정 등에서 대략 몇 개 정도로 기준할 것인지 측정이 불가한 사업이 많다.

4) 예산산출과 배정

사업에 따라 단위원가를 산출과 활동별로 구한 다음 총 업무량과 곱하면 그에 필요한 예산이 결정된다. 그리고 세부사업일 경우에는 분류된 세부사업의 예산을 합산하면 사업예산이 된다.

4. 최근의 성과주의와 Hoover 시기의 성과주의 차이

최근에 들어 대부분의 국가에서 성과주의 예산을 책임성과 함께 강조하고 있다. 우리나라도 1998년 김대중 정부에 들어서면서 성과주의 예산을 강조하고 있는데 이는 과거 Hoover 시기에 창안되었던 성과주의와 원리는 같으나 강조점이 약간 다르다.

첫째, 고객과 국민이 기대할 수 있는 기준을 제정하고 달성 여부를 평가한다. 국가의 예산은 국민과 고객을 위한 서비스 창출을 통해 복지를 증진하는 일이라 할 것이다. 따라서 국민과 고객의 의견이 반영된 기준을 설정하고 성취하려고 노력한다.

둘째, 공공서비스 기준에 입각한 성과를 협정·체결하려 한다. 정부가 추진하는 사업은 수없이 많다. 그러나 그러한 모든 사업은 소득을 재분배하고 자원배분을 통해 경제를 안정시키는 일과 관련된다. 따라서 정부 스스로 공공서비스 기준에 입각하여 성과목표를 세우고 그에 맞게 계약을 체결하여야 한다.

셋째, 성과 협정과 목표달성 여부는 체계적 성과척도로 측정하려 노력한다. 성과주의는 무엇보다도 목표의 달성여부를 평가기준에 입각하여 경제적이고 계량적인 방법으로 체계적인 분석을 통해 측정한다.

넷째, 성과측정 결과를 예산에 반영하고 심사평가와 성과감사의 유기적 연계를 꾀한다. 행정 각 부처에서 공공서비스 기준에 입각하여 체계적으로 평가하여 그 실적이 뚜렷할 경우 그 실적에 따라 incentive를 준다. 우리나라도 김대중 정부에서 1999년부터 성과에 대한 incentive제를 도입하여 실시하고 있다. incentive제에 대한 구체적인 내용을 보면 다음과 같다.

각 중앙관서의 장은 예산의 집행방법 또는 제도의 개선 등으로 수입이 증대되거나 지출이 절약된 경우에는 증대 또는 절약된 예산의 일부를 이에 기여한 자에게 성과금으로 지급하거나 다른 사업에 사용할 수 있도록 규정하고 있는데 이에 대한 심사는 예산성과금 심사위원회의 심사를 거쳐야 한다.[3)]

다섯째, 성과정보를 공개하여 투명성 있게 운영하고 있다. 어느 부처에서 예산사용에 대한 실적의 성과가 두드려지면 이를 투명하게 공개하여 다른 부처에서도 자극받아 예산절약에 대한 노력을 하도록 유도하고 있다.

5. 성과주의 예산의 장·단점

1) 성과주의 예산의 장점

첫째, 산출별·활동별로 투입되는 예산에 대한 실적을 명확히 알 수 있다. 정부가 추진하는 각 사업목표달성에 대하여 계량화하여 실적을 파악할 수 있는 산출 부분과 계량화할 수 없는 활동부분으로 구분하여 예산을 투입하기 때문에 투입 후 산출되는 실적을 뚜렷이 알 수 있다.

둘째, 정부의 예산집행과 운용에 대한 신축적 융통성을 부여하므로 경제상황에 따라 적절히 대처할 수 있다.

셋째, 업적이나 성과의 측정 수단을 제공한다. 성과에 공로가 있는 개인이나 조직이 누구인지 구별이 용이하고 이를 인사자료로 반영하여 사용할 수 있다.

넷째, 의회의 협조가 필요하다. 의회는 국민의 대표자로서 예산을 심사하여 집행할 수 있는 권한을 부여하기 때문에 어떠한 예산제도이든 의회의 협조 없이는 불가능하다.

그러나 의회가 정부의 예산제도에 협조하여 권한을 부여하게 될 경우 의회의 통제력이 약화되기 때문에 협조하지 않는다.

---

3) 국가재정법 제36조 제2항(1999년 2월 신설). 그리고 이에 대한 구체적인 적용은 예산성과급 규정에 따른다. 예산성과급 지급 규정은 총 20개 조와 부칙으로 되어 있다.

다섯째, 정부의 사업에 대한 목적이나 그에 따른 성과가 어느 정도인지 국민이 이해하기 쉽다.

여섯째, 산출의 측정에서 계량적인 방법을 사용하기 때문에 측정자의 주관이 개입할 수 없고 공정하다.

일곱째, 성과주의 예산은 목표가 고정되어 있고 이를 달성하기 위해 투입되는 예산 범위 내에서 산출과 활동이 적절히 조절되고 관리된다.

여덟째, 과거의 실적이나 성과를 차기계획에 이용할 수 있다.

2) 성과주의 예산의 단점

첫째, 우수한 회계정보 시스템이 필요하다. 성과주의 예산의 핵심은 단위원가×업무량에 의해 예산액이 산출된다는 것이다. 따라서 단위원가를 산출하기 위해서는 광범위한 회계정보가 입력되어 있고 그 가격변동을 수시로 입력해주어야 한다.

둘째, 단위원가의 계산이 어렵다. 과거에 추진했던 사업의 경우에는 단위원가의 계산이 쉬우나 새로운 사업일 경우, 단위원가가 잘 알려지지 않은 물품일 경우 단위원가를 결정하기가 매우 어렵다.

셋째, 산출이나 활동을 구분하거나 회계정보를 잘 관리할 수 있는 유능하고 적극적 예산담당자가 필요하다.

넷째, 의회에서 협조하지 않는다. 의회가 정부의 성과주의 예산에 협조하여 권한을 부여하게 될 경우 의회의 통제력이 약화되기 때문이다. 미국에서 성과주의 예산이 실패한 주원인은 의회의 비협조 때문이었다.

다섯째, 성과주의를 위해 모든 사업을 산출과 활동으로 구분하는 일은 어렵고 일이 많아 주정부와 같은 작은 규모에 적합하다.

여섯째, 사업을 산출과 활동으로 구분하여 단위원가를 산정하여도 계량화가 가능한 사업에 적절하며 계량화할 수 없는 활동부분은 산정에 어려움이 있다.

제4절 계획예산제도(PPBS)

1. 계획예산제도의 의의

계획예산제도(PPBS: Planning Programming and Budgeting System)는 1920년대 Taft 대통령 때 제기되었으나 1965년 Johnson 대통령에 의해 연방정부에서 사용하기 시작하였다. 한국은 1971년 국방부에 도입하여 적용을 시도하였으나 실패하였다.

PPBS의 기본핵심은 정부가 하여야 할 사업은 무한할 정도로 많은데 예산은 한정되어 있어 이를 효과적으로 달성할 수 있는 사업에 예산을 배분한다는 생각하에 시도된 예산제도라는 것이다. 그리고 이러한 배분은 철저한 경제적 방식의 합리주의적 입장에서 목표를 이루기 위한 대안을 분석하되 장기적 관점에서 배분한다는 것이다.

이때 컴퓨터를 이용하여 benefit/cost analysis(비용편익분석), systems analysis(체제분석)를 통해 분석하고 대안을 선택한다.

2. 계획예산제도의 과목구조

PPBS는 어느 부처에서 사업에 대한 계획이 수립되면 이를 달성하기 위해 구체적으로 Program화한다. 이 Programming 과정에서 수많은 대안이 존재하는데 비용편익분석이나 체제분석을 통해 이 중에서 가장 적절한 대안을 선정하고 예산을 배분하여 일을 추진한다. 따라서 어떤 사업을 추진하기 위해 철저한 계획이 수립되기 때문에 계획예산이라 부르게 된 것이다.

PPBS는 Planning－Programming－Sub－Programming－Program Element로 구조화되어 있다. 필요시 Sub－Programming 밑에 Sub－Sub－Programming으로 더 세분화할 수 있다.

1) Planning 구조

Planning 구조는 부처가 추진하려고 하는 사업과 사업에 대한 목적를 설정하는 것으로 조직의 상층부(관리층)의 결정과 관계된다. Planning은 구체성보다는 추상성을 많이 내포하며 금액에 대한 결정보다 사업결정에 더 초점을 둔다.

Planning 구조는 상층부에서 결정할 수도 있지만 계획을 수립하는 담당자가 여러 개의 Program을 모아 하나의 큰 부류로 묶어 최고관리층에 있는 사람들이 결정할 수 있도록 한 하나의 사업군을 말한다.

2) Programming 구조

Programming은 사업목표를 달성하기 위한 구체적 수단이나 활동과정으로서 어떻게 할까에 관한 문제이다. .

Programming은 목표에 도달하기 위한 여러 대안들로서 이는 더 작은 세부적인 대안으로 구체화시킬 수 있다. 즉, Program Category를 작은 Program Sub-Category로 구분하고 또 다시 더 작은 Program Sub- Sub-Category로 세분할 수 있다.

3) Program Element 구조

Program Element 구조는 국민을 위해 생산되는 가장 작은 단위 서비스의 생산 업무를 비슷한 것끼리 모아놓은 것이다. 즉, Program Element는 Program

그림 15-3 계획예산제도의 과목구조

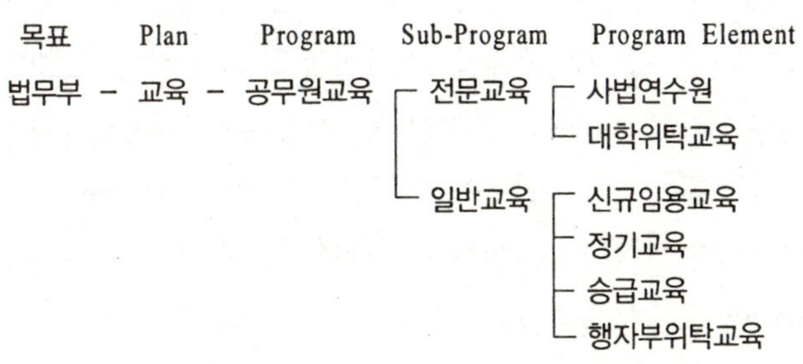

Sub-Category를 더 세부적으로 분류한 것으로 업무의 집합이라고 할 수 있다.

이상을 간단한 예를 들어 설명하면 <그림 15-3>과 같다.

Programming 구조는 Program 세분화를 통하여 연계시키는 것을 말하며 연계를 통해 마지막으로 나타난 Program Element 구조는 <그림 15-3>에서 보는 바와 같이 신규임용교육, 정기교육, 승급교육, 행자부공무원교육에 포함시켜 병행하는 위탁교육 등으로 비슷한 업무의 집단을 나타낸다.

3. 계획예산제도의 특징

계획예산제도에 나타나는 특징을 보면 예산제도상의 특징과 내용상의 특징이 있는 것을 알 수 있다.

1) 예산제도상의 특징

첫째, 구조적 차원에서 중장기적 관점하에 Plan-Program Category-Program Sub-Category-Program Element-예산배정으로 구조화된다.

즉, 어떠한 사업을 추진하기 위해 추진 전 미리 철저히 사업을 구조적 차원으로 분석하여 체계화한 다음 마지막 업무 집단에 예산을 배정하도록 구조화한다.

둘째, 분석적 차원에서 Program Category와 Sub-Category들의 대안을 목표달성에 입각하여 철저히 비교·분석한다.

먼저 Program Category를 이루는 6개의 대안이 수집되었다면 6개의 대안에 대하여 목표 도달도와 산출을 가지고 서로 비교·분석한다. 이때 비용편익분석, 체제분석, PERT 기법 등 각종 계량적 기법들을 사용한다. 그리고 투입에 비교하여 산출이 좋은 최적 대안을 선정한다. Program Category에서 최적 대안이 선정이 되면 최적 대안을 능률적으로 이룰 수 있는 Program Sub-Category에 대한 대안을 수집하여 대안을 분석하여 최적 대안을 선정하는 분석적 과정을 통해 Program Element에 이른다.

2) 예산내용상의 특징

첫째, 합리주의 방식에 의한 철저한 경제적 합리성을 강조한다. 즉, 모든 사업에 대하여 투입비용과 산출 간의 분석이 강조된다.

둘째, 장기적 관점에서 목표 지향적이다. 계획예산제도는 단기사업을 장기와 연동계획을 통해 목표를 최대로 달성할 수 있는 방법을 택하여 실행된다. 사업 추진과정에서 나타나는 단순한 성과가 아닌 목표에 연관되는 그러한 성과가 강조된다.

셋째, 계획예산제도는 철저한 계획지향주의 예산제도로서 거시적 관점의 경제적 분석을 하기 때문에 목표가 가변적이다. 그리고 분석자체가 다른 목표를 유도하기도 한다.

4. 계획예산제도의 장·단점

1) 계획예산제도의 장점

첫째, 장기적인 계획수립과 단기적인 예산편성을 유기적으로 연계시킨다. 현재 추진하고 있는 사업에 대한 성과가 장기적으로 이어질 때 도출되는 성과를 미리 예측할 수 있고 이러한 단기간의 계획이 장기계획과 잘 맞물려 추진될 수 있도록 연동화계획이 용이하다. 이러한 계획은 우리나라의 경제기획원에서 담당하였고 현재는 기획재정부에서 담당하고 있다.

둘째, 계획예산제도는 분석적 차원에서 철저히 각 대안비교를 통해 이루어지기 때문에 능률성과 효과성 및 객관화를 이룰 수 있다.

셋째, 계획예산제도는 하나의 Program이 선정되면 이를 이루기 위한 Sub-Program을 체계적으로 분석하여 명확하게 구분된다.

넷째, 차기예산을 위한 정보를 제공한다. 계획예산제도는 각 사업에 대한 철저한 분석을 통해 이루어지기 때문에 차기에 실시되는 사업에 대하여 구체적이고 분명한 정보를 제공해 준다.

다섯째, 회계책임이 명백하고 국익에 입각한 의사결정이 가능하다.

2) 계획예산제도의 단점

첫째, 계획예산제도를 실시하기 위해서는 행정부 재량성이 크게 확보되어야 한다. 이렇게 되면 입법부의 행정부에 대한 통제력이 약화되기 때문에 의회가 반대한다.

둘째, 계획예산제도는 모든 가능한 대안에 대해 개방적이기 때문에 Program의 정량화와 환산작업에 막대한 노력과 비용이 소요된다.

셋째, Program 분석에서 많은 대안이 존재하는데 산출의 정도가 서로 비슷할 경우 어떤 프로그램으로 확정해야 할지 어려움이 있다.

넷째, 목표 다원성으로 인해 목표설정이 힘들다. 하나의 사업에 많은 목표가 있을 수 있어 그중 어느 하나의 목표를 선정하기 곤란하다.

다섯째, 목표의 다원성으로 인해 목표설정이 어렵다

여섯째, 최고 정책결정자에게 결정권이 집중되어 있고 결정의 흐름이 하향적이다.

일곱째, PPBS는 경제적 방식을 통해 산출이 보장되는 Program에 예산이 배분되므로 예산의 정치적 합리성이 무시된다. 예산은 예산과정에 참여한 참여자나 관련된 집단 간 견제와 균형을 이루기 위해 배분이 필요하다. 계획예산제도는 이러한 것을 무시한다.

5. 한국의 계획예산제도

1961년부터 정부는 계획과 예산을 일치시키고 단기계획을 장기계획과 연동시키기 위해 경제기획원을 신설하였다. 그리고 1970년대에 들어서면서 예산과 계획을 일치시키고자 두 가지 면에서 노력하였다.

첫째, 계획예산제도를 도입하기 위해 연구하고 이를 시험 적용하였다.

둘째, 1979년부터 통합예산제도를 실시하였다. 우리나라에서 계획예산제도는 1972~1973년, 국방부는 1971년부터 계획예산제도를 적용하였으나 실패하였다.

계획예산제도를 도입하기 위해서는 예산에 대한 전문적 지식이 필요하고, 대안을 분석할 수 있는 지식과 함께 다양한 분석기법을 알아야 하는데 이러한 지식이 부족하였고, 상하 및 횡적 간 협조가 안 되었기 때문이다.

셋째, 계획예산제도는 장기적 관점하에서 단기계획과 유기적 연계를 이루어야 하는데 상황에 따라 자주 바뀐다.

넷째, 정책결정자의 리더십이 부족하고 국정운영에서 모든 권한이 과도하게 집권화되어 있었다.

제5절 관리중심주의 예산(MBO)

1. 관리중심주의 예산의 의의

관리중심주의 예산(MBO: Management by Objectives)은 사기업에서 사용하는 관리중심의 예산관리방식으로 1969년 미국의 보건교육복지성이 처음으로 관리중심주의 예산을 도입하였다.

그리고 관리예산처(OMB: The Office of Management and Budget)가 Nixion 대통령에 의해 발족되면서 관리중심주의 예산이 강조되어 1973년부터 도입되었다.

MBO 사상은 인간적 측면에 중점을 둔 조직 관리방식으로 사기업의 경영관리이념과 수법을 이용한 제도로서 다음과 같은 목적하에 적용되었다.

첫째, 국가조직의 목표와 개인의 목표를 명확히 설정하므로 경영활동의 효율성을 높이고자 하였다.

둘째, 조직원 모두가 참여를 통해 목표를 설정하므로 사기를 높이며 성취동기를 불러일으키고자 하였다.

셋째, 목표－참여－환류를 통해 지속적으로 결과가 반영되어 수정되면서 다음 과정으로 연계된다.

결론적으로 말해 관리중심주의 예산은 명확한 목표설정과 책임 한계의 규정, 참여와 상하협조, 환류의 개선을 통한 조직원의 동기유발과 업무평가의 개선을 도모하고 나아가 조직의 효과성을 높이고자 하는 제도이다.

관리중심주의 예산은 PPBS의 보완제도로 인정되고 있는데 PPBS가 합리적 분석을 통해 산출만을 강조하여 하위 계선기관에 지침을 제공하지 못한다.

MBO는 이러한 단점을 보완하는 제도로 고려되었다. 그리고 PPBS가 정책대안 간의 우선순위를 중시하나 MBO는 기준에 따른 정책의 평가가능성을 검토한다.

또한 PPBS는 예산배분과정에서 부처 간의 사업대안의 비교에 중점을 두나 MBO는 의사결정과정을 강조하며 feed-back을 통해 수시로 조정된다.

2. 관리중심주의 예산의 단계

관리중심주의 예산은 다음과 같은 단계를 거쳐 실행된다.

첫째, 목표의 설정단계로 상관과 최고관리자가 토의를 통해 조직이나 사업의 목표를 설정한다.

둘째, 최고관리자가 설정한 최고 목표를 더 구체화시키기 위해 상위층, 중간관리층이 모두 참여하여 중간목표를 설정한다.

셋째, 중간관리층과 실무적 책임자가 보다 나은 생산을 하기 위해 하위목표를 설정한다. 이 하위 목표를 수립하는 데는 생산에 임하는 하위 조직원들의 의견이 반영된다. 하위 목표는 아주 구체성을 띤다.

넷째, 목표 달성을 위한 대안을 분석하고 선정한다. PPBS에서는 투입에 대한 산출비를 통해 대안이 분석되나 MBO에서는 대안 간의 상호대립을 중시한다. 상호대립현상이 일어나면 조직원들의 상호협의를 통해 설정된 통일된 목표가 균형을 잃게 되기 때문이다.

다섯째, 활동계획을 세워 계획된 바를 실천하는데 참여에 공식적 행정절차를 크게 강조하지 않는다.

여섯째, 집행을 하며 수시로 feed-back시킨다.

일곱째, 종합적으로 성과를 평가하고 감사를 통해 나타난 점을 feed-back시킨다.

여덟째, 재투입하거나 새로운 사업을 한다.

3. 관리중심주의 예산의 장·단점

1) 관리중심주의 예산의 장점

첫째, 조직 전체의 경제성과 능률이 조직이 달성하려는 목표 도달에 어느 정도로 기여하였는지 평가되기 때문에 개인의 역할과 조직의 구조를 명확히 평가할 수 있다.

둘째, 조직원 전체가 참여하여 결정하고 추진하기 때문에 조직 전체의 총체적 성과분석이 가능하다.

셋째, 조직원 모두가 참여하여 목표를 결정하기 때문에 성과에 대한 약속을 유도하는 효과가 있다.

넷째, 조직원 모두가 참여하여 계획을 작성하였기 때문에 조직원 스스로 주의를 환기하며 통제하는 효과가 있다.

다섯째, 조직 구성원의 사기진작에 도움이 된다.

2) 관리중심주의 예산의 단점

첫째, 소요재원의 산정과 성과의 계량화가 어렵다. 전체의 조직원이 참여하여 목표를 설정하는 과정과 목표달성에 대한 성과를 측정하는 데 계량화가 어렵다.

둘째, MBO 기법을 익히고 토론하는 데 많은 시간이 소요된다.

셋째, 예산은 정치과정에 의하여 결정되는데 MBO에서는 조직원 간의 민주적 협의과정을 통해 결정하므로 정치적 임명자와 직업관료 사이에 마찰이 있다.

넷째, MBO의 복잡한 결정과정 때문에 형식주의에 빠질 우려가 있다.

다섯째, 조직의 변화가 많고 안정적이지 못할 때에는 feed-back을 통해 목표를 수정하고 조정하는 일에 차질을 가져올 수 있다.

제6절 영기준예산(ZBB)

1. 영기준예산제도의 의의

영기준예산(ZBB: Zero Base Budgeting)은 과거부터 현재까지 편성해온 예산 편성자료나 기준을 생각하지 않고(0으로 놓고) 현재 진행 중인 계속비 사업과 다음 연도부터 새로 추진하는 사업 모두를 능률성, 효과성에 따라 우선순위를 결정하고 그에 따라 사업을 확대, 유지, 축소, 폐지 여부를 결정하여 예산을 배정하는 제도이다.

만약 2년 동안 추진되어 온 어떤 사업이 있는데 평가결과 투입에 대한 산출비가 아주 근소하거나 마이너스(−)로 나타났을 경우 그 사업을 폐지하거나 축소하도록 하는 예산제도로서 PPBS제도의 결함을 보완하고자 고안되었다.

영기준예산(ZBB: Zero Base Budgeting)은 1973년 Georgia주 주지사 Carter가 주정부 예산편성에 적용하여 공공부분에 도입하였다가 대통령에 당선되자 1979년도부터 연방예산에 적용하였다.

우리나라는 1983년에 공식적으로 도입하였으나 실패하였고, 1993년 김영삼 정부가 들어서면서 영기준예산제도에 입각하여 부처 사업을 계획하도록 강조하였다.

2. 영기준예산제도의 특징

영기준예산제도는 투입된 예산에 따라 산출될 생산 능률성, 효과성 등을 체계적으로 분석하여 그 정도에 따라 우선순위를 주어 예산을 배정하는 제도를 말한다.

기존의 예산 배정은 전년도에 준하여 점증적으로 예산을 편성하며 PPBS는 철저한 계획에 의하여 각 대안의 비교·분석을 통해 예산을 배정한다.

ZBB는 목표는 주어진 것으로 보고 목표 달성을 위해 가능한 모든 대안을 분석하되 상·하 조직원이 참여하여 분권적으로 결정하는 것을 강조한다. 그리고 정책적인 면보다는 관리적 측면을 중시하는 하의상달식의 방법들이 존중된다.

투입－산출에 의한 능률성이나 효과성을 분석할 때에는 기회비용의 측면에서 산출하여 사업의 우선순위 기준을 매년 재평가하는 제도이다. ZBB는 상급기관과 하급기관 간의 하의 상달적 행정적 과정을 통해 형성되는 예산제도이다.[4]

3. 영기준예산제도의 과정

영기준예산제도의 과정에 대하여 Pyhrr는 ① 의사결정단위 확인 ② 의사결정 패키지 작성 ③ 우선순위 결정 ④ 예산배정의 네 단계로 설명하고 있다.[5]

1) 의사결정단위 확인 단계

의사결정단위(decision package)는 조직의 예산결정권을 갖는 관리자가 조직 내의 업무나 주요 공사를 사업추진단위로 결정한 것을 말한다. 이때 사업추진의 의사결정단위는 규모가 크거나 작거나 형편에 따라 구분하되 중복되지 않아야 한다.

의사결정단위의 예를 들면 ‘○○시청’에서 실업자(400명)를 대상으로 근로사업을 한다고 하자. 이때 의사결정단위는 ‘○○시청’ 근로사업이다.

의사결정단위가 결정되면 이에 대한 **기준설정**을 계량화가 가능토록 설정하여야 한다.

---

4) ZBB가 행정적 과정을 통해 형성되는 예산제도라면 입법적 과정을 통해 형성되는 예산이 있다. 이를 일몰법(sunset laws)이라 하는데 이는 어느 특정 사업이 일정기간이 지나면 자동적으로 폐지되도록 법률로 규정하는 것을 말한다.

5) Peter. A. Pyhrr, *Zero-Base Budgeting: A Practical Management Tool for Evaluating Expenses* (New Yoek: John Wiley & sons. inc., 1973), pp. 5～10.

의사결정단위 결정
1. 의사결정단위 : 근로사업
1) 기준(목표) : 실업자들의 생계유지를 위한 최소 수준의 소득을 제공한다.

2) 의사결정 패키지 작성 단계

의사결정 패키지(decision package) 작성은 ZBB에서 가장 핵심이 되는 단계인데 의사결정단위 사업을 달성하기 위한 대안들을 수준별로 분석하여 표로 정리 작성한 것을 말한다.

따라서 의사결정 패키지(decision package)에는 어떤 목표달성을 위한 것이며 무슨 일을 어떤 방법으로 추진할 것인지 기록되어야 한다. 그리고 여기에 소요되는 비용과 예산되는 산출(편익)을 기술하고 업무량과 측정수단 및 조직에서 종적·횡적인 협조 등에 관하여 기록되어야 한다.

의사결정 패키지를 작성하는 과정을 구분·설명하면 다음과 같다.

① 대안수집(대안개발·작성)

대안수집은 의사결정단위에서 정한 목표기준을 달성하기 위한 여러 수단과 방법인데 '근로사업'의 경우로 예를 들어 본다.

대안 1 : 수집된 재활용 쓰레기의 분류
대안 2 : 길거리 청소
대안 3 : 하천의 오염물질 수거

② 대안의 비교·분석

어떤 대안이 가장 좋은지 투입 : 산출비 등으로 비교·분석하는데 위 '근로사업'의 경우는 다음과 같다.

가. 대안 1 : 수집된 재활용 쓰레기의 분류

각 동별로 수집된 재활용 쓰레기는 구청별로 처리한다.
'A'구청의 경우 매일 수집되는 쓰레기 양은 105톤이다.

현재 수집 쓰레기를 음식물, 일반 쓰레기, 재활용 쓰레기, 종이로 수집·분류한다.
재활용 쓰레기의 분류는 병류, 플라스틱류, 캔류, 고철류로 분리하여 정리한다.
실업자 400명을 200명씩 두 그룹으로 나누어 한 그룹은 월, 수, 금요일, 나머지 그룹은 화, 목, 토요일에 하는데 오전 10시부터 오후 4시까지 작업한다.
여기에 필요한 예산은 구청당 월 240,000,000원이다.

나. 대안 2 : 길거리 청소

각 동별로 길거리를 청소한다.
차가 많이 다니는 큰 길은 청소차가 격일제로 청소를 실시한다.
작은 길과 골목길 청소는 근로자들이 담당한다.
주 3회에 걸쳐 실시하되 아침 10시부터 오후 4시까지 한다.
이때 소요 비용은 150,000,000원이다.

다. 대안 3 : 하천의 오염물질 수거

구청단위별로 하천과 하천으로 나오는 배수구의 오염물질을 수거한다.
하천과 하수구에 버려진 폐비닐, 병, 플라스틱, 고무제품 등을 제거한다.
모아진 오염물질은 매일 차량 1대가 동원되어 처리한다.
주 6회에 걸쳐 실시하되 아침 10시부터 오후 4시까지 한다.
이때 소요 비용은 270,000,000원이다.

③ 대안의 선택

의사결정단위에서 결정한 사업을 이루기 위해 가장 적당한 대안이 어떤 것인지 분석결과를 보고 선택하는데 위 '근로사업'의 경우 3가지 대안 중에서 실업자의 나이, 생계비, 수입정도, 예산 등을 고려하여 대안 1로 선택하였다.

④ 결정된 대안에 대한 수준 결정

대안이 결정되었으므로 그 노력수준을 결정하는데, 형편과 예산을 고려하여 최저수준(minimum level), 현행수준(current level), 증액수준(incremental level)으로 할 것인지 결정(우선순위적으로)한다.

'근로사업'의 경우 우선순위가 결정된 것을 보면 다음과 같다.

최저수준 208,000,000원　순위 2
현행수준 224,000,000원　순위 3
증액수준 244,000,000원　순위 1

3) 예산배정 단계

우선순위가 정해지면 예산액을 배정하는데 이 근로사업의 경우 예산이 244,000,000원이 배정된다.

이상 ZBB의 의사결정과정을 요약하면 다음과 같다.

이렇게 어느 조직 내에서 의사결정단위에 대한 의사결정 패키지가 정하여 지고, 이어 다른 의사결정단위에 대한 의사결정 패키지가 여러 개 모아지면 여러 개의 의사결정단위끼리 또 우선순위가 정해지고 그 활동수준에 배정된 예산액을 합하면 조직 전체의 예산이 될 것이다.

그림 15-4 영기준예산에서 의사결정 패키지 과정

의사결정단위 확인	의사결정 패키지			
	대안수집	대안평가	대안선정	활동(노력)수준

의사결정단위: 'ㅇㅇ시청-근로사업'
의사결정단위 → 의사결정 패키지(대안의 수준별 분석:) → 최저수준
(근로사업)　: (대안수집-대안평가-대안선정)　현행수준
(비용과 측정수단, 종·횡적 연계 표시) 증액수준--예산배정

4. 영기준예산의 장·단점

1) 영기준예산의 장점

첫째, 예산의 단순팽창을 막고 효율적으로 배분이 된다. 대부분 예산배분은 전년도 예산을 기준으로 어느 정도 증·감 수준에서 결정된다. 그러나 의사결정 단위별 대안분석을 통해 필요한 사업에만 적정하게 배분되므로 예산의 경직화와 단순팽창을 막을 수 있다.

둘째, 의사결정의 다양화를 이룰 수 있다. 의사결정단위에 대한 의사결정 패키지 작성에서 다양한 활동수준이 고려되어 제시되기 때문에 관리자의 의사결정 폭이 넓어지고 다양해진다.

셋째, 의사결정 패키지 과정에서 투입에 대한 산출이 고려되고 우선순위에 따라 예산을 배분하기 때문에 예산삭감에 유효 수단을 제공한다.

넷째, 작은 조직이나 정부의 부분조직에 유용하며 계량화가 가능한 사업에 효과적이다.

다섯째, 의사결정단위별로 대안을 분석하여 선택하고 그에 대한 활동수준을 결정하는 과정에서 업무분석의 기술과 지식을 터득하기 때문에 자기업무의 교육을 기한다.

여섯째, 상·하 조직원이 참여하여 분권적으로 결정하는 것을 강조하고 하의상달식의 방법들이 존중되기 때문에 조직간·계층 간 유대 강화를 꾀할 수 있다.

2) 영기준예산의 단점

첫째, 어떤 나라의 예산이든지 그 전년도나 과거의 예산 내용을 모르고 전혀 0으로 놓기는 불가능하다.

둘째, 정부의 모든 부분에 적용하기가 어렵다. 정부의 사업은 계량화가 가능한 사업도 있지만 계량화가 불가능한 사업도 많다. 그리고 수많은 정부조직에 업무단위를 설정하고 이에 대한 활동수준을 찾는 일은 복잡하여 정부부문에 적용하기는 어렵다.

셋째, 지금까지 운영해 오던 사업을 축소하거나 폐지하기 힘들다. 예산의 집행이 국민경제에 미치는 영향은 크다. 그런데 지금까지 계속해 오던 사업을 우선순위가 낮다고 폐지하면 국민에게 불편과 불이익을 주게 된다.

넷째, 업무단위를 선정하고 대안을 선정하여 활동수준을 작성하기 위해 많은 시간과 노력, 비용이 든다.

다섯째, 업무단위를 선정하고 대안을 선정하여 활동수준을 작성하기 위해 많은 전문가가 필요하다.

여섯째, 의사결정 패키지 과정에서 원만한 수준으로 대안을 분석하고 활동수준을 작성하게 되면 점증주의와 다를 바가 없게 된다.

일곱째, 분석을 통해 우선순위별로 예산을 배정하기 때문에 우선순위가 낮아질 것을 우려하여 불리한 부분을 빼고 유리한 부분만을 제시할 우려가 있다.

제7절 일몰법제도

1. 일몰법제도의 의의와 특징

일몰법(Sunset laws)은 ZBB예산제도와 마찬가지로 예산배분의 능률성과 효과성 및 경제성을 위해 배분되는 방법으로 1976년 Colorado주에서 처음으로 채택하여 실시한 제도이다.

일몰법은 국가에서 시행하고 있는 사업이 일정기간이 지나면 법률로서 자동폐지되도록 한 제도로 이 기간이 지난 후에도 사업을 계속하려면 세밀한 재검토를 받아야 한다.

그리고 이 재검토에서 능률성이나 효과성이 없으면 폐지하는데 이러한 점에서 ZBB와 비슷하지만 ZBB를 좀 더 보완하였다.

2. 일몰법의 장·단점

1) 일몰법의 장점

첫째, 일정기간 동안 장기적 관점에서 책임 있게 추진할 수 있다.

둘째, 고위관리층이나 최고책임자 측면에서 보다 효율적 관리도구이다.

셋째, 장기간 타성적으로 수행해오던 사업을 폐지하고 새롭고 타당성 있는 사업을 효율적으로 추진할 수 있도록 한다.

넷째, 행정부에 대한 입법부의 통제를 강화할 수 있다.

2) 일몰법의 단점

첫째, 일정기간이 되면 자동적으로 폐지되게 함으로써 정부의 활동을 억제할 수 있다.

둘째, 일정기간이 도래한 정부의 많은 사업에 대해 그 실적을 평가하고 심사하는데 드는 시간과 노력이 크다.

셋째, 국민을 위한 서비스를 생산하고 노력하기보다는 보이기 위한 실적을 만드는데 주안점을 둔다.

제8절 최근의 예산개혁

현재까지 여러 국가들은 예산편성에 초점을 두어 예산개혁을 시도하였다. 그러나 모두 실패하였고 예산개혁 자체가 대통령의 선거공약이나 정치적 목적의 도구로 추진되는 면이 있었다.

또한 의회의 행정부 통제권한이 약해짐을 우려하여 의회가 행정부의 예산개혁에 협조하지 않았다.

현재 여러 선진국들의 예산개혁내용을 보면 재정 운영차원에서 책임성과 신축성을 강조하고 집행을 통해 나타나는 **결과중심의 예산체제**를 강조하는 방향으로 추진되고 있다.

최근 각국에서 추진되고 있는 대표적인 예산개혁을 보면 다음과 같다.

1. 미국의 예산개혁

1) 발생주의 회계도입

1980년대 중반 현금주의 회계방식을 취하고 있던 미국은 저축대부조합의 부도사태로 인하여 큰 타격을 입었다. 당시 저축대부조합이 파산되자 예금자들에게 보험금이 지급되었는데 현금주의 방식에 입각하여 지급날짜를 비용이 발생된 날로 처리하였기 때문에 손해를 많이 입었다.[6)]

이 사건이 계기가 되어 1990년 「연방신용개혁법(Fderal Credit Reform Act)」이 제정되었고 발생주의 회계를 도입하였다.

2) 최고재무관법과 정부성과 결과법

1990년 「최고재무관법(Chief Financial Officers Act)」을 제정하여 최고재무관직을 신설, 이들이 관리예산처의 지휘 아래 부처별 재무관리를 총괄하도록 하는 통합회계보고제도를 통해 책임성을 높이려 하였다.

1993년에는 「정부성과 및 결과법(Government Performance and Results Act)」을 제정하여 각 부처는 5년간 전략계획을 수립, feed-back 결과를 통해 3년에 한 번씩 재작성하도록 하였다.

---

6) 발생주의 회계방식으로 처리했을 경우 장래 파산확률이 커지면 위험부담률의 정도를 산정하여 예금보험의 잠재적 부채규모를 산정한다. 또한 파산확률이 커져 부채규모가 증가하면 증가분만큼 순비용이 발생한 것으로 계산된다. 따라서 발생주의 회계방식을 사용하면 현금주의보다 비용계산시점이 앞당겨져 장래의 위험을 미리 인식하게 되므로 자연히 해결책을 강구할 정치적 압력도 커진다. 그 결과 부도사태를 미리 막을 수 있다. 김동건, 「재정개혁」(서울 : 한국개발연구원, 1998), pp. 112～113.

2. 영국의 예산개혁

영국은 1979년부터 행정 및 재무관리 개혁을 시도하였는데 관료의 자원 활용과 성과평가에 대한 책임성을 효과적으로 수행하도록 하기 위함이었다.

따라서 행정의 자율성과 책임성을 확보하고자 Next Steps 개혁을 실행정책집행을 사업소(Next Steps Agency)독립체제로 운영하도록 하였다. 그리고 성청의 장관이 모든 책임을 지며 인사나 보수까지도 자율권을 주었다.[7)]

3. 뉴질랜드의 예산개혁

뉴질랜드는 1984년부터 정부기능의 기업화를 적극추진하면서 규제업무나 단순집행업무는 독립기관(Crown Entity)으로 분리시켜 사업을 추진하도록 하였다.

1989년에는 공공재정법(Public Finance Act)을 제정하여 정부의 부처 장관은 성과를 설정하고 이에 대한 예산을 배정 받아 책임 있게 성과를 이루도록 하고 있다. 물론 산출된 성과는 질, 양, 비용, 정시성에 의해 평가받는다. 이로 인해 뉴질랜드는 재정의 감축관리에 성공하였다.

4. 일본의 예산개혁

일본은 1970년대 말부터 재정의 감축관리를 행하면서 예산증가율 가이드라인을 제시하는 방식을 취하고 있다. 그러나 1990년 이후 경제불황이 심해지자 중앙은행의 재할인율제도와 통화증가정책을 시도하였다. 또한 1997년 6월에는 '재정구조개혁의 추진방향' 원칙을 수립하여 시도하고 있으나 여전히 벗어나지 못하고 있다.

일본의 경우 현재까지 재정과 예산개혁을 시도하고 있지만 아직 실마리를 풀

7) 상게서, pp. 83～110.

지 못하고 있는데 가장 큰 원인은 구조조정이 제대로 되지 않고 있다는 점이다. 그리고 총리 자체도 구조조정을 실행하지 못하는 이유는 실업률의 증가를 우려하기 때문이다. 그리고 경제회생을 통한 개혁을 시도하고자 우선 재정을 안정화시키려 노력하고 있고 그 일환으로 통화정책을 사용하고 있지만 기업으로 자금이 흘러 들어가지 않고 있어 정부의 정책처방이 길을 잡지 못하고 있다.[8)]

---

8) 2002. 2. 6. 중앙일보 29면. ; 2002. 2. 5. 중앙일보 33면.

제16장

지방정부의 재무

제16장
지방정부의 재무

제1절 지방정부 재무의 의의

1. 지방재무의 의의와 특징

지방행정은 지역주민이 선출한 대표자들로 구성된 법인격을 가진 자치단체가 자기 지역의 문제를 스스로 결정하고 처리하는 일체의 행위를 말한다. 그리고 **지방재정**이란 지방자치단체가 단체의 목표 달성을 위해 예산을 조달하고 관리하는 협동적 노력활동이라고 할 수 있다.

따라서 지방재정은 다음과 같은 특성이 있다.

첫째, **지역적 제한성**을 가진다. 지방자치단체는 일정한 범위의 지역경계 내에서 지방자치단체장과 지방의회가 주축이 되어 지방행정과 재정을 운영해가고 있다.

둘째, 지방자치단체마다 지역적 특색이 **다양**하므로 특색에 맞는 자치가 필요하다.

셋째, 공공서비스에 대한 **응익성**이 있다. 지방자치단체의 재정은 주민이 행정서비스를 받는 이익의 정도에 따라 수익자가 부담하여야 한다. 즉, 급부와 반대급부의 원리에 따라 서비스 수혜가 큰 사람은 많은 세금을 부담하고 적게 받는 사람은 적게 부담한다.

넷째, 자기패턴에 맞는 **생산적 효율성**을 이루며 아울러 배분을 통한 **정치적 효율성**을 증진시킬 수 있어 주민의 선호를 잘 반영할 수 있다.

그러나 지방자치를 통한 지방재정은 다음과 같은 **문제점**이 있다.

첫째, 지방재정은 경제적으로 필연적으로 외부효과를 일으키는데 특히 인접 지방정부의 예산집행에 의한 외부경제와 외부불경제를 유발하므로 이를 어떻게 조화시켜야 할지 늘 고려하면서 수행하여야 한다.

둘째, 주역주민에 제공할 서비스 생산에 있어 규모의 경제가 발생하는 경우에는 인접 지방정부와 광역행정을 통해 조정·협조하여야 한다.

셋째, 조세체계가 일률성 없이 지방정부마다 세목과 세율이 다를 경우 높은 과세에 의해 타 지방정부로 이동하는 발에 의한 투표가 발생할 수 있다.

넷째, 조세행정상 중앙정부보다 조세정책에 대한 전문성이 떨어진다.

2. 지방재무의 기능

지방재정은 지방자치단체의 목표 달성을 위해 예산을 조달하고 관리하는 협동적 노력활동이라고 했는데 이러한 자금조달과 관리를 통해 지방정부의 예산이 수행하는 역할을 보면 다음과 같다.

첫째, 지방재정은 **자원 배분의 기능**을 한다. 지방정부가 소유하고 있는 재화와 용역을 지역사회의 여러 분야에 고루 분배하므로 지역의 균형발전을 이룬다.

둘째, 지방정부가 지역 내의 부유한 사람들로부터 누진적으로 세금을 많이 걷어들여 세출을 통해 소득이 낮은 사람들에게 재분배되도록 각종 사업을 수행한다.

셋째, 지방재정은 **경제안정화기능**을 한다. 경제안정화기능이란 지방정부가 국가의 금융과 재정정책에 부응하여 세입과 세출을 통해 지역경제를 안정화시키는 역할을 수행한다.

여기에서 주의하여야 할 점은 지방재정의 이러한 기능이 단독적으로 이루어지는 것이 아니라 반드시 국가의 재정정책이나 금융정책 및 경제발전 및 사회발전계획과 같이 병행하여 이루어진다는 점이다.

제2절 지방자치단체의 구조와 기능

1. 지방자치단체장의 역할

현재 우리나라의 지방자치는 **광역자치단체**와 **기초자치단체**를 중심으로 이루어지는데 20011년 현재 우리나라는 16개의 광역자치단체가 있고 230개의 기초자치단체가 있다. 230개의 기초자치단체는 시 자치단체가 75개, 군 자치단체가 86개, 자치구가 69개로 구성되어 있다. 따라서 예산의 편성은 광역과 기초를 포함한 246개의 자치단체에서 자기지역에 맞는 자치정부를 운영하고 있고 그에 대한 지방예산을 편성한다.

우리나라의 지방자치단체장은 기관으로서의 지위와 역할을 지니고 있다.

기관으로서의 지위는 주민의 대표기관, 지방자치단체의 대표기관, 지방자치단체의 최고행정기관, 지방의회의 견제와 감시기관의 역할을 한다.

지방자치단체장은 지방의 사무에 대해 지휘와 관리권한을 갖는데 지방자치법의 근거하여 설명하면 다음과 같다.

1) 통할대표권한

지방자치단체장은 자치단체를 대표하여 당해 지방자치단체의 사무와 법령에 의하여 그 지방자치단체장에게 위임된 사무를 관리하고 집행하고 보조기관이나 소속행정기관 및 하급기관을 지휘·감독한다.[1]

2) 규칙제정권한

자치단체장은 법령 또는 조례가 위임한 범위에서 그 권한에 속하는 사무에 관하여 규칙을 제정할 수 있다.[2]

---

1) 지방자치단체법 제94조.

2) 지방자치법 제16조.

3) 조례 공포권과 조례의 재의 요구권한

지방자치단체장은 조례안이 지방의회에서 의결되어 이송(의결일로부터 5일 이내)받으면 받은 날로부터 20일 이내에 이를 공포하여야 한다. 그리고 이송받은 조례안에 대하여 이의가 있을 때에는 그 재의를 요구할 수 있다. 그러나 조례안을 수정하여 재의를 요구할 수 없다.[3)]

4) 사무의 위임권한

지방자치단체장은 지방의 조례 또는 규칙이 정하는 바에 의하여 그 권한에 속하는 사무의 일부를 보조기관, 소속 행정기관 또는 하부 행정기관에 위임할 수 있다. 그리고 1994년 12월 조례 또는 규칙이 정하는 바에 의하여 그 권한에 속하는 사무 중 조사·검사·검정·관리업무 등 주민의 권리·의무와 직접 관련되지 아니하는 사무를 법인·단체 또는 그 기관이나 개인에게 위탁할 수 있는 조항을 신설하여 위임에 대한 권한을 규정·보장하고 있다.[4)]

5) 지방자치단체 직원에 대한 임면권한

지방자치단체장은 소속 직원을 지휘·감독하고 법령과 조례·규칙이 정하는 바에 의하여 그 임면·교육훈련·복무·징계 등에 관한 사항을 처리한다. 지방자치단체장은 소속기관 직원의 임명과 면직권을 가지고 있다.[5)]

6) 지방의회 의결에 대한 재의 요구권한

지방자치단체장은 지방의회의 의결이 월권 또는 법령에 위반되거나 공익을 현저히 해한다고 인정되는 때에는 그 의결사항을 이송받는 날부터 20일 이내에 이유를 붙여 재의결을 요구할 수 있다.[6)]

---

3) 지방자치법 제19조.
4) 지방자치법 제50조 제1항, 제3항.
5) 지방자치법 제96조.
6) 지방자치법 제98조.

7) 선결의결권한

지방자치단체장은 지방의회가 성립되지 아니한 때(의원의 구속 등의 사유로 의결정족수에 미달하게 된 때)와 지방의회의 의결사항 중 주민의 생명과 재산보호를 위하여 긴급하게 필요한 사항으로서 지방의회에서 의결이 지체되어 의결되지 아니한 때에는 선결처분하고, 이를 지체 없이 지방의회에 보고하여 승인을 얻어야 한다. 그러나 지방의회에서 승인을 얻지 못한 때에는 그 선결처분은 그 때부터 효력을 상실한다.[7]

8) 임시의회 소집요구권한

지방의회는 폐회 중에 본회의의 의결이 있거나 의장이 필요하다고 인정할 때, 재적위원 3분의 1 이상의 요구 또는 지방자치단체장의 요구가 있는 때에 한하여 개회할 수 있으며 지방자치단체장은 지방의회에 의안을 발의할 수 있다.[8]

9) 예산에 대한 권한

지방자치단체장의 가장 큰 권한 중의 하나가 예산에 대한 권한이라고 할 수 있다. 이 부분은 중요하므로 구체적으로 살펴본다.

① 예산편성권한과 수정권한

지방자치단체장은 매 회계연도마다 예산안을 편성하여 광역시·도는 회계연도 개시 50일 전까지, 시·군 및 자치구는 회계연도 개시 40일 전까지 지방의회에 제출하여야 한다.

또한 지방자치단체장은 의회에 제출한 예산안을 수정하여 제출할 수 있다. 예산안의 수정제출은 예산안을 제출한 후 부득이한 사유로 인하여 그 내용의 일부를 수정하고자 할 때에 한하며 이 경우 조정예산안을 작성하여 지방의회에 다시 제출하여야 한다.[9]

---

7) 지방자치법 제100조.

8) 지방자치법 제53조, 제58조.

9) 지방자치법 제118조.

② 예산상 집행불가능한 의결의 재의 요구권

지방자치단체장은 지방의회의 예산에 대한 의결이 예산상 집행할 수 없는 경비가 포함되어 있다고 인정되는 때에는 그 의결사항을 이송받은 날부터 20일 이내에 이유를 붙여 재의를 요구할 수 있는데 다음과 같은 내용일 경우에 해당된다.[10]

③ 결산에 대한 권한

지방자치단체장은 예산의 출납을 폐쇄한 후 80일 이내에 결산서 및 증빙서류를 작성하고 지방의회가 선임한 검사위원의 검사의견서를 첨부하여 다음 연도 지방의회의 승인을 받아야 한다.[11]

④ 예비비와 추가경정예산안 편성권한

지방자치단체장은 예측할 수 없는 예산 외의 지출 또는 예산 초과 지출에 충당하기 위하여 세입·세출예산에 예비비를 지출할 수 있다. 그리고 예산승인 후 예산에 대한 변경을 가할 필요가 있을 때에는 추가경정예산안을 편성하여 지방의회의 의결을 얻어 사용할 수 있다.[12]

⑤ 예산 불성립시 예산집행권한

지방자치단체장은 새 회계연도가 개시될 때까지 예산안이 의결되지 못한 때에는 지방자치단체장은 지방의회에서 예산안이 의결될 때까지 다음의 목적을 위한 경비는 전년도 예산에 준하여 집행할 수 있다.[13]

가. 법령이나 조례에 의하여 설치된 기관 또는 시설의 유지·운영
나. 법령 또는 조례상 지출의무의 이행
다. 이미 예산으로 승인된 사업의 계속

10) 지방자치법 제99조.
11) 지방자치법 제125조.
12) 지방자치법 제120조, 121조.
13) 지방자치법 제122조.

⑥ 재정 부담을 수반하는 조례제정 동의권

지방자치단체장은 지방의회가 새로운 재정 부담을 수반하는 조례나 안건을 의결하고자 할 때에 동의권한이 있다.[14)]

2. 지방의회의 역할

지방자치단체에서 지방의회는 국가의 국회와 같은 역할을 한다. 지방의회는 지방자치단체의 예산이나 자치법규 및 조례 등을 제정하는 일을 하는데 이에 관한 내용을 살펴보면 다음과 같다.

1) 지방의회의 운영

지방의회는 정기의회와 임시의회를 통해 운영된다.

정기의회는 지방자치법 제38조에 의하여 1년에 2회 정례회의를 하되 광역의회의 경우에는 40일, 기초의회는 35일을 초과하지 못하도록 하였다. 현재 대부분의 지방의회가 1차 정례회의를 6월에, 2차 정례회의를 12월 초에 실시하는데 6월에는 결산을 12월에는 예산안을 심의하고 있다.

임시회는 지방자치단체장의 요구나 재적의원의 $\frac{1}{3}$ 이상의 요구가 있을 때 15일 이내에 개최하도록 되어 있다.[15)] 지방의회의원 선거 후 최초로 집회되는 임시회는 지방자치단체의 장이 지방의회의원 임기 개시일부터 25일 이내에 소집하여야 한다.

그리고 임시회의 소집은 시·도에 있어서는 집회일 7일 전에, 시·군 및 자치구에 있어서는 집회일 5일 전에 이를 공고하여야 한다. 다만, 긴급을 요할 때에는 그러하지 아니하다.

---

14) 지방자치법 제123조.

15) 지방자치법 제40조.

2) 지방의회의 권한

지방의회의 권한은 의회내부의 고유권한, 집행기관의 감시와 견제기관으로서의 권한, 기타 권한으로 구분할 수 있다.

① 의회 내부의 고유권한

가. 의결권

지방의회는 지방자치단체의 의결기관으로서 지방의 주요안건을 심의하고 결정하는 일을 하는데 그 내용은 다음과 같다.[16]

첫째, 지방의 조례를 제정하고 개폐하는 일.

둘째, 예산을 심의하고 의결을 통해 확정한다.

광역시·도는 회계연도 개시 15일 전까지 기초의회는 10일 전까지 예산을 의결하되 지방자치단체장의 동의 없이 지출예산 각 항의 금액을 증가하거나 새 비목을 설치할 수 없다.

셋째, 지방정부의 결산을 승인하는 일.

넷째, 수수료와 사용료 및 분담금, 지방세 또는 가입금의 부과와 징수를 결정하는 일.

다섯째, 중요 재산을 취득하고 처분하는 일.

여섯째, 법령과 조례 외 의무 부담이나 권리를 포기하는 일.

일곱째, 기금의 설치와 운용에 대해 전반적으로 의결하는 일.

여덟째, 공공시설의 설치와 관리 및 그에 대한 처분을 결정하는 일.

아홉째, 청원의 수리와 그에 대한 처리를 의결하는 일.

열째, 외국 지방자치단체와의 교류협력에 관한 사항을 결정하는 일.

열한째, 기타 법령에 의하여 그 권한에 속하는 사항을 결정하는 일.

나. 자율권

의회의 내부운영에 대한 규칙 제정 및 회의규칙 제정권, 의원자격 심사권 및 질서유지에 관한 권한이 있다.

---

16) 지방자치법 제35조.

다. 선거권과 피선거권

의회의장이나 부의장, 상임위원장, 임시의장 등에 출마할 권한과 이들을 선거할 권한을 가지고 있다.

라. 발언권

의회의원은 지방의회에서 지방사무나 예산 및 조례 등 지방자치전반에 관하여 질의하고 토론하며 의사진행에 관련된 발언을 할 수 있다.

마. 의안 발의 및 표결권

의회의원은 지방의회에서 지방 사무에 관련된 사항이나 조례 등에 대하여 발의하고 토론하며 표결할 권리를 가지고 있다.

② 집행기관의 감시와 견제기관으로의 권한

가. 행정사무 감사권

지방의회는 매년 1회 당해 지방자치단체의 사무에 대하여 시·도에 있어서는 10일, 시·군 및 자치구에 있어서는 7일의 각 범위 내에서 감사를 실시하고, 지방자치단체의 사무 중 특정사안에 관하여 본회의의결로 본회의 또는 위원회로 하여금 조사하게 할 수 있다.[17]

나. 주민청원의 심사 및 처리권

주민은 어려움이나 불편이 있을 경우 지방의회의원의 소개를 얻어 청원서를 제출할 수 있는데 청원서에는 청원자의 성명(법인인 경우에는 그 명칭과 대표자의 성명) 및 주소를 기재하고 서명·날인하여야 한다. 청원서를 받은 지방의회의 의장은 청원서를 접수한 때에는 이를 소관위원회 또는 본회의에 회부하여 심사하고 처리할 권한이 있다.[18]

다. 행정사무 조사권

지방의회는 주요사안이 발생했을 경우나 특정사안에 관하여 본회의의결

---

17) 지방자치법 第36조.

18) 지방자치법 第65조, 第67조.

로 본회의 또는 위원회로 하여금 조사하게 할 수 있는 권한이 있다. 이 경우 조사를 발의하고자 할 때에는 이유를 명시한 서면으로 하여야 하며, 재적의원 3분의 1 이상의 연서가 있어야 한다.

라. 동의 및 승인권

지방자치단체는 항구적 이익이 되거나 또는 비상재해복구 등의 필요가 있는 때 행정자치부장관의 승인을 받은 범위 안에서 지방채를 발행할 수 있다. 또한 지방자치단체의 장이 세입·세출예산 외의 부담이 될 채무부담의 원인이 되는 행위를 하고자 할 때, 보증 채무부담행위에 대한 동의와 승인을 할 권한이 있다.

③ 그 밖의 권한

지방의회는 주민들의 의견이나 결의안이 있을 경우 자치단체나 기타 기관에 이를 제출하거나 관련된 서류를 요구할 수 있다.

제3절 지방재정자립도와 지방재정

1. 지방재정자립도

현재 우리나라 지방정부의 수입은 지역주민들로부터 받아들이는 지방세와 지방세외수입의 자체재원(제2장 참조)과 중앙정부로부터 이전 받는 조정금으로 구성된다. 재정자립도는 지방의 재정능력을 평가하는 지표로서 현재 우리나라에서는 지방자치단체의 **전체 수입**에 대한 **자체재원**이 차지하는 비율로 정의되고 있다.

2010년 현재 우리나라 자치단체의 재정자립도를 보면 지역차가 크게 나타나고 있다. 서울의 경우 90.3%의 자립도를 보이나 전라남도는 20.7%로 전국에서 가장 낮다.

표 16－1 2002 자치단체 재정자립도 현황

자치단체	2001년(%)	2006년(%)	2010년(%)
서울시	95.6	94.3	90.3
부산시	74.4	70.2	56.4
대구시	75.3	70.7	53.5
인천시	77.7	69.2	69.3
광주시	63.6	57.5	47.5
대전시	74.9	72.8	57.2
울산시	76.4	65.7	69.1
경기도	78.0	75.2	72.5
강원도	29.8	26.7	27.5
충청북도	36.5	31.3	32.7
충청남도	30.5	35.3	35.4
전라북도	27.7	23.9	24.5
전라남도	22.1	20.2	20.7
경상북도	31.3	27.8	28.1
경상남도	39.5	38.8	42.6
제주도	33.6	33.8	25.1
총 계	57.6	54.4	51.9

자료 : http://www.mopas.go.kr, 2010년 지방재정통계－지방재정현황

2. 지방자치단체의 재원

지방자치단체의 재정자립도는 지방 간 격차가 심하기 때문에 이를 줄이고자 국가에서 지방재정조정을 하고 있다. 지방재정조정은 지방보조금, 지방교부세, 분권교부세, 부동산교부세를 통해 이루어지고 있는데 구체적으로 살펴보자.

1) 국고보조금

국고보조금은 법령에 의해 국가가 해야 할 일을 지방자치단체가 수행하거나 국가가 스스로 해야 할 일을 지방자치단체에 위임하여 처리하도록 하는 경우에 주는 예산을 말한다. 보조금은 지방자치단체에서 사업을 하므로 그 영향이 국가 전체에 미치는 특정한 지원대상사업, 재정수요 충당을 위해 특정재원으로 지원한다.

① 부담금

부담금은 지방자치단체나 기관이 법령에 의해 처리할 사무로 국가와 지방자치단체 간에 이해관계가 있을 때 지방자치단체에 주는 예산이다. 이러한 예산은 역시 중앙정부가 지정하는 곳에만 사용할 수 있는데 생활보호, 의료보호, 보건사업, 직업안정, 도로하천정비, 국도유지, 전염병관리, 재해복구사업 등이 사용가능하다.

② 교부금

국가가 수행하여야 할 일을 지방단체에 위임하여 수행하도록 할 때 국가가 소요경비 전액을 지방자치단체에 교부한다.

교부금은 국가가 여러 지역에 공공서비스를 균등하게 제공할 목적으로 배정하는 예산이다.

교부금 목적으로 배정되는 예산에는 국민투표, 선거업무, 징병사무, 외국인 등록사무나 여권업무 등에 관한 일을 처리하기 위함이다.

③ 보조금

지방자치단체의 재정사정상 특별히 필요하다고 인정할 때 지방자치단체의 장이 중앙관서의 장에게 신청하여 심사를 통해 인정이 되면 배정하는 예산이다.

즉, 지방자치단체에서 경지정리, 영세민보조, 시·도립병원지원, 지방문화원을 운영할 때 지방관서의 장이 중앙관서의 장에게 신청한다.

2) 지방교부세

지방교부세는 지방자치단체의 약한 지방재정력을 지원하기 위해 용도를 지정하지 않고 내국세 총액의 19.24%를 배분하도록 한 제도이다. 따라서 지방재정의 일반회계수입으로 처리하여 지방자치단체가 자유스럽게 사용할 수 있다.

교부세의 주목적은 지방재정력이 아무리 약한 단체일지라도 최저한의 지방공공서비스가 공급되게 하고, 지역 간의 차이를 시정하며 나아가 경기를 극복하기 위함이다.

지방자치단체에 배부하는 금액은 그 지방자치단체의 기준 재정수요액에서 자치단체수입액을 제한 후 그 부족금액을 기준으로 배분하는데 다음과 같은 방식으로 산출한다.

(수요액－수입추정액)×보정계수

이때 산정액을 산출하는 고려대상의 측정항목이 많아 제대로 반영하기 곤란하다는 논란이 있다.

지방의회비, 지방선거비, 인건비, 일반관리비, 교육훈련비, 읍면동비, 공보비, 징세비, 건물비, 사회복지비, 생활보호비, 보건비, 청소비, 환경위생비, 농업비, 수산비, 임업비, 공원녹지비, 지역경제비, 관광진흥비, 도시계획비, 상수도비, 하수도비, 도로비, 하천비, 지역배발비, 문화체육비, 민방위비, 소방비 등이다.

① 보통교부세

보통교부세는 단순히 지방단체의 재정수입의 부족분을 주고자하여 배부되는데 지방교부세액의 96/100을 보통교부세로 배정해 준다.

② 특별교부세

특별교부세는 교부세 산정시 산정방법으로 포착되지 않은 특별재정수요나 보통교부세 배정 이후에 발생한 재해가 있을 때 이의 복구를 위해 배정되는 예산이다. 이는 교부세액의 4/100을 주는데 행자부 장관은 특별교부세를 교부하고 바로 국회에 보고하여야 한다. 특별교부세 배분은 교부세 결정시 미처 파악이 안 된 것에 특별교부세액의 1/2을 주며 사건이나 재해에 1/2를 배분하고 있는데 지방자치단체장이 신청하면 행정자치부 장관이 타당성을 심사하여 결정한다.

③ 증액교부금

증액교부세는 어느 지방자치단체에 지방재정상 부득이한 수요가 있다고 국가에서 판단될 때 배정하는 예산인데 2005년부터 폐지되었다.

3) 분권교부세

분권교부세는 국가가 지방에 대한 위임사무를 처리하는데 대하여 국고보조금을 주는데 중앙정부의 통제가 심하여 지방정부가 그들의 의지대로 잘 추진할 수가 없다. 따라서 이양받은 149개의 국고보조사업에 대하여 지방정부가 자율적으로 수행할 수 있도록 하기 위하여 수입된 내국세 총액의 0.94%를 지방정부에 배정하도록 하고 있는데 이는 한시적 교부세로 2010년 1월부터 폐지되도록 되어 있다.

분권교부세에 대하여 여러 지방정부에서 비판의 소리가 높은데 중앙정부가 지방정부에 사업은 이양시키고 재원은 제대로 주지 않고 있어 오히려 지방정부의 부담을 더 가중시키고 있다.

4) 부동산교부세

부동산교부세는 최근 들어 부동산 가격이 안정되지 못하고 상승률이 높은데 부동산 가격안정 대책 및 종합부동산세 등의 도입으로 인하여 지방정부의 재원이 감소할 경우 부동산세 전액을 0.5%는 일정기준으로 기초자치단체에 배분하고 나머지는 그 감소비율의 정도에 따라 교부하도록 하고 있다.

우리나라에서 교부세의 문제점으로는 보통교부세의 경우 선정고려 항목이 너무 많고 복잡하여 산정에 부정확하며 제방세 거출에 대한 도덕적 해이로 인해 조세 거출 노력이 적고 내국세의 일정비율과 연계되어 있다는 점이다.

제4절 지방자치단체의 예산편성과 심의

1. 지방자치단체의 예산편성

지방자치단체의 예산편성은 자치단체장의 책임하에 각 실·국·과를 중심으로 이루어지고 있다. 그리고 심의는 지방의회를 통해 이루어진다.

1) 예산편성단계

1단계, 예산편성지침시달

지방자치단체의 예산편성은 행자부장관이 작성한 예산편성지침이 7월 31일까지 시달되면 이에 의거하여 편성한다.

예산지침서에는 대통령의 국정연설자료나 공약사업, 행자부와 중앙부처 간 의견 수렴된 내용과 국가재정운용기본방향, 지방재정 여건과 전망, 예산편성기준과 단위당 정부단가 등이 포함되어 있다.

2단계, 예산안 편성요구서 제출

자치단체장은 각 산하기관에 예산편성지침서를 시달하여 하부기관과 각 실·국·과·사업소별로 예산안요구서를 작성·제출하도록 한다.

이렇게 작성된 예산요구서는 기획관리실이나 예산과(기초단체의 경우)에 제출한다. 제출기한은 9월 30일이며 예산요구서에는 예산총칙, 세입세출예산, 계속비, 명시이월비, 채무부담행위의 내용이 포함되어야 한다.

3단계, 예산요구액의 사정

제출된 예산편성요구서는 기획관리실에서 사정을 통해 예산을 결정하는데 이때 예산담당자와 하부기관 간의 의사교환이 많이 이루어진다.

4단계, 예산안의 의회제출

예산안이 완성되면 지방자치단체장의 결재를 거쳐 지방의회에 제출한다. 제출기한은 광역자치단체의 경우 회계연도 개시 50일 전이며 기초자치단체는 회계연도 40일 전까지이다.

이상을 요약하여 정리하면 다음과 같다.

- 행자부 장관의 **예산편성지침시달**(7월 31일)

  ↓
- 지방자치단체장의 산하기관에 예산편성지침시달

  ↓
- 각 산하기관의 예산안편성요구서 제출(대개 9월 30일)

  ↓
- 기획(관리)실의 예산요구액 사정 후 예산안 완성

  ↓
- 지방자치단체장이 예산안을 의회에 제출
  (광역단체는 회계년도 개시 50일 전, 기초단체는 40일 전)

2) 예산편성의 문제점

지방정부의 예산편성에는 여러 가지 문제점이 있다. 이를 살펴보면 다음과 같다.

첫째, 선거 때가 아니면 주민의 수요를 반영하는데 미흡하다.

둘째, 행정자치부의 예산편성지침서가 구체성이 부족하고 예산편성의 자율성을 제약한다.

셋째, 한정된 재원으로 인해 하부기관 간의 경쟁과 갈등이 심하다.

넷째, 전문성이 부족하여 중기재정계획을 세우는 데 한계가 있고 주관적 성향을 띨 수 있다.

2. 지방자치단체의 예산심의

지방자치단체의 예산심의는 지방의회에서 담당하는데 어떠한 과정을 거쳐 심의되는지 알아본다.

1) 예산심의 단계

1단계, 예산제안·설명

의회심의에 앞서 지방자치단체장은 예산안에 대한 제안·설명을 한다.

2단계, 상임위원회 예산심의

상임위원회에서의 예산심의는 먼저 심의할 예산과 관련된 소관의 실·국·과·사업소장의 사업에 대한 정책설명이 있다.

정책설명에 이어 전문위원검토·보고가 있고 상임위원들의 정책질의가 있다.

정책질의가 끝나면 토론 및 조정을 거쳐 종료하고 예산결산특별위원회에 예산심사내용을 보고한다.

3단계, 예산결산특별위원회의 예산심의

예산결산특별위원회의 심의에 앞서 집행부의 설명이 있고 이어 전문위원의 예산에 대한 보고가 있다. 그리고 예산안에 대한 종합정책질의가 있으며 필요시에는 계수조정위의 조정을 거쳐 본회의에 상정한다.

2) 본회의 예산의결단계

상임위원회와 예산결산특별위원회의 심의가 끝나면 본회의에서 최종 의결을 하여 예산심의를 마친다.

1단계, 정책질의

본회의에 상정되면 먼저 예산결산특별위원장이 예산안에 대한 심사결과보고가 있은 뒤 정책질의를 한다.

2단계, 찬·반 토론과 의결

정책질의가 있은 뒤 찬·반 토론을 거쳐 의결에 들어간다. 의결은 광역의회의 경우 회계연도 개시 15일 전, 기초의회의 경우 회계연도 10일 전까지 마쳐야 된다.

3단계, 예산안 송부

의결이 끝나면 의결일로부터 3일 이내에 자치단체장에게 송부하여야 한다.

이상을 요약하여 정리하면 다음과 같다.

• 단체장의 제안·설명

↓

• 상임위원회의 심의 : 실, 국, 과장의 정책설명 → 전문위원검토 → 질의와 토론 → 의결

↓

• 예산결산특별위원회 심의 : 집행부설명 → 전문위원 보고 → 종합정책 질의 → (필요시 계수조정위) → 의결

↓

• 본회의 의결 : 예산결산특별위원장이 심사결과를 보고하고 정책질의와 찬반 토론 후 의결

광역의회는 회계연도 개시 15일 전, 기초의회는 10일 전

3) 예산심의 문제점

지방자치단체에서 예산안을 심의하고 의결하는 데 있어 문제점을 보면 다음과 같다.

첫째, 예산불용액이 많으며 심의시 예산과 관계없는 질의를 한다.

둘째, 무계획적이고 주먹구구식의 편성을 지적하면서 예산 삭감까지 연결하는 심도 있는 심의를 하지 못한다.

셋째, 시장과 시 고위공무원들과의 간담회를 통해 예산을 삭감하지 말고 잘 통과시켜달라는 청탁조의 심사를 하고 있다.

넷째, 의회와의 유대를 가지면 예산을 더 많이 줄 수 있음을 강조하는 심의를 하기도 한다.

3. 지방자치단체의 예산집행

1) 예산집행의 의의와 원칙

예산집행은 예산의 효율성과 책임성, 성과성을 위해 최선의 노력을 하여야 하는데 다음과 같은 사항을 고려하여야 한다.

첫째, 능률성의 원칙으로 최소비용으로 최대의 산출이 있도록 집행하여야 한다(능률성).

둘째, 의회가 의결해준 의도와 범위 내에서 집행하여야 한다(일치성).

셋째, 수입과 지출이 균형을 이루어야 하며 초과지출은 가능한 배제하여야 한다(수지균형성).

넷째, 법률과 조례의 범위 내에서 합법적이어야 한다(합법성).

2) 예산집행 과정

집행부의 예산집행은 일련의 과정을 거쳐 합법적으로 집행되어야 하는데 그 과정을 보면 다음과 같다.

1단계, 각 실·과장은 예산이 의결되면 세입예산·세출예산 월별 집행계획서를 세입주관과와 예산과에 제출한다.

2단계, 예산과장이 월별·분기별 예산배정계획서를 작성한다.

3단계, 자치단체장의 결재를 얻어 월별, 분기별로 하부기관과 실·과에 예산배정서를 송부한다.

4단계, 예산이 배정되면 경리관이 지출원인행위를 한다.

5단계, 지출원의 예산지출이 일어나는데 경리관과 지출관은 겸임할 수 없다.

3) 예산집행의 신축성

예산은 법의 범위 내에서 집행이 되지만 지방의 환경이나 재해와 같은 여러 사건에 의해 수시로 상황이 바뀌게 된다. 따라서 경직성을 피해 융통성을 주기 위한 여러 제도가 준비되어 있다.

① 준예산제도는 의회가 예산을 의결하여야 할 법적 시기(광역단체는 15일 전, 기초단체는 10일 전)가 있는데 이 기간 안에 의결을 하지 못하면 법령이나 조례로 설치된 기관 운영경비, 지출의무경비, 계속비 사업 등에 대하여 전년도에 준하여 집행할 수 있도록 하고 있다.

② 조기집행제도는 예산이 성립 후 회계연도 개시 전에 교통이나 통신, 여비, 선박운항경비, 하부기관 부식물 매입경비, 특별활동비나 업무추진비 등을 1월 1일 전에 조기 배정하여 집행할 수 있도록 하고 있다.

③ 선결처분제도는 지방의회가 의결정족수 미달로 인하여 성립되지 않을 때 단체장이 선결 처분하여 우선 예산을 집행할 수 있도록 하는 제도이다. 이는 주민 생명과 재산보호에 관한 시급한 일로서 의회소집시간이 없거나, 의회의 소집이 지체될 경우 기다릴만한 시간이 없을 때 우선 집행하고 후에 의회승인을 얻도록 하는 제도이다.

④ 이용제도는 예산이 성립 후 생긴 일로 장·관·항을 바꿔 예산을 사용하는 것을 말하는데 의회의 동의를 얻어야 한다.

⑤ 전용제도는 예산과목의 세항, 세세항, 목의 경우 의회의 의결 없이 자치단체장이 바꿔 쓸 수 있도록 한 제도이다.

⑥ 이체제도는 자치단체의 기구나 직제가 바뀌거나 폐지될 경우에 이관되는 부서로 예산을 이동시켜주는 제도를 말한다.

⑦ 이월제도는 회계연도 내에 집행 못한 경비를 다음 연도로 넘겨서 사용할 수 있는 제도인데 명시이월과 사고이월이 있다.

⑧ 계속비의 체차이월은 사업의 성격상 여러 해에 걸쳐 계속 집행할 필요가 있을 때 경비총액과 연부액을 정하여 수년에 걸쳐 지출할 수 있는데 이때 연부액을 그 해에 다 못쓰면 다음 연도로 순차이월·집행하도록 하는 제도이다.

⑨ 예비비제도는 예측할 수 없는 예산 외의 지출이나 작은 규모의 천재지변

등에 해당되는 비용을 충당하기 위한 제도인데 다음 연도에 의회의 승인을 얻어야 한다.

예비비에는 일반 활동수행과정에서 부족이 생길 경우에 충당하는 일반예비비와 비나 바람, 해일 등 기상이나 천재지변에 충당하는 재해대책예비비가 있다.

만약 예비비로 충당이 안 되는 큰 규모의 비용이 필요할 경우에는 추가경정예산안을 편성하여 의회의 승인을 얻어 집행할 수 있다.

4. 지방자치단체의 예산결산

1) 예산결산 과정

결산은 예산집행결과에 대한 사후심사로 의회가 의결해준 목적대로 예산을 집행하였으며, 능률적이고 책임성 있게 집행하였는지를 심사하므로 책임을 벗고 다음 연도의 예산을 위해 전념하도록 하는 제도이다.

결산의 절차를 보면 다음과 같다.

1단계, 세입과 지출에 대한 출납사무를 **2월 말**까지 폐쇄하고 증빙서류를 작성한다. 출납사무를 폐쇄하는 일은 세입과 지출을 완전히 마감하여 더 이상 세입과 지출이 불가능하게 하는 것을 의미하며 그 이후로 들어오는 세입은 과년도 수입으로 처리하여야 한다.

단체장은 출납사무 폐쇄 후 80일 이내에 세입세출결산, 공기업 특별회계, 기금, 채무보고서 등에 대한 결산서를 작성한다.

2단계, 지방의회가 선임한 검사위원의 검사의견서를 첨부한다.

3단계, 결산서와 검사의견서를 첨부 지방의회에 예산결산서를 제출한다.

4단계, 지방의회의 결산 심의는 6월에 이루어지는데 예산의결 때와 마찬가지로 상임위원회의 결산심사가 있고 이어 예산결산위원회의 심사를 거쳐 본회의 결산심사로 종료된다.

제17장

지방재무 이론

제17장
지방재무 이론

제1절 지방분권과 투표 이론

1. 지방분권의 선택 이론

최근 들어 지방재무 이론이 빠르게 체계화되어 가고 있다. 재무 이론의 체계화에 공공선택 이론자들의 공헌이 크다고 할 수 있다. 지방재정 이론이 어떤 이유와 측면에서 필요한지 알기 위해서는 지방분권의 적실성부터 알아보자.

1) 재정분권화의 적실성

지방분권은 서로 다른 위치와 자연환경에 처해 있는 지방정부의 자연환경과 그로부터 오는 생활 여건 및 산물의 차이 때문에 지방자치가 필요하다.

또한 주민들의 선호가 지역끼리 서로 다르기 때문에 공공재의 생산비용이 달라지기 때문에 지방분권이 필요하다.

지방분권의 필요성을 통해 지방분권의 이점을 Oates(오우츠)의 분권화 이론과 티부모형(Tiebout model)을 통해 알아보자.

① Oates(오우츠)의 분권화 정리

지역공공재의 생산적 측면에서 볼 때 중앙정부가 생산하여 배분하는 것보다 지방정부가 주민선호 파악 및 생산된 서비스 공급에 있어 유리하다.

그림 17-1 오우츠 정리

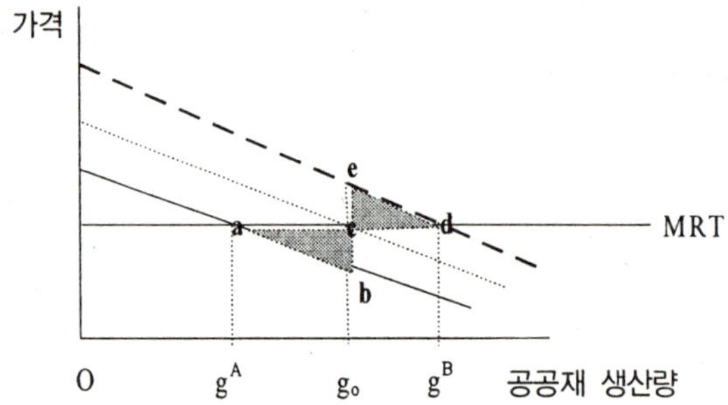

<그림 17-1>에서 A지역의 공공재 공급선은 아래의 가는 실선이고 위의 두꺼운 점선은 B지역의 공공재 공급선이며 중간의 가는 점선은 국가가 일률적으로 생산하여 공급해 주는 공급선이다. A지방정부는 자기 주민의 선호와 필요 서비스를 측정하여 가장 적정량인 g^A만큼 공급할 것이며 B지방정부에서는 g^B만큼 공급할 것이며 주민이 선호한 만큼 조세를 부담할 것이다.

그런데 중앙정부가 개입하여 g_o만큼 생산하여 일률적으로 공급하게 되면 A정부는 서비스량이 남아돌아 풍부하게 사용하므로 재정손실을 가져오고, B정부는 부족하게 되어 더 생산하여 더 공급하므로 역시 재정손실을 가져오게 될 것이므로 지방분권이 필요하다.

그런데 이러한 경우 다음과 같은 가정이 필요하다.

첫째, 각 지방정부의 공급비용이 중앙정부와 최소한 동일하다는 조건하에서 가능하다. 즉, 규모의 경제가 발생하면 안 된다.

둘째, 규모경제가 실현가능하면 많이 생산할수록 생산비가 적어지므로 중앙정부 집권화를 통해 일률적으로 공급하는 것이 유리하다.

셋째, 각 지방정부 간 수요와 공급의 수준 차이가 다양할수록 유리하다.

넷째, 지방공공재가 성격상 가격탄력성이 작아 후생 증진에 크게 이바지할수록 좋다.

② 티부모형(Tiebout model)

티부는 지방분권이 유리한 면이 많은데 분권화시 후생증진을 위해 주민은 발에 의한 투표가 가능하여야 하며 다음과 같은 전제 조건이 수용적이여야 가능하다고 보고 있다.

가. 티부모형의 의미

티부(Tiebout)는 지방분권이 될 경우 지방공공재 생산과 소비에 주민의 선호를 반영할 수 있어 좋다고 주장한다.

많은 다양한 지방정부가 그 지역주민들의 선호를 반영하여 그에 필요한 공공서비스의 종류와 양을 적절히 측정하여 생산한 다음 그에 해당되는 만큼의 조세를 응익적 차원에서 부담시킬 수 있어 유리하다고 주장한다.

그러나 이 경우 발에 의한 투표(voting with the feet)가 일어난다는 점이다. 발에 의한 투표는 클럽제적으로 최적 인구수와 공급수준의 달성방법을 모색하여 많은 자기단체가 공공재와 조세정책을 실시할 경우 소비자인 주민은 자신의 공공재 효용을 극대화할 수 있는 자치단체를 선택하여 이주한다는 것이다.

나. 티부모형의 조건

그러나 티부모형에 의해 발에 의한 투표가 가능하기 위해서는 다음과 같은 조건을 수용할 수 있어야 한다.

첫째, 발에 의한 투표가 가능하기 위해서는 많은 지방자치단체들이 서로 다른 공공재와 조세의 조합을 제공하여야 한다는 것이다.

둘째, 여러 지역에 살고 있는 지역주민들은 상이한 공공재와 조세의 연계 조합 정보에 관하여 소비자가 다양한 방법으로 알 수 있어야 한다.

셋째, 각 지역 주민들은 자신이 선호하는 지역으로 거주 이전의 자유가 보장되어야 하며 거주 이전에도 비용발생이 적어야 하며 직업선택에도 제한이 없어야 한다.

넷째, 공공재를 생산하여 공급하는 평균비용은 각 지역정부의 모든 단체가 일정하여야 한다.

다섯째, 어떤 지방정부가 공급하는 공공재에 의해 제3자가 그럴만한 조건 없이 손해나 이익을 보는 것과 같은 외부효과가 없어야 한다.

다. 티부모형의 결과

발에 의한 투표결과 다음과 같은 현상이 나타난다.

첫째, 조세에 대한 선호가 비슷한 사람끼리 모이는 결과를 초래한다.

둘째, 소득수준도 유사한 사람끼리 모이게 된다.

셋째, 취미나 학력 등이 비슷한 사람들끼리 모여서 살게 되는 효과가 나타난다.

넷째, 어떤 지역에서 조세가 높아 조세 저항이 일어날 경우 타 지방정부로 이주자가 있으나 다른 한편으로는 지방정부 간에 경쟁을 촉진하여 질 좋은 서비스를 생산하려 할 것이다.

우리나라에서도 학군문제와 강남에서 사는 사람들의 경우 이러한 유사 현상이 많이 나타나고 있다.

2. 지역주민의 투표 이론

1) 중위투표자 정리

지방분권에서 필수적 기본 요건은 주민이 단체장을 선택시 그들의 정책을 보고 투표하기 때문에 단체장과 단체의원의 투표행위는 정책의 투표행위라고 할 수 있다.

물론 이는 민주주의가 잘 발달되어 투표가 혈연, 지연, 학연 등에 의해 좌우되지 않는 선진국일 경우에 더 적절하게 적용될 수 있다.

중위자투표 이론은 주민들이 정책을 보고 그들의 선호와 관련하여 투표하였을 때 그 결과는 그들이 내건 정책을 보수-진보 또는 어떤 일정한 규칙에 의해 배열하였을 때 가장 많이 얻는 선택은 정책의 중간에 위치한 대안이 선택된다는 이론이다.

이 이론적 관점에서 보면 지방정부에서 현실적으로 정책의 중위 수준을 유지하게 되어 최저의 행정수준을 유지할 수 있다는 점이다.

2) 투표제의 비극과 대안

① 과반투표제에서 단봉투표와 다봉투표

가. 과반수투표제

과반수투표제는 어떤 정책이나 안건에 대해 찬성자가 가장 많은 쪽으로 결정하는 다수결 이론인데 이에는 비극적인 일이 있을 수도 있고 없을 수도 있다는 점이다.

먼저 단봉투표일 경우 정상적으로 투표가 일어나 과반수 득표자가 승리한다.

<표 17-1>의 경우를 생각하여 보자.

어떤 정책 X, Y, Z가 있는데 갑, 을, 병이 각각 <표 17-1>과 같이 우선순위 투표를 했다고 하자. 이때 1순위는 없고, Y정책이 2순위로 가장 많이 득표하여 결정된다. 이 경우를 단봉투표제라 한다.

그러나 <표 17-2>에서는 X, Y, Z 정책 모두 똑같은 순위와 득표를 얻어 결정이 되지 않는다. 즉, 다봉체제가 되고 따라서 이 경우 담합이 성립

표 17-1 단봉투표제

투표자	갑	을	병
1순위	X	Y	Z
2순위	Y	Z	Y
3순위	Z	X	X

표 17-2 다봉투표제

투표자	갑	을	병
1순위	X	Y	Z
2순위	Y	Z	X
3순위	Z	X	Y

하게 된다.

예를 들어 이 경우 리그전식 투표를 하게 되는데 X와 Y가 대결시 X가 이기고, Y와 Z가 대결시 Y가 이기고, X와 Z가 대결시 Z가 이기도록 규칙을 정했다고 하자.

이때 의사진행자가 어떤 누구(을)에게 특혜를 주고자 하면 을이 가장 원하는 정책이 Y이므로 Y로 결정되게 하기 위하여 먼저 X와 Z가 대결하게 하여 Z가 이기도록 한 뒤 마지막으로 Y와 Z가 대결하게 하여 Y가 결정되도록 한다는 것이다.

다봉체제에서는 이러한 야합이 일어날 수 있다.

② 다봉투표제에 대한 대안

가. 보다투표제

보다투표제는 투표에서 투표하는 사람의 선호의 강도가 큰 사람의 의견이 잘 반영되는데 선호의 강도가 작아도 반영되도록 고안된 투표이다.

예를 들면 어떤 정책 X, Y, Z에 대하여 순위를 줄 때 1순위에는 5점, 2순위에는 3점, 3순위에는 1점 등과 같이 여러 사람이 등위에 배점한 점수를 합계하여 계산하는 방법이다.

그러나 여기에도 단점은 있다. 만약 '김명일'이란 심사위원이 사실은 우선순위를 X－Y－Z로 하고 싶은데 Y가 높게 점수 배점되는 것을 꺼려하여 X－Z－Y로 등위 배점을 하는 경우이다.

나. 점수투표제

점수투표제는 투표자에게 일정한 점수를 주고 그 점수 내에서 정책이나 대상자에게 마음대로 배점을 하게 하는 제도이다.

예를 들어 투표자 '김명일'에게 10점을 배정한 다음 X에 10, Y와 Z에 0점을 주든지 X에 6점, Y에 2점, Z에 2점을 주든지 투표자의 임의대로 점수를 배정하게 하는 제도이다.

제2절 지방분권과 공공선택론

1. 정책결정 공무원의 권한 이론

중앙정부나 지방정부의 정책결정은 높게는 대통령에서부터 낮게는 일선 공무원에 이르기까지 공공의 업무를 담당한 사람들이다. 이들 공무원들은 관료조직을 구성하고 조직된 관료제의 특성상 X효율이나 비효율이 일어난다.

그 외에도 니스카넨(Niskanen)은 공무원의 예산극대화 이론을 주장하고 있다.

공무원은 국민을 위한 봉사자로서 공공서비스 제공을 담당하지만 다른 면으로는 일반 개인처럼 자신의 효용 극대화를 추구하는 합리적 인간이라는 것이다. 따라서 자기에게 효용이 극대화되도록 정책을 결정하며 주어진 정치 제약 속에서 확보할 수 있는 예산을 최대한 극대화하여 배정받아 다 쓰고 본다는 것이다.

따라서 효율수준보다 예산을 높게 지출하고자 지방정부 예산결정에 관료가 모두 개입하므로 그들의 권한을 유지하고자 하며, 동시에 명성과 영향력을 얻고자 한다는 것이다. 그렇다면 공무원이 어떤 점에서 예산 정책결정을 하여야 가장 적은 비용으로 높은 생산을 능률성 있게 이룰 수 있는지 그림으로 설명해 본다.

<그림 17-2>에서 공공서비스를 생산하는 비용(c)이 차츰 증가할수록 편익(p)도 증가한다. 그러나 비용은 어느 한계를 지나면 편익의 증가도 둔화되고 이

그림 17-2 공무원의 예산극대화

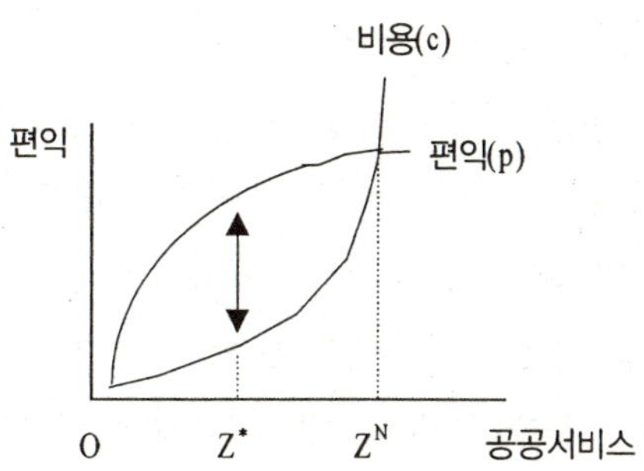

에 따라 단위당 생산비용도 급증하게 된다.

이때 그림에서 기업이라면 총 편익과 비용차가 가장 큰 Z^*지점만큼의 공공서비스가 공급되도록 정책을 결정할 것이다.

공무원 또한 예산을 절약하여 능률적으로 정책을 결정하려면 Z^*점에서 결정하여야 하는데 사실은 공무원의 효용성 극대화를 위해 Z^N지점만큼의 공공서비스를 생산하며 확보할 수 있는 한 많이 확보하여 다 쓰고 본다는 것이다.

정치인들도 표를 의식하여 이러한 성향이 나타나는데, 공무원과는 다른 특성이 있다.

정치가는 정책실현 가능성 여부에는 관심이 없고 표를 얻기 위해 찾아다니는 등 시민들에게 시간할인율이 높으나 공무원은 시간할인율이 낮고 정책실현 가능성 여부에 관심이 높다.

정치인은 비전문적이고 정보를 얻기 힘드나 공무원은 전문적이며 정보를 독점하고 있다.

이러한 특성상 공무원이 좀 더 윤리성을 갖고 공공복리를 위해 노력한다면 보다 능률적 정책결정이 될 것이다.

2. Coase 정리

지방정부의 정책은 비용을 수반을 통해 지역주민들의 복지증진과 효용증진을 꾀하려 한다. 가장 이상적인 방법은 정부의 간섭 없이 주민들이 시장원리에 의해 자발적 노력이나 협상을 통해 자원배분이 될 때이다. 이러한 자유경쟁의 균형이 깨지면 정부의 간섭이나 규제가 따른다. Coase 정리는 이러한 원리를 잘 설명하고 있는데 <그림 17－3>과 같다.

<그림 17－3>에서 공장은 생산을 많이 할수록 오염배출량이 증가하며 그들의 이윤도 증가할 것이다. 그러나 주민들은 오염량이 증가할수록 생활환경을 정화하는 비용도 많이 들게 되고 점차 살기 어려워질 것이다.

만약 기업가들에게 오염권이 주어진다면(한국의 경우 3～4공화국 시대) 기업들의 이윤은 증가하고 호황을 누리게 될 것이다. 만약 오염배출량이 q^1일 때 기

그림 17-3 Coase 정리

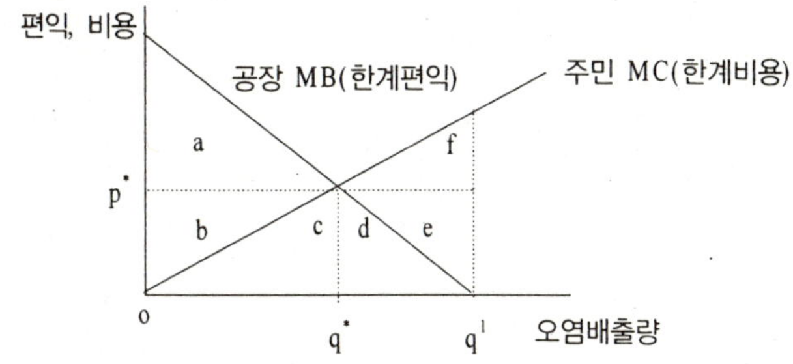

업의 이윤은 a, b, c, d가 되는데 주민은 도저히 살 수가 없으므로 오염량을 q^*까지만 줄여준다면 d, e, f까지 부담할 용의가 있다. 이때 자발적 노력이나 협상을 통해 d, e만큼 보상을 해주는 대신 오염을 q^*까지로 줄인다면 기업은 a, b, c, d이윤보다 더 높은 e를 더 얻고 주민도 d, e, f까지 부담하는 것보다 d, e까지만 부담하였으므로 결국 f만큼 이익을 보게 되는 것이다.

그러나 주민에게 환경권이 주어져 공장의 오염을 0까지 줄이라고 요구하면 기업은 도산하게 되므로 공해를 배출하게 하는 대신 a, b, c까지 부담할 용의가 있다고 한다. 이때도 역시 자발적 협상을 통해 b, c만큼 보상을 해주는 대신 오염을 q^*까지로 배출한다면 기업은 a, b, c까지 부담하는 것보다 b, c까지만 부담하였으므로 결국 a만큼 이익을 보게 되고 주민은 오염이 0일 때의 이윤 c, d, e, f보다 b의 이익을 더 얻으므로 좋다. 따라서 자발적 협상에 의해 q^*까지 오염을 배출하고 서로 자정노력을 하는 균형이 이루어진다.

공공선택론은 정치현상을 경제적 방식에 입각하여 공공재의 공급 변화를 관료제의 의사결정 유형에 따라 설명하려는 이론 모델이다.

제18장

공기업

제18장 공기업

제1절 공기업의 의의와 기능

1. 공기업의 의의

공기업(Public Enterprise)이란 국가 또는 지방자치단체가 수행하는 사업 중에서 수익성을 띠는 것으로 정의할 수 있다. 여기에서 공기업은 공공성과 기업적 수익성의 양면을 가지고 있다고 볼 수 있다.[1] 따라서 공기업의 주체는 국가 또는 지방자치단체, 공공단체, 넓게는 법인체 형태의 공기업까지 포함한다. 그리고 수익성 차원에서 기업 활동을 통해 벌어들인 수익금으로 자체 운영할 정도의 독립채산성이 있어야 한다.

공기업의 개념과 유사한 개념으로 공사, 정부투자기관, 공익기업, 정부기업 등이 있는데 **공사**는 흔히 공사형태를 지닌 공기업이라 하는데 공기업에 포함되는 공기업의 한 종류이고, **정부투자기관**은 정부가 자본금의 50% 이상 출자한 기업체로 정부기업을 제외한 공사와 주식회사 형태의 공기업을 말한다. **공익기업**은 국민생활에 필수적인 전기, 수도, 전신전화, 철도, 가스 등에 관련된 기업(공기업인 공익기업, 민영인 공익기업)이며 **정부기업**은 정부부처형태를 지닌 기업으

---

1) 유훈, 「행정학원론」 (서울 : 법문사, 2000), pp. 384～387.

로 제2장에서 설명했던 기업 특별회계의 ① 양곡관리 특별회계사업, ② 조달사업, ③ 철도사업, ④ 통신사업이 해당되는데 기업예산회계법의 적용을 받는다.

2. 공기업의 기능

공기업의 역할과 기능은 독자적 기능보다는 정부 차원에서 공기업의 설립목적과 관련된다고 할 수 있다.

첫째, 국가의 발전과정에서 민간자본의 부족을 보완하는 역할을 한다.

둘째, 시장원리의 자유경쟁을 통해 균형가격이 형성되기 힘든 독점적 성격을 띤 사업이다. 이런 사업은 국민전체의 공익에 관계되기 때문에 민간부문의 사기업에 맡기기 곤란하다.

셋째, 경제발전의 촉진 역할을 한다.

넷째, 사기업의 거대화를 방지한다.

다섯째, 집권여당이나 정치가들이 정치적 목적의 역할을 한다.

여섯째, 국방상 또는 전략상 주요 물자공급역할을 담당한다.

제2절 공기업의 종류

1. 공기업의 종류

공기업의 분류는 형태, 정부의 출자정도, 사업의 종류 등의 기준에 따라 분류된다.

1) 형태에 의한 분류

형태에 의한 분류는 대부분 Hanson의 분류방법을 많이 사용하는데 여기에서는 이 기준에 의해 설명한다.[2)]

---

2) A. H. Hanson, *Public Enterprise and Economic Development* (London: Routledge and Kegan

① 부처형태의 공기업

부처형태의 공기업을 정부 부성형 공기업이라고도 하는데 이는 법률상 **정부기업**이라 부른다.[3)]

이들은 정부에서 기업 특별회계로 구성되어 기업예산법의 적용을 받는 기업이다. 대표적으로 양곡관리 특별회계사업, 조달사업 특별회계를 들 수 있다.

정부기업(정부부처형태 공기업)에 근무하는 직원은 공무원으로서 임용과 근무조건이 공무원과 똑같다.

가. 부처형태 공기업의 회계관리

정부기업은 관계기관 중앙관서의 장이 관리하며 회계는 대차대조표계정인 자산, 자본 및 부채계정과 손익계산서계정인 수익 및 비용계정을 설정하여 계리하며 계산의 기초를 명백히 하기 위하여 대통령령이 정하는 보조계정을 설정할 수 있도록 하고 있다.[4)]

그리고 정부기업을 운영하는 과정에서 자금이 부족할 때에는 특별회계의 부담으로 일시차입을 할 수 있는데 이는 기획재정부 장관이 하여야 한다.

나. 부처형태 공기업의 예비비

부처형태의 공기업이 예측할 수 없는 예산 외의 지출과 예산 초과 지출에 충당하기 위하여 예비비로서 상당하다고 인정되는 금액을 예산에 계상할 수 있다.[5)] 그리고 국회에 제출하는 특별회계의 예산서에는 다음과 같은 서류를 첨부하도록 되어 있다.

- 당해 연도의 투자계획 및 자금계획서
- 당해 연도의 추정손익계산서 및 추정대차대조표
- 국고채무부담행위 설명서
- 계속비에 관한 전년도 말까지의 지출액 또는 지출추정액, 당해 연도 이후의 지출예정액과 사업전체의 계획

Paul, 1959), pp. 335～340.

3) 기업예산회계법 제2조.

4) 기업예산회계법 제7조.

5) 기업예산회계법 제22조.

- 예산 정원표
- 차입금 및 국채관리기금으로부터의 예수금 명세서
- 일반회계로부터의 전입금 및 보조금에 관한 명세서
- 기타 재정의 상황과 예산의 내용을 명백히 함에 필요한 서류

다. 부처형태 공기업의 전용과 이월

부처형태의 공기업에서 예산을 **전용**할 경우 각 중앙관서의 장은 국가재정법 제35조 제1항의 규정에도 불구하고 예산집행상 특히 필요한 경우에는 대통령령이 정하는 바에 의하여 세출예산의 각 세항 또는 각목비용을 전용할 수 있는데 전용한 때에는 전용을 한 과목별 금액 및 이유를 명시한 명세서를 기획재정부장관 및 감사원에 송부하여야 한다.[6]

그리고 연도 내에 지출원인행위를 마친 것으로서 부득이한 사유로 인하여 그 연도 내에 지출하지 못한 경비와 지출원인행위를 하지 아니한 그 부대경비의 금액은 다음 연도에 **이월**하여 사용할 수 있다.

라. 예산과 결산

예산은 매년 기업 특별회계로 국회의 의결을 받은 예산의 범위 내에서 운용되며[7] 감사원감사나 국정감사 등의 감사는 일반정부기관과 동일하게 적용이 된다.

그리고 결산을 위해 관계중앙관서의 장은 회계연도마다 결산보고서를 기획재정부장관에게 제출하여야한다. 결산서에는 당해 연도의 손익계산서·대차대조표와 대통령령이 정하는 부속명세서와 원가계산서가 첨부되어야 한다.

정부기업의 단점은 정부기업에 근무하는 직원들이 관료적이고 창의력을 잃어 타성화 될 수 있다는 것이다.

② 주식회사형태의 공기업

주식회사형태를 지닌 공기업은 상법에 의거하여 3인 이상의 발기인이 작성한 정관과 주당 100원 이상의 주식을 통해 자본을 형성하여 운영하는 기업을

---

6) 기업예산회계법 제25조.

7) 기업예산회계법 제27조.

말하며 이 경우 민간과 정부가 공동출자를 통해 운영되는데 정부의 출자가 50% 이상이다. 그리고 출자한 주식가액의 범위 내에서 책임을 지게 된다. 직원은 공무원이 아니며 회계와 직무는 감사원법의 적용을 받는다.[8)]
주식회사형태의 공기업은 정부투자기관관리기본법의 적용을 받는다.

③ 공사형태의 공기업

공사형태를 지닌 공기업은 2차 세계대전 후 많은 나라들이 취하고 있는 제도로서 특정한 목적을 위해 특별법에 의거 전액정부투자를 원칙으로 정부조직법에 의하여 설립된다.

공사의 예로는 대한석탄공사, 한국전력공사, 한국산업은행, 도로공사 등이 있다. 공사에 근무하는 직원은 공무원이 아니며 공사의 회계와 직무는 감사원 감사대상기관이다.

공사형태의 공기업은 정부투자기관관리기본법의 적용을 받는다.

2) 정부의 출자정도에 의한 분류

정부의 출자정도에 의한 분류는 정부투자기관과 정부출자기관, 간접투자기관으로 구분할 수 있다.

① 정부투자기관

정부투자기관은 일반적으로 **공기업**으로 부르는데 정부가 직접 출자한 경우에 해당되는 기업으로 정부 지분율이 50% 이상이다.

1997년 공기업의 경영구조개선 및 민영화에 관한 법률에 의해 지분율이 50% 이상 넘는다 해도 법률이 정한 기준에 미흡한 기업은 제외 당했다.

② 정부출자기관

정부출자기관은 정부가 직접 출자를 했어도 정부지분율이 50% 미만인 경우에 해당되는 기업을 말하는데 1997년 김영삼 정부에서 정부투자기관 정리를 통해 미흡한 기관은 정부출자기관으로 바뀌면서 정부지분율이 50% 넘는 기관도 있다.

---

8) 감사원법 제23조 선택적 검사사항.

③ 정부투자기관의 출자회사

정부투자기관의 출자회사는 정부투자기관이 다시 투자한 기관을 말한다. 이들은 정부투자기관관리기본법의 적용을 받지 않는다.

3) 사업의 종류에 의한 분류

공기업을 사업의 종류 및 영역에 따라 분류할 수 있다. 물론 국가 전체의 산업과 경제 및 사회, 문화 등 전 영역에 미치기 때문에 다양하다.

사업의 종류에 따라 분류하여 보면 교통사업, 통신사업, 에너지부문사업, 광업, 식품가공 및 담배사업, 건설업, 금융 및 보험사업, 문화활동사업 등 다양하다. 이러한 사업들은 대부분 공익사업으로 다음과 같은 공통점을 지니고 있다.

첫째, 국민에게 아주 필요한 사업이다.

둘째, 독점적 성격을 띠고 있어 민간부문에서 생산하기에는 곤란한 특징을 지니고 있다.

이러한 공익사업을 표로 제시하면 <표 18－1>과 같다.[9)]

표 18－1 사업종류에 의한 공기업

사업의 종류	해당 공기업
교통사업	철도청
통신사업	정보통신부, 한국전기통신공사*
에너지사업	대한석탄공사, 한국전력공사, 한국석유개발공사, 한국가스공사*
광업	대한광업진흥공사
식품가공·담배	농수산물유통공사, 한국담배인삼공사*
건설업	대한주택공사, 한국도로공사, 한국수자원공사, 농어촌진흥공사, 한국토지공사
금융·보험	한국산업은행*, 중소기업은행*
문화활동	한국방송공사*
기타	무역투자진흥공사, 한국관광공사, 한국조폐공사

주 : *표시는 정부투자기관에서 제외된 공기업

9) 유훈, *op., cit.* p. 407.

4) 공공기관운영법에 의한 분류

현행법인 공공기관의 운영에 관한 법률(제5조)에 의하면 **공기업**(자체수입액이 총 수입액의 2분의 1 이상), **준정부기관**, **기타공공기관**으로 구분한다. 공기업은 다시 자산규모가 2조원 이상이고, 총 수입액 중 자체수입액이 대통령령이 정하는 기준 이상인 공기업을 시장형 공기업, 그 외는 준시장형 공기업으로 구분하며 준정부기관은 기금을 관리하거나 정부사업을 위탁집행하는 기업을 말한다.

제3절 공기업의 수익성과 관리의 문제점

1. 수익성과 독립채산제의 원칙

독립채산제(self-supporting accounting system)는 수지채산의 독립과 균형에 의하여 기업의 자주성을 확보하고 나아가 기업의 합리화요소를 꾀하고자 하는 공기업의 재무관리방식이다.

공기업이 독립채산성에 의해 운영되기 위해서는 가격결정의 문제가 가장 중요하다. 공기업의 가격결정은 서비스 원가주의와 가치주의 및 경쟁가격주의로 구분할 수 있다.

첫째, 서비스 원가주의란 공기업에서 생산한 서비스에 대하여 생산하는 데 소요된 원가를 기준으로 가격을 결정하는 방식을 말한다. 여러 나라에서 대부분 서비스 원가주의를 많이 택하고 있다.

이 서비스 원가방식의 근거는 생산자가 생산원가를 회수하여 다시 재투자하는 데 필요하며 소비자 또한 공급받는 서비스 물자에 대하여 그에 응하는 금전적 지불을 치루어야 한다는 급부와 반대급부원리에 타당하기 때문이다.

둘째, 서비스 가치주의란 공기업에서 생산한 서비스의 가치가 어느 정도 수준인가를 따져보고 이에 맞는 가격을 선정하는 방식이다.

서비스 가치주의는 사람마다 효용이 다르기 때문에 가격의 수준도 다르며 또 마음에 느끼는 가치를 계량화하여 값으로 나타내기 어렵다. 또한 이 경우 사람마다 가격을 다르게 산정하여야 하는 어려움도 있게 된다.

셋째, 경쟁가격주의란 시장경제의 원리에 의해 가격이 결정되어야 한다는 관점이다. 그런데 공기업에서 생산하는 서비스는 경쟁의 목적으로 생산하기보다는 국민경제생활에 아주 필요한 공공서비스를 생산하는 점을 생각하면 완전경쟁하의 시장메카니즘 속에서 가격을 결정하는 문제는 어렵다.

2. 공기업관리의 문제점

우리나라 공기업관리와 운영상의 문제점을 보면 다음과 같다.

첫째, 사회가 다양화되고 복잡해지기 때문에 공기업의 설립근거나 관리방식도 다양화되어야 한다. 그런데 정부투자기관관리기본법으로 일률적 적용은 경영능력을 저하시킬 수 있다.

둘째, 임원 및 직원인사가 정치적이고 정실주의에 의해 임명되고 있다.

셋째, 예산편성과 집행에 있어 통제가 너무 심하고 자율성이 적다.

넷째, 유사시 급히 자본을 조달하여야 될 경우 그 과정이 복잡하다.

다섯째, 공기업에서 생산되는 서비스의 요금결정이 적정한 원가나 이윤을 고려하지 않고 결정된다.

여섯째, 정치적 차원에서 임명된 사람들로 구성되기 때문에 경영관리체제가 전 근대적이고 회계관리 전문가를 도입하지 않고 있다.

일곱째, 공기업의 본질적 목적보다 수단을 강조하는 목표의 대치현상이 일어난다.

참고문헌

[단행본]

김규정. 「행정학연구」. 서울 : 법문사, 1998.

김동건·김수근·곽태원·이필우. 「주요국의 재정정책」. 서울 : 대영문화사, 1992.

김석준 외 17인. 「대통령과 국가정책」. 서울 : 대영문화사, 1994.

김종민. 「다원주의 정치 이론」. (편), 서울 : 분도출판사, 1986.

김철수. 「헌법학개론」. 서울 : 박영사, 1977.

노화준. 「정책학원론」. 서울 : 박영사, 1996.

백상기. 「한국행정과 정치연구」. 서울 : 형설출판사, 1990.

백완기. 「행정학」. 서울 : 박영사, 1986.

신무섭. 「재무행정학」. 서울 : 대영문화사, 1994.

신해룡. 「예산결산심사」. 서울 : 세명서관, 1994.

심정근. 「재무행정론」. 서울 : 조세정보사, 1983.

심정근. 「지방재정학」. 서울 : 박영사, 1997.

안용식. 「현대공기업론」. 서울 : 박영사, 1984.

오석홍. 「행정학의 주요이론」. (편), 서울 : 법문사, 1993.

유 훈. 「행정학」. 서울 : 법문사, 1980.

유훈정년기념논문집 간행위원회. 「전환기의 정책과 재정개혁」. (공편), 서울 : 법문사, 1994.

윤영진. 「새재무행정론」. 서울 : 대영문화사, 1998.

이계식·황성현. 「재정개혁」. 서울 : 한국개발연구원, 1998.

이문영. 「한국행정론」. 서울 : 일조각, 1987.

이종익. 「재무행정학」. 서울 : 박영사, 1998.

전종섭. 「행정학」. (윤재풍·정용덕 역), 서울 : 박영사, 1987.

정정길. 「대통령의 경제적 리더십」. 서울 : 한국경제신문사, 1997.
______. 「정책결정론」. 서울 : 대명출판사, 1994.
최평길. 「대통령학」. 서울 : 박영사, 1997.
하태권 외 7인. 「현대한국정부론」. 서울 : 법문사, 1998.
한국교육문화사. 「원색세계대백과사전」, 25. 서울 : 한국교육문화사, 1994.
함성득. 「대통령학」. 서울 : 나남출판사, 1998.

[논 문]

강신택. "예산담당공무원의 역할에 관한 연구". 「행정논총」, 28(2). 1990. pp. 27～52.
______. "예산심의에 있어서 국회 상임위원회와 행정부처 간의 상호작용". 「행정논총」, 30(1). 1992. pp. 111～156.
김기언. "예산결정에 있어서 대안의 평가기준에 관한 연구". 「경기대학 논문집」, 15(1). 1984. pp. 351～365.
______. "예산결정에 있어서 점증주의에 관한 논의의 전개". 「경기행정논집」, 9. 1995. pp. 1～10.
김동건. "새정부의 재정개혁과제와 기본방향". 「행정논총」, 31(1). 1993. pp. 132～152.
______. "우리나라의 예산편성과 운용 무엇이 문제인가?". 「재정논집」, 5(3). 1991. pp. 348～349.
김성영. "대통령 선거공약과 기금운용의 상관성에 관한 연구". 박사학위논문, 경기대학교대학원. 2000. pp. 50～53.
김정완. "한국 재량적 재정적자의 결정요인과 메카니즘의 분석". 「한국행정학보」, 28(1). 1994. p. 110.
박영희. "국가통합예산제도의 도입방안". 「건국대사회과학논총」, 창간호. 1996. p. 7.
박석무. "1990 추가경정예산안의 문제점". 「국회보」. 1990. pp. 20～22.
박종구. "국회의원 정책질의 성향에 관한연구". 「의정연구」. 1994. pp. 1～27.
박천오. "국회의원의 상임위원회 선호성향과 동기". 「한국정책학회보」, 7(1). 1998. pp. 299～300.
신해룡. "한국재정지출의 공공선택론적 분석". 박사학위논문, 건국대학교대학원. 1989.
신무섭. "미 의회의 예산개혁: 원인과 결과". 「전북행정학보」, 제9집. 1995. pp. 1～17.
오연천. "예산편성과 운영방식의 개편방향". 「행정논총」, 33(1). 1995. pp. 79～93.
유금록. "기획예산 담당관실에 관한 연구". 석사학위논문, 서울대학교행정대학원. 1992. p. 56.

유　훈. "한국예산제도의 문제점과 그 개선방향". 「행정논총」, 16(2). 1978. pp. 17~28.

______. "예산과정의 점증주의". 「행정논총」, 20(2). 1982. pp. 60~73.

이종범. "김영삼대통령의 리더십 특성과 국정관리 유형 : 문민정부 1년의 정책평가". 「한국행정학보」, 28(4). 1994. pp. 1,127~1,137.

장연수. "대통령의 정책의지와 부처예산형성에 관한 연구". 「한국행정학보」, 34(4). 2000. pp. 59~81.

정정길. "대통령의 정책결정". 「행정논총」, 제29권 2호. 1991. pp. 52~77.

[정간지]

강영소. "예산안·결산의 심의와 관련한 주요사례 고찰". 「국회보」. 1991. pp. 136~151.

______. "예산안·결산의 심의와 관련한 주요사례 고찰". 「국회보」. 1994. pp. 170~188.

김광현. "관료의 타성이 국고 축낸다". 「월간조선」, 30. 1991. p. 337.

김기만. "누구에 의한 누구의 예산편성인가". 「사회와 사상」. 1989. p. 95.

김동건. "정부예산, 무원칙한 책정과 비능률적 집행". 「언론과 비평」, 2(9). 1990. pp. 130~134.

민　진. "국회의 예산심의의 영향요인". 「고시연구」, 21(8). 1994. pp. 58~69.

양　건 외. "국회의 예산심의에 대한 평가와 개선 방향". 「나라의 길」. 1995. pp. 78~94.

양재성. "한국의 정책결정과정에 있어서 당·정관계에 관한 연구". 「국책연구」, 20. 1990. p. 311.

이기옥. "효율적인 예산심의, 이것이 핵심이다". 「지방자치」, 97. 1996. pp. 18~21.

이봉훈. "미국 대통령 선거의 경제정책 이슈와 미국의 財政적자". 「세계경제 동향」. 1992. pp. 4~5.

정창기. "미국의회의 결산과 예산심의 기능(하)". 「국회보」. 1981. pp. 80~85.

[기 타]

경제기획원. 「예산」. 서울 : 경제기획원, 1992년~1994년.

________. 「예산개요」. 서울 : 경제기획원, 1992년~1994년.

________. 「예산개요 참고자료」. 서울 : 경제기획원, 1992년~1994년.

기획예산처. 「예산개요 참고자료」. 서울 : 경제기획원, 2002년.

국회사무처 입법조사국. 「역대예산결산질의선집」. (편), 입법참고자료 제278호. 서울 : 국회사무처, 1991.

__________________. 「역대예산관계자료」. (편), 입법참고자료 제237호. 서울 : 국회사무처, 1985.

한국개발연구원. 「재정통계자료집」. 서울 : 한국개발연구원, 1996.

조선일보기사, 1996. 11. 1.

중앙일보기사, 2002. 2. 5.

[외국문헌]

[Books]

Appleby, Paul H. *Policy and Administration*. Alabama: University of Alabama Press, 1949.

_______________. *The Politics of Public Budgeting: Getting and Spending. Borrowing and Balancing*. New Jersey: Chatham House Publishers, Inc., 1993.

Buchanan, B. *The Presidential Experience*. New Jersey: Prentice-Hall, Inc., 1978.

Burkhead, J. and Miner, J. *Public Expenditure*. Chicago: Aldine-Atherton, 1971.

______________________. *Government Budgeting*. New York: John Wiley & Sons, Inc., 1956.

Caiden, G. E. *Public Administration*, 2nd ed. California: Palisades Publishers, 1982.

Chck, Logan M. *Zero-Base Budgeting Comes of Age: What it is & What it takes to make it work*. New York: Amacom, 1977.

Clinton, Rossiter. *The American Presidency*, Harcourt. New York: Brace and Company, Inc., 1956.

Colm, G. *Essay in Public Finance and Fiscal Policy*. New York: John Wiley & sons, Inc., 1955.

Cronin, Thomas E. & Tugwell, Rexford G. *The Presidency Reappraised*, 2nd ed. New York: Praeger Publishers, 1977.

Dahl, R. A. *Who Governs*?. America: Yale University Press, 1961.

Dimock, Marshall E. Gladys O. Dimock, and Koening, Louis. W. *Public Administration*, revised ed. New York: Holt. Rinehart and Winston, 1958.

Fisher, Louis. *Presidential Spending Power*. New Jersey: Princeton University Pressl, 1975.

George, A. L. *Presidential Decision-making in Foreign Policy: The Effective Use of*

Information and Advice. Colorado: Westview Press, Inc., 1980.

Ham, C. & Hill Michael. *The Policy Process in the Modern Capitalist State*. New York: Distributed by Harvester Press, 1984.

Hanson, A. H. *Public Enterprise and Economic Development*. London: Routledge and Kegan Paul, 1959.

Heclo, H. & Wildavsky, J. *The Private Government of Public Money*. London: Macmillan, 1974.

Kramer. Fred A. *Contemporary Approaches to Public Budgeting Cambridge*. Massachusetts: Winthrop Publishers, Inc., 1979.

Musgrave, Richard A. & Musgrave, Peggy. B. *Public Finance in Theory and Practice*. New York: McGraw-Hall Book Company, 1984.

Neal, Tannahill. *American Government: Policy and Politics*, 4th ed. California: Harper Collins College Publishers, 1995.

Neustadt, R. E. *Presidential Power*, 2nd ed. New York: John Wiley & Sons, Inc., 1962.

Nigro, F. A. & Nigro, L. G. *Modern Public Administration*, 6th ed. New York: Harper & Publishers, 1984.

Rabin, J. & Linch. T. D. *Handbook on Public Budgeting and Financial Management*. New York: Marcel Dekker, Inc., 1983.

Rubin, Irene. S. *The Politics of Public Budgeting: Getting and Spending. Borrowing and Balancing*. New Jersey: Chatham House Publishers, Inc., 1993.

Pyhrr, Peter. A. *Zero-Base Budgeting: A Practical Management Tool for Evaluating Expenses*. New York: John Wiley & sons, Inc., 1973.

Sanae, Takaichi. *All About the U.S. Presidential Power*. To-kyo: Best Sellers' Co., 1992.

Schick, Allen. *Perspectives on Budgeting*, ed., American Society for Public Administration, 1980.

____________. *Budgeting Innovation in the Scale*. Washington, D.C.: Brookings Institution, 1971. pp. 4～6.

____________. *Congress and Money*. Chicago: Moore Publishing Company, Inc., 1978.

Shafritz, J. M. & Hyde, A. C. *Classics of Public Administration*, 2nd ed. Chicago: Moore Publishing Company, Inc., 1980.

Shuman, H. E. *Politics and the Budget*. New Jersey: Prentice Hall, 1988.

Sorensen, T. C. *A Different Kind of Presidency*. New York: Harper & Michael Bessie Book, 1984.

Walker, Mabel L. *Municipal Expenditure*. Maryland: Baltimore, 1930. pp. 85～120.

White, Leonard D. *Introduction to the Study of Public Administration*, 1st ed. New York: Macmillan, 1926.

Wildavsky, Aaron. *The Politics of the Budgetary Process*, 3rd ed. Boston: Little. Brown & Company, Inc., 1979.

________________. *The New Politics of the Budgetary Process*, 3rd ed. California: Harper Collins Publishers, Inc., 1992.

[Article]

Alexander, J. R. Curriculum Reform in Budgeting and Financial Management: Preliminary Thoughts on the Dimensions of the Field. *Public Budgeting & Finance*, vol. 4(No. 3). 1984. pp. 91～96.

Appleby, Paul H. The Influence of the Political Order. *American Political Science Review*, vol. 42(No. 2). 1948. p. 28.

Bozeman, Barry & Straussman, Jeffrey D. Shrinking Budgets and the Shrinkage of Budget Theory. *Public Administration Review*, vol. 42(No. 6). 1982. pp. 509～515.

Doyle, Richard. Congress, The Deficit, and Budget Reconciliation. *Public Budgeting & Finance*, vol. 16(No. 4). Winter 1996. pp. 59～81.

Fenno Jr. Richard F. The House Appropriations Committee as a Political System: The Problem of Integration. *American Political Science Review*, LⅥ. 1962. pp. 323～324.

Havens, H. S. MBO and Program Evaluation, or Whatever Happened to PPBS?. *Public Administration Review*, vol. 36(No. 1). 1976. pp. 40～45.

Imber, Valerie. The Role of Civil Servants in National Budgeting; An International Comparison. *Public Budgeting & Finance*, vol. 11(No. 3). 1991. pp. 87～97.

Johnson, Bruce. The OMB Budget Examiner and The Congressional Budget Process. *Public Budgeting & Finance*, vol. 9(No. 1). 1989. pp. 5～14.

Jones, L. R. & Thompson, Fred. Reform of Budget Execution Control. *Public Budgeting & Finance*, vol. 6(No. 1). 1986. pp. 33～49.

Key, Jr. V. O. The Lack of a Budgetary Theory. *American Political Science Review*, vol. 34. 1940. pp. 1,137～1,144.

Kim, Ki-Un & Cayer, N. Joseph. Leading Factors Affecting Government Expenditure Change: The Korean Case. *Public Budgeting & Financial Management*, vol. 8(No. 4). 1997. pp. 481～497.

Kliman A. L. A Successful Budget Process. *Public Budgeting & Finance*, vol. 10(No. 2). 1990. pp. 110～114.

Lee, J. R. Robert, D. The Use of Executive Guidance in State Preparation. *Public Budgeting & Finance*, vol. 12(No. 3). 1992. pp. 19～31.

Lewis, Varne B, Toward a Theory of Budgeting. *Public Administration Review*, Vol. 12(No. 1). 1952. pp. 42～54.

Lynch, Thomas D. & Liou, Kuo-Tsai. Perceptions on Federal Budget Reforms: Public Budgeting Researchers View. *Public Budgeting & Finance*, vol. 13(No. 2). 1993. pp. 56～65.

Mowery, D. C. and Kamlet, M. S, Crecine, J. P. Presidential Management of Budgetary and Fiscal Policy-making. *Political Science Quarterly*, vol. 95(No. 3). 1980. pp. 395～425.

Natchez, P. B. & Bupp, I. C. Policy and Priority in the Budgetary process. *American Political Science Review*, vol. LXVII. 1973. p. 951.

Ogden, D. M. Beyond Zero Based Budgeting. *Public Administration Review*, vol. 38(No. 5). 1978. pp. 528～529.

Pyhrr, P. A. The Zero-Base Approach to Government Budgeting. *Public Administration Review*, vol. 37(No. 1). pp. 1～8.

Rubin, Irene S. Budget Theory and Good the Fit. *Public Administration Review*, vol. 50(No. 2). 1990. pp. 179～189.

Rubin, Jack. The Influence of the Political Order. *American Political Science Review*, Vol. 42(No. 2). 1948. p. 28.

Savage, James D. Deficits and Economy: The Case of the Clinton Administration and Interest Rates. *Public Budgeting & Finance*, vol. 14(No. 1). 1994. pp. 96～109.

Schick, Allen. Macro-Budgetary Adaptations to Fiscal Stress in Industrialized Democracies. *Public Administration Review*, vol. 46(No. 2). 1986. pp. 124～134.

Sherwood, F. P. & Page, W. J. MBO and Public Management. *Public Administration Review*, vol. 36(No. 1). 1976. pp. 5～12.

Smith, Harold D. The Budget as an Instrument of Legislative Control and Executive Management. *Public Administration Review*, vol. Ⅳ. 1944. pp. 312～314.

Thompson, Fred. Toward a Regulatoy Budget. *Public Budgeting & Finance*, vol. 17 (No. 1). 1997. pp. 89～98.

Woolfson, B. H. D. Public Sector MBO and PPB: Cross Fertilization in Management Systems. *Public Administration Review*, vol. 34(No. 4). 1975. pp. 387～395.

찾아보기

ㅈ

저자 약력

장연수(張淵洙)

경기대학교 행정학 박사
고려대학교 행정학 석사
한국교원대학교 교육학 석사
한국방송통신대학 행정학 학사
경기대학교 행정학과 대우교수(현)

〈저서 및 논문〉
「행정통계학」(호미출판사, 2005)
「지역 정치문화와 시민참여」(호미출판사, 2005)
「재무행정학」(호미출판사, 2006)
「한국교육정책과 예산」(한국학술정보, 2007)
「광역의회의원들의 예산결정구조 모형에 관한 연구」
(한국지방자치학회, 2008) 외 다수

이평원(李平遠)

경기대학교 행정학 박사
연세대학교 보건대학원 보건행정학 석사
경기대학교 법정대학 학사
연세대학교 의료원사무처, 기획조정실 MVP팀 역임
배화여자대학 비서과, 비서교양과학과장 역임
배화여자대학 2부교학부장 역임
배화여자대학 학보사 편집인 및 주간 역임
한국비서학회 이사
한국행정관리협화 연구위원(현)
배화여자대학 비서행정학과학과장(현)

〈저서 및 논문〉
「행정사무관리론」(형설출판사, 1997)
「사무관리 이론의 실제」(책과 공간, 2000)
「행정조직의 이해」(책과 공간, 2000)
「문서실무」(책과 공간, 2001)
「한국 비서학 교육과정의 모형구축에 관한 연구」·
「실업계 전문대학의 산학협동 활성화방안에 관한 연구」외 다수

재무회계론

초　판 1쇄 발행 / 2009년 2월 25일
개정1판 1쇄 발행 / 2010년 7월 30일
개정2판 1쇄 발행 / 2011년 8월 30일
개정2판 2쇄 발행 / 2013년 8월 30일
개정2판 3쇄 발행 / 2014년 8월 27일

공저　장연수 · 이평원
발행처　형설출판사
서울시 종로구 효자로 7길 25 · 전화 (02) 738-6052～4 · 팩시밀리 (02) 736-7134
대구광역시 북구 노원로 1길 56 · 전화 (053) 425-2811～4 · 팩시밀리 (053) 425-7315
발행인　장지익
등록　라-제9호 · 1962년 5월 1일
홈페이지　http://www.hyungseul.co.kr
e-mail　hs@hyungseul.co.kr

정가 19,000원

ISBN 978-89-472-4962-1 93320